国家出版基金项目
NATIONAL PUBLICATION FOUNDATION

“十三五”国家重点出版物出版规划项目
国家出版基金项目
世界公益与慈善经典译丛

GROWING CIVIL SOCIETY

FROM NONPROFIT SECTOR TO THIRD SPACE

民间社团发展

从非营利部门到第三空间

杰恩·范泰尔（Jon Van Til） 著
沈国华 译

个人财富如何改变世界

上海财经大学出版社
SHANGHAI UNIVERSITY OF FINANCE & ECONOMICS PRESS

图书在版编目(CIP)数据

民间社团发展:从非营利部门到第三空间/(美)杰恩·范泰尔(Jon Van Til)著;沈国华译.—上海:上海财经大学出版社,2018.5
(世界公益与慈善经典译丛)
书名原文:Growing Civil Society
ISBN 978-7-5642-2959-7/F·2959

Ⅰ.①民… Ⅱ.①杰…②沈… Ⅲ.①社会团体-研究-美国
Ⅳ.①C237.12

中国版本图书馆 CIP 数据核字(2018)第 031877 号

□ 责任编辑 李成军
□ 书籍设计 钱宇辰

MINJIAN SHETUAN FAZHAN
民间社团发展
——从非营利部门到第三空间

杰恩·范泰尔 (Jon Van Til) 著
沈国华 译

上海财经大学出版社出版发行
(上海市中山北一路 369 号 邮编 200083)
网 址:http://www.sufep.com
电子邮箱:webmaster @ sufep.com
全国新华书店经销
上海华教印务有限公司印刷装订
2018 年 5 月第 1 版 2018 年 5 月第 1 次印刷

787mm×1092mm 1/16 12.5 印张 266 千字
印数:0 001—3 000 定价:42.00 元

图字:09-2015-934 号

Growing Civil Society

From Nonprofit Sector to Third Space

Jon Van Til

谨以此书献给能够理解并娴熟利用社会第三空间的威廉·范泰尔(William Van Til)和克莱尔·赫勒·范泰尔(Claire Heller Van Til)

序

在过去的12年里，笔者有幸为《非营利时报》(*Nonprofit Times*)的一个不定期栏目“话说边界”(On the Boundary)写文章。为这个栏目所写的文章构成了本书的主要内容。本书打算探讨一些聪明睿智的公民和一般读者关心的关于志愿、非营利、慈善活动领域的问题。

笔者在这里要特别感谢《非营利时报》的现任主编保罗·科罗勒里(Paul Clolery)，他在过去的几年里对笔者主持的栏目给予了大力支持。非营利组织与志愿行动研究学会(Association for Research on Nonprofit Organization and Voluntary Action，ARNOVA)的同仁慷慨地答应了笔者请他们审阅栏目文章的要求，为此，笔者要特别感谢理查德·布什(Richard Bush)、罗杰·罗曼(Roger Lohmann)和阿瑟·P. 威廉姆森(Arthur Williamson)，他们对全书进行了认真、仔细的审读。

威廉·范泰尔始终是本书细心的读者和精通业务的编辑，对本书的书稿进行了非常有益的审读。笔者要感谢他为本书的编辑和其他方面付出的辛勤劳动。史蒂文·罗斯(Steven Ross)表现得就像一名模范博士生，根据笔者和他收到的数百条写在便条贴上的宝贵修改意见和提问对本书进行了最后的修饰。查尔斯·吉尔伯特(Charles Gilbert)这位笔者的政治专业终生导师，与笔者的一名较新的同事希拉德·庞西(Hillard Pouncy)一样，对书中的几章内容提出了宝贵的修改意见。

新泽西州罗格斯大学(Rutgers University)卡姆登(Camden)校区在1998年准许笔者请假准备本书的手稿。笔者要特别感谢支持本人系里工作的迈克尔·兰(Michael Lang)和支持本人写这本书的系主任玛格丽特·马什(Margaret Marsh)。

克莱尔·范泰尔曾帮助我准备参考文献。在本人参加的玛丽·华盛顿学院(Mary Washington College)举办的一次为期4天的培训期间(1998年秋季笔者在公益讲坛上介绍了本书第十三章的内容)，她像和蔼可亲的女主人那样为笔者服务。在那次访学中，克莱尔让她的父亲目睹了她在曲棍球邀请赛的一场比赛中打入了制胜一球，并且直接把玛丽·华盛顿学院队送进了决赛。她和她的祖父应该受到感谢，而且也受得起本书给予他们的题献。

引言:第三部门,第三空间

在某个星期六的下午,一对父母发现自己的女儿身体有问题,看来需要立刻带她去看医生。这个女孩的父母可以有以下 4 个选择:(1)马上去一家私人营利医院的急诊室或者急救中心;(2)去一家公立医院或者医疗中心;(3)去一家教会或者大学附属非营利医院;(4)在家对孩子进行观察,请邻居或者亲戚帮助观察和照料孩子。

在求助一家企业的服务、寻求一个政府机构的援助、寻找一个志愿或者非营利组织提供所需的服务以及寻求亲戚、邻居的帮助或者在附近社区寻找其他资源等选择中,每一种选择都涉及利用那些属于学者们所说的社会"组织部门"的组织。第一种选择涉及的组织部门财力最大,所以被称为"私人""企业"或者"营利"部门。第二种选择涉及的组织部门由于拥有发动战争和征税的权力而被称为"公共"或者"政府"部门。第三种选择涉及的组织部门虽然不那么容易界定,但仍很重要,因此被称为"志愿""非营利"或者"第三"部门。第四种选择涉及的组织部门由于最为重要、成员最多而被称为家庭、亲戚、邻里和社区"非正规"部门。

我们中的每一个人每天都会遇上选择这四个部门提供的服务的问题。比如说,当我们自家前院的草坪上长出一棵蓟草时,我们也许不会把它除掉,而是让它生长,希望它能在草坪中绽放出灿烂的花朵。几个星期后,这棵蓟草长得有小树那么高了,并且引起了邻居的不快,他们担心蓟草的籽很快就会飘落开来,并且要求除掉这棵蓟草。

因为这棵蓟草,我们又要面对一次四部门选择。我们可以询问律师(第一部门)了解本镇的相关法律(第二部门);我们可以向当地的园艺协会(第三部门)了解草丛点缀用途的事宜;或者我们可以再与邻居和社区的其他相关居民(第四部门)深入沟通,说明我们想在自家花园欣赏到曾经在科罗拉多的一个儿童乐园见到过的沙漠花朵的愿望。如果我们改变了自己的想法,那么甚至还可以请草木清除服务部门(第一部门)把自家前院正在迅速生长的蓟草除掉。

这样的例子就像蓟草迅速生长结的草籽那样数不胜数,不必在此一一列举。问题的关键是,在日常生活中,我们常常要在上述四个组织部门提供的各种问题解决方案之间进行选择。本书要回答的问题当然是这样的选择为什么会对我们自己或者对整个社会产生不同的影响。具体而言,本书要回答的问题就是:考虑到这些部门中的第三部门有各种不同的俱乐部、协会和其他组织,这个部门提供的选择会产生什么影响,是否会对我们作为个人和社会成员的生活质量产生实际的影响?

社会第三部门与其他部门之间的关系

笔者所说的“PECTS”模式提供了一种理解哪些力量在社会中发挥作用的简单方法。我们这个分类社会就是按照哈佛大学社会学家塔斯科特·帕森斯(Talcott Parsons,1996)几年前开发的一个几乎完全无法理解的系统在运行,这种运行方式告诉我们每个社会组织,无论是家庭、城镇还是国家,如果想取得成功甚或存续下去,就必须解决设定目标、吸引资源、意义共享和团结一致四个问题。

每个社会都要解决这些问题,而解决这些问题就是“PECTS”要达到的目标。围绕这每一种需要,我们着力发展了以下机构或者制度:

政治机构(或者政府,用“P”表示):负责解决我们在社区遇到的基本问题的决策问题。在像美国这样的国家里,这个问题是通过一个被我们称为“宪政民主”的制度来解决的。

经济机构(用“E”来表示):负责解决为了谋生、生产商品或提供服务和创造财富如何组织工作的问题。在像美国这样的国家里,这个问题是通过一种被我们称为“混合资本主义”的制度来解决的。

文化(用“C”来表示):通过语言、族群认同和宗教来解决人生意义的问题。在像美国这样的国家里,这个问题是通过被我们称为家庭、邻里和社区的组织单位来解决的。

第三部门(有时也被称为“志愿部门”或者“非营利部门”,用“TS”来表示):通过与他人一起参加志愿者团体来解决如何创建同伴关系或者共同事业的问题。在像美国这样的国家里,这个问题是通过上百万个减半纳税的组织以及更多的俱乐部、社团和志愿者团体来解决的。

“PECTS”模式的一个重要用途就是它时刻提醒我们社会主要机构或者组织总是处于互动状态,不同部门之间不断有交易发生。

从社会成员个人的角度看,第三部门组织的活动在许多方面影响着我们的日常生活。我们可以选择接受一家第三部门医院提供的医疗服务;我们也许会向一些第三部门组织打听蓟草和其他养花种草的信息。此外,我们也会被要求通过个人劝募或者联合劝募会(有时是在方便的时候通过电话)来支持第三部门组织。在我们的社区生活中,我们会发现各种非营利体育、社会、公民、商业和宗教组织常常值得我们关注、参加和支持。其实,美国将近有 150 万个得到正式批准的非营利组织,更不说差不多上千万个其他志愿者团体,他们已经成为我们日常生活不可或缺的一部分。

从整个社会的角度看,第三部门的作用不但因为关系到我们每个人,而且还因为第三部门已经成为现代机构(组织)生活的一个主角而变得重要。像克林·鲍威尔(Colin Powell)、拉马尔·亚力山大(Lamar Alexander)、伊丽莎白·杜尔(Elizabeth Dole)和比尔·布莱德利(Bill Bradley)这样的潜在美国总统候选人在等待国家召唤担任更高领导职务时都在第三部门组织中扮演过领导角色。像布鲁金斯学会(Brookings Institution)或者遗产基金会(Heritage Foundation)这样的非营利智库的政策建议都受到了媒体和政府领导人的高度重视。只要生活在一个工作、收入和致富机会有限的环境中的美国人有需要,那么,无数的第三部门机构就会为千百万这样的美国人提供衣、食、住等方面的必需品或服务。美国的第三部门机构还能提供个别辅导服务。

第三部门组织提供了7%的社会有偿工作。如果把志愿者的无偿工作包括在内,那么,这个比例就要提高到9%。这些组织为提供各种各样的服务而工作,并且常常为了追求自己的目标而相互竞争。他们与企业和政府机构建立并保持着密切关系:看来,这个世界有很多的旋转门和独享午餐。

无论是在美国还是其他任何地方,第三部门很难说是一个只有优点而没有缺点的领域。小说家罗伯特·斯通(Robert Stone)在他的畅销小说《大马士革门》(*Damascus Gate*,1998:351)中对第三部门进行了戏剧化的演绎,并且把当代耶路撒冷的政府机构与非政府组织的混搭描写为"其实不是国家机构把自己说成是国家,而是国家机构自称是非国家、反国家或者包括敌对国家在内的其他国家的机构……有些人仅仅是为了消遣或者挣钱而工作,当然也有笃信者和爱国者……"

从部门到空间

很多人写书是为了给美国人生活中的某个机构部门歌功颂德,不同时代的社会理论家都探索了市场、国家和社会之间如何达成适当平衡的问题,而且这样的探索迄今仍在继续。就像一本书的书名《超越君主与商人:公民参与和民间社团的崛起》(*Beyond Prince and Merchant*:*Citizen Participation and the Rise of Civil Society*,1998)所显示的那样。

每个组织部门都有自己的睿智支持者,他们都声称自己找到了为社会结构建立正确秩序的秘诀。从卡尔·马克思(Karl Marx)到米尔顿·弗里德曼(Milton Friedman)的经济学家无一不宣扬为各种经济力量规定正确秩序(无论是社会主义还是资本主义)的重要意义。他们的聪明晚辈从语言学家奇里格·哈里斯(Zelig Harris,1997)到作家乔治·吉尔德(George Gilder,1981),都详细阐述了支持经济决定论的各种唯物主义观点。

政治理论家从霍布斯(Hobbes)到卢梭(Rousseau),都把政府这个竞技场作为给社会建立正确秩序的关键所在,他们开出了从绝对君主制到参与民主制的不同政治安排处方。他们在政治理论领域的睿智追随者们,如西奥多·洛维(Theodore Lowi,1979)和本杰明·巴伯(Benjamin Barber,1984,1998),都提出了他们认为政治安排对于生活、自由和幸福等第一重要的论点。

从托克维尔(Tocqueville)到涂尔干(Durkheim)等社团理论家都把第三部门的繁荣程度作为给社会建立正确秩序的关键。他们的聪明晚辈,从证券交易所高管西奥多·列维特(Theodore Levitt,1973)到社会理论家保罗·赫斯特(Paul Hirst,1994)和杰里米·里弗金(Jeremy Rifkin,1995),在一种不断变化的服务和倡导活动混搭中找到了保佑当代生活的最佳手段。

即使非正规部门也有自己的睿智拥护者和批评者。法学家斯蒂芬·卡特(Stephen Carter)在《公民性:行为举止、道德和民主规范》(*Civility: Manners, Morals, and the Etiquette of Democracy*,1998)中发现了社会改革的关键所在,而以色列社会科学者阿维夏·玛格丽特(Avishai Margalit)在探索一种"体面社会"(*The Decent Society*,1996)的理论。文学评论家本杰明·德莫特(Benjamin DeMott)担心家庭和社区还远远不够,他告诫人们注意"友谊带来的烦恼"(*The Trouble with Friendship*,1995)。

我们不必是有来头的作家或者社会理论家,也能在社会主要组织部门挑选一个自己心仪的部门。例如,《纽约时报》最近报道称:"我们有不同的愿景",被认为有可能成为2000年美国总统候选人的俄亥俄州众议院议员、预算委员会主席约翰·R. 卡西奇(John Kasich)说:"我们的愿景是联邦政府应该降低自己的重要性,而家庭和个人应该发挥更加重要的作用。"(May 21,1998,p. A22)

在笔者刚才提到的这些书中有很多遵循了相同的写作准则,笔者把这个准则称为"部门沙文主义"。这些书的作者都认定一个受到优待的组织部门,浓墨重彩地描绘能凸显这个部门长处或优点的一面,接下来便是解释为什么某次行动依靠某个心仪部门将被证明更富有效率,而由其他部门心仪者提出的改革路径必然是死路一条,结果令人失望。于是就涌现出大量支持某个部门的学术文献,这种文献往往在文献名中就亮出了自己的观点,如《公民性就够了吗?》(*Is Civility Enough?*)、《强势民主就能确保体面社会的到来吗?》(*Can Strong Democracy assure The Decent Society?*)。那么,"超越了君主与商人"以后又该怎么办呢?

本书力图与以上这些书有所不同,笔者无意在这里展开剖析本书的观点,以免在这样的部门战中选边站队。相反,笔者在书中开宗明义,一上来就承认我们的社会是一个四部门社会,并且认为"只要我们的社会和谐、健康,那么社会各主要部门必然都能富有成效地运行"似乎比较合理。当今世界不乏问题的答案,但只有把这些答案全部置于一个具有内在一致性的四部门观下,它们才能真正成为满足我们迫切需要的手段。只要政府机构、企业、家庭和第三部门团体精诚合作,就能达到相互理解和提高效率的目的,足以在未来的岁月里实现大多数人长期过上高品质生活的目标。相互误解、观点分歧,并且死抱"只有一条真正正确、富有成效的路可走"的观念不放,这才是一条导致知识界、政界和社会各界冲突不断,噪音四起,社会死气沉沉并缺乏流动性的死胡同。

就像我们在后文将要看到的那样,第三部门本身就是一栋有很多楼层的高楼大厦。本书将采用参观各个楼层的方式来考察第三部门这栋高楼大厦。本书介绍的案例将表明第三部门已经取得了一些成就,但仍存在很多不足。在某些案例中,第三部门的组织似乎就像任何其他部门的组织:人道主义组织采用不靠谱的手段提供那些企业和政府机构有可能轻松就能提供的服务。在另一些案例中,一些具体的组织、个人和行动在社会运行过程中发挥了更加重要的作用。本书既讨论了一些这个领域人类行为的一般琐碎问题,又探讨了第三部门组织完成的一些具体的重要工作。

就如笔者要在书中介绍的那样,第三部门或者至少第三部门的很大一部分组织在社会中占据了一个特别大的空间,一个由无数个人和群体日常创造社会最重要产品的空间。这些社会最重要产品包括向有需要的人表达爱心和人文关怀并提供服务,并且发起旨在纠正许多不同问题和不公平事件的行动。这个"第三空间"(就像笔者在书中称谓的那样)之所以重要,很可能不但是因为它能解决很多人类问题,还因为它可能成为在瞬息万变、动荡不定的年代振兴一个陷入困境的社会的潜在力量。

读者注意

在这个后现代时期,能一口气把一本书从头到尾读完的读者还真不多。本书为对志愿行动和非营利组织在社会中的作用感兴趣的一般读者而写。本书共15章,分六篇:第一篇有一个关于概念和第三部门版图的引言;第二、第三和第四篇考察了第三部门与政府、企业和文化等社会其他主要部门之间的相互关系;第五篇考察了第三部门组织身置其中并可能在社会生活中寻求意义和正义方面做出重要贡献的第三空间的作用;第六篇介绍了一个借助个人和组织行动构建名副其实的民间社团的方向。在笔者看来,"第三空间"提供了一种构建民间社团的重要手段。

研究第三部门的同仁可直接翻到本书介绍这个部门研究新视角元素的第八章和第十四章,然后回过头来再看其他能引起其特别兴趣的章节。一般读者可以快速浏览第二章详细回顾理论概念的文字,因为这章内容有可能超越一般读者的兴趣,所以不如多关注第二章所介绍的第三部门的不同版图。那些对社会各主要部门特定边界感兴趣的读者可以从自己特别感兴趣的章节开始阅读。现在,各类读者可以回到讲述弗洛伦斯·阿尔伯塔·麦克林(Florence Alberta Maclean)生平的那一页,请思考一下:如果第三部门和第三空间"发育"不良,那么会出现什么状况?

目　录

第三篇　论企业与第三部门之间的边界

第四篇　论文化与第三空间之间的边界

第五篇　如何寻求意义和正义

第六篇　第三空间

第一篇

第三部门的用途

第一章　第三部门的组成部件

笔者在思考第三部门对于我们社区的真正意义是什么时，想起了加拿大安大略省加纳诺克(Gananoque)弗洛伦斯·阿尔伯塔·麦克林的遭遇。弗洛伦斯是苏珊娜·雷克斯·佩里(Susannah Rex Perry)这个美丽少妇的女儿，嫁给了英格兰长老会严厉的牧师的儿子丹尼尔·格兰特·麦克林(Daniel Grant Maclean)。丹尼尔·格兰特·麦克林在"很年轻结婚"时已经遗传了父亲易怒的暴躁脾气。不久，他和年轻的妻子决定移居加拿大去闯自己的生活。就这样，他俩开始在加拿大为这个有5个孩子的家庭寻找生计。丹尼尔放弃了自己当一名医生的梦想，选择了兽医这个职业。

丹尼尔在1885年的一次职业事故——他在给一匹马治病时被马蹄踢到了头部——中不幸身亡。他死后，一家老小过着一贫如洗、无依无靠的日子。当地社区慷慨的救济并不足以让丹尼尔留下的孤儿寡母过上像样的生活。最后，这个勇敢的家庭举家迁徙到纽约市。在那里，苏珊娜和她的孩子们辛苦挣来的微薄收入勉强让他们全家人生存到了20世纪。后来，弗洛伦斯嫁给了一个蒸汽管道工，他俩婚后生的儿子威廉·范泰尔后来成了20世纪美国最杰出的教育工作者之一。

就是从这个威廉·范泰尔(我的父亲)那里——是的，我刚才给你们讲到的加纳诺克的女儿就是我的祖母，我听说了体验教育是最好的教育形式，而服务工作常常是体验和学习的基础。他经常带学生到俄亥俄州青年旅社去实习，还带学生到底特律和华盛顿特区等不同城市进行社交旅行。[1]

到了长知识的年龄时，我迷上了后来才知道它叫"第三部门"——由从事服务、慈善和参与性活动的个人和团体构成的巨大网络——的工作。这个网络在我的祖母全家人在加纳诺克正需要它的时候并不存在，而在他们全家迁徙到纽约市时还没有得到充分的发展。我的博士论文探讨了宾夕法尼亚州领取福利金的白人和黑人妇女为了表达她们对收入和自尊的需要而参加福利权组织(Welfare Rights Organization)等协会的方式。后来，我考察了志愿者运动的起源、慈善实践和非营利组织的作用。

笔者在本书的第一章里主要提出了近些年公众经常思考的一些第三部门的概念。笔者将介绍七个这样的概念，然后在本书的其余章节考察它们之间的关系。这些第三部门的组成部件是：(1)社会资本；(2)社会—政治多元化/结社主义；(3)社群主义；(4)去福利国家；(5)工作终结；(6)社会经济/社会创业；(7)民间社团。

作为公民参与产物的社会资本

“社会资本”这个概念是由芝加哥大学社会学家詹姆士·S.科尔曼(James S. Coleman)1990 年在他鸿篇巨制《社会理论的基础》(*Foundations of Social Theory*)中提出的,并且被哈佛大学政治学家罗伯特·普特南(Robert Putnam)非常有效地引用到他那在意大利好评如潮的有关民主政治的研究《如何让民主发挥作用》(*Making Democracy Work*)中。

普特南(1993:167)表示,“社会资本是指社会组织通过促进协调行动提高社会效率的特性,如信任、规范和网络”。社会资本是一个与由机器设备等构成的“物质资本”和以受过教育的劳动力为代表的“人力资本”平行的概念。社会资本是那种看重互动的“资本”,它能造就“新问题由邻里、公民或者同事群体来处理和解决”的自信。

普特南研究了意大利艾米莉亚—罗马涅(Emilia-Romagna)和托斯卡纳(Tuscany)地区的“公民社区”。他发现了那里公民团结、民主参与、以真诚赢得发展壮大和民主制度繁荣的价值。普特南以“惊人的深度”刻画了这些组织结构的根源,并且在它们的核心根源中发现了一个四通八达的“公民参与网络”——“邻里协会、合唱团、合作社、体育俱乐部和有广泛群众基础的社交聚会”(1993:173)。

普特南在后来发表的文章(所谓的“独自打保龄球”系列)中探讨了被他称为“公民美利坚离奇消失”的问题。他像一名执着的侦探对这个问题穷追不舍,他想弄清美国人为什么越来越不愿意参加从保龄球联赛、邻里交往、教堂礼拜到投票选举的各种群体活动的原因。他表示,这个问题的答案应该从美国人过去 30 年的表现、被万能的电视所奴役以及简单的娱乐活动被更加严厉的社会互动纪律所替代等现象中寻找。

普特南断言,社会资本在现代社会里不断损耗是一个重大挑战。他的研究表明,社会资本是一种市场及其私人主体都无法单独提供的公共品,而第三部门组织则能在社会资本积累过程中发挥至关重要的作用。

普特南用以下这句话(1993:185)结束了他的潜心研究:“构建社会资本并不容易,但关键仍在于如何让民主发挥作用。”只要是有社会资本的地方,我们都能明白需要做些什么以及为完成亟待完成的任务需要做哪些工作;但凡没有社会资本的地方,我们就会待在家里让电视告诉我们很多周围世界正在不断变坏的事情,但电视不会告诉我们每个人为改变这种状况可做些什么。

社会—政治多元化/结社主义

社会—政治多元化的概念源自古典政治和社会思想,与社会机构活动的权力分立和相对自治的概念紧密相关。多元论提倡一种社会多机构结构,在这种结构下,政治、经济、文化和社团力量在相互依存的关系下实现自我组织,从而推进这些力量所代表的不同目标的实现。

政治理论家保罗·赫斯特在他的《社团民主》(*Associative Democracy*)中主要阐述了当代多元论思想。赫斯特(1994:15)指出,"社团主义"并不是什么新的概念,它"是作为自由主义的个人主义和社会主义的集体主义的替代概念在19世纪发展起来的……社团主义有两个特点……第一个特点就是提倡基于非资本主义合作和互助原则的分权经济;第二个特点是反对专制集权的主权国家,并建议用彻底的联邦主义和政治多元化思想取而代之。社团主义者奉行志愿者运动和自我治理,反对集体主义和国家强制"。[2]

在赫斯特看来,如果一个社会有很多高效、"注重"意义的志愿者组织,那就是一个组织精良的社会。政府的一个基本作用就是保证能为这些社团成长、行动和相互竞争营造公平竞技的环境。社团不但要实现社会目标,还要成为经济组织和合作的手段。

社团主义政治、经济和社会观有两个基本指导原则。赫斯特(1994:51)认为它们是:

(1)社团从其成员个人利益的角度看必须有它存在的合理性……

(2)社团应该是经过选择结成的社群,而不是命运共同体;社团联邦的强制性只有在为捍卫个体能够自由选择社团并且享受与他人合作的利益时才具有正当性。

多元论的观点主要是在20世纪50年代作为民主精英论的对立观点出现在社会学和政治学领域的,多元论反对一小撮"权力精英"趋向于控制从小镇到全国的美国社团决策。很多社会科学工作者,如C.赖特·米尔斯(C. Wright Mills)和威廉·多姆霍夫(William Domhoff),都研究证明了精英模式在美国人生活中占据的显著地位,而且都因为他们的研究发现感到失望。具他学者,如一个以罗伯特·达尔(Robert Dahl)领衔的耶鲁大学政治学者小组,研究发现了这种精英模式的优点,并且用他们的多元论解释了有限参与的现实。这些观察家在谈到政治经济学家约瑟夫·熊彼特(Joseph Schumpeter)的相关研究时警示性地提到了一种有可能因为过度参与而变得"过热"的政治制度,并且认定像不参加投票、信任自己的代表甚至"职责"冷漠这样的不参与行为具有一定的积极作用。

20世纪60年代,多元论者为了捍卫一种更加符合参与和平等价值观的观点所做出的努力,因为更高水平的"民主参与"思想的出现而付之东流。这些民主参与思想更加接近于直接民主决策思想,并且成了一种"新左翼"和"运动"组织的颂歌,这些组织的影响在当时的社会政治领域和学术理论中都能感觉得到。后来,多元论日益被认为只是一种比较保守的现状导向型理论。

多元论的左翼批评者们指出,多元论者忽视了一个问题,这个问题沙特施耐德(Schattschneider,1960:35)在辩论中早已提到过:"多元论天堂美中不足的是天堂里的合唱'高音'(指上流社会的声音)部太高。"重大变革甚或革命的愿景日益成为进步政治思想的特点,而不是努力通过渐进改革政策来纠正不公平。但是,依靠制度领域的一个独立集被认为是不够的:必须把经济管制权更加直接地用来为经过改良的社会的利益服务。

最后,革命当然没有发生,但是,那些美国经济、政治或者非营利大型组织帝国控制者手中掌握的权力和拥有的财富仍然毫发无损。收入最高者的税负大幅度减轻,收入最高者与中低收入者之间的差距在不断拉大。当时流行的意识形态就是把重点放在名词上的"民主资本主义"。

到了20世纪90年代,多元主义理论日益表现出对经济再分配重要性的关注。这种理论的一个早期批评者威廉·康诺利(William Connolly)就"多元论是一种重要的社会政治结构,并且要求容忍差别但要有最起码的社会—经济平等"这个命题发表了一系列文章。康诺利的平等论(1995:81)既有说服力,又因为把多元论带入80年代及其后的社群主义者严重忽视了平等而值得关注:

"所以,多元论有两个目标:一是设定一个任何人都不得低于它的下限,因为只要任何人和每一个人都愿意,那么这样的下限就能使他们分享共同的生活;二是设立一个难以逾越的玻璃天花板,因为这样的天花板可以阻止少数经济特权者构建逃避教育、犯罪、兵役和环境一般状况的私人通道,并且会促进政治联盟的形成,从而坚定公众对集体遭遇的危害和私人逃逸造成的困扰做出积极回应的决心。"

社群主义与追寻负责任的志愿行动

社会学家—改革家阿米塔伊·艾奇奥尼(Amitai Etzioni)创造了"社群主义"这个读起来非常拗口的词语,是想把开明的多元论主题与保守的个人责任论主题整合在一起。这种社会理论的追随者,如政治理论家威廉·高尔斯顿(William Galston)在克林顿总统政府里很有影响,而克林顿总统本人也经常阐释这一理论的基本原理。

社群主义被认为是一个没有什么市场的名词,但是,社群主义是把个人权利的自由主义传统与个人责任的保守焦点结合在一起的努力,代表着一种旨在创立合成化理性视角的迷人尝试。威廉·杰斐逊·克林顿(William Jefferson Clinton)在他的就职国情咨文中提到了社群主义的重大主题,并且表示:

"是到了改变动不动就伸手向政府或者任何其他机构要东西的坏习惯的时候了。让我们大家多担点责任,不但是为了我们自己,也是为了我们的社会和国家……

"我希望新一代的美国青年都能投身到服务季的活动中去,通过帮助遇到麻烦的孩子,陪伴需要帮助的孩子,重新弥合我们社区街坊邻里四分五裂的关系来实现你们的理想。我们有那么多的事情可做。的确,人力是够了,因为另外还有上千万个精神上还年轻并能相互服务的上了年纪的人。

"在提供服务的过程中,我们发现了一个简单而又千真万确的真理:我们彼此需要,我们必须互相照顾。"

社群主义者提出的关键政策说明被称为"响应性社群宣言"。这个宣言的核心愿景就是公民都是很多社群的成员，而且“我们珍爱的权利只有在社群的背景下才能得到维系”。社群宣言如是表示(Etzioni，1993：253—267)：

“社群主义观同时承认个人的人性尊严和人类存在的社会维度。

“社群主义观承认，个人自由的保留取决于能否积极维护民间社团的各种机构……

“社群主义观承认，社群和政治组织都有义务，包括回应其成员以及参与和思考社会和政治生活的义务。”[3]

响应性社群宣言注意到了美国社会志愿行动无处不在的特点。一方面，论坛的创建者看重志愿传统的“光明一面”，并且注意到了通过发挥“无数社会、宗教、种族、工作场所和职业团体的作用”来解决社群问题的意义。社群主义者在表达“某些照顾、分享和充当我们兄弟姐妹看护人的措施”的价值观时已经发扬了这个传统(Etzioni，1993：253—267)。

志愿传统就像社群主义观，也重视以地方为中心的问题解决方法，就如同响应性社群宣言所表达的那样，有问题应该尽量在接近社区的层面得到解决。“这条原则适用于关爱病人、身心失调者、违法者、无家可归者和新移民等。此外，结对帮助在社群主义和志愿传统中也是一种重要的服务形式，而这样的政策创举和国民服务在社群主义和志愿运动这两个传统中都得到了重视。”

另一方面，社群主义者也意识到了志愿传统的“阴暗一面”。关于志愿社群，他们“想知道‘私人治理机构’——无论是公司、工会还是志愿者协会——如何才能对自己的成员更加负责，并且承担更多的满足社群需要的服务”(Etzioni，1993：253—267)。

就如当代社群主义运动创始人阿米塔伊·艾奇奥尼所憧憬的那样，社群主义社会应该实行一种“多方对话”或者“全国小镇会议”。这种想法本身就是在第三部门社会运动的启发下提出的。“在这种‘会议’上，数以百计的公民——在保龄球馆饮料机前、饮水机旁、咖啡机前和鸡尾酒会上——在讨论或辩论静坐抗议、示威游行、联合抵制和其他类似的戏剧化手段引发的问题。这种多方对话进一步发展成了电台谈话类节目、读者来信、教堂布道和犹太教徒集会，并且渐渐地就变成了一种达成共识的新方式”(Etzioni，1993：230—231)。

第三部门可以为这样的多方对话做出特别的贡献，也就是投身于“负责任的志愿行动”(Van Til，1994)。这样的行动可以采取献身于某项具体的工作，“揭露”政府或者公司官僚作风，或者与邻居一起照顾老人、设置停车牌或制止邻里间的非法毒品交易。

志愿者和非营利社团已经成为当今社会组织世界的一个重要组织类别。从托克维尔生活的那个时代一直到当今时代，社会学者在研究中发现，中介社团是民主参与、政治胜任力和合法化的一个来源。但是，真正的社团必须经得起效率和责任检验。

要知道，如果志愿传统是一股包括利他主义者的助人行为、红十字会组织的赈灾工作和三K党的恐怖活动在内的力量，那么最好能够按照“是否负责任”把公民参与分为“负责任”与“不负责任”两种。

从社群主义观出发，负责任的志愿行动是社会的一股积极、自发和挑战性力量。因此，这种行动的发展在一个因它自鸣得意而更加著名的时代可以作为一项发展积极民主的组织原则。

不过，社团主义思想家们还没有找到一种运用经济社团的力量来实现像充分就业、丰厚收入但又尊重自然就业这样的目标的方法。所以，本章下文要讨论的两股力量区分了几个困扰我们实现这些基本的社会经济正义目标的严峻挑战。

去福利国家

加拿大布雷顿角大学学院（University College of Cape Breton）院长杰奎琳·塔耶尔·斯科特（Jacquelyn Thayer Scott）在一篇非常出色的博士论文《危机中的志愿部门》（Voluntary Sector in Crisis）中提到了“去福利国家”（farewell state）在她的祖国和美国的崛起。在这篇博士论文中可以看到，“去福利国家”为我们提供了一种超越即将消失的福利国家看问题的视角。

“去福利国家”分别由罗纳德·里根（Ronald Reagan）和玛格丽特·撒切尔（Margaret Thatcher）同时引入美国和英国。由美国国会众议院前议长金里奇（Gingrich）及其盟友领衔的里根和撒切尔的当代追随者们常说，与他们现在不断提出的议案相比，里根和撒切尔看起来更像是胆怯的自由主义者。

“去福利国家”的宗旨明白无误：

（1）政府的基本职能就是维持社会秩序[就是霍布斯（Hobbes）所说的“看守人国家”（watchman state）]。政府应该加强治安和国防职能，但必须大幅度削减所有其他计划。

（2）一个国家的企业才是重要的[就如里根偏爱的前任总统卡尔文·柯立芝（Calvin Coolidge）所说的那样]。如果能够充分减税，那么就能依靠一国的企业主向全国劳动者提供就业机会。水涨船高，经济发展，税收就会增加。

（3）家庭是社会的基本单位。如果孩子们表示不想住在一起，只有父母想住在一起，那么，大部分社会项目的必要性就会大打折扣。

（4）倘若还有社会问题没有得到解决，那么，志愿精神就可用来减轻社会问题造成的困扰，并且给需要帮助的人带来希望。

“去福利国家”的批评者们听出了“去福利国家”的弦外之音。他们看到了公司力量的空前壮大和社会经济不平等程度的不断加剧；他们看到了富豪们凭借手中掌握的表决权把持着政坛；他们看到了一种不适合穷人和绝望者的日益令人失望的生活状态的道德观大行其道；他们还看到了一个被社会需要压得不堪重负的第三部门仍不得不疲于应付政府和慈善支持减少的局面。

“去福利国家”是为了取代福利国家这个英美两国已经历了4个世纪的创造物才现身的。福利国家本身可归因于英国1601年的《济贫法》，英国议会为了资助无力抚养孩子的父母才通过了这项立法。在这之前，天主教英国通过教会和当地社区来提供这份关爱。但是，随着社会需要的不断增加和社会流动性的不断提高，当地社区在缺乏人情味、严酷无情的城市工业社会面前节节败退。

福利国家变成了一种常态，虽不优雅，但贯穿于整个英美史：20 世纪初很多不同的社会保险计划的推出对于“去福利国家”的发展也具有里程碑意义；1935 年，英国通过了社会保险法，在 60 年代向贫穷宣战时期制定了很多相关计划。但不管怎样，1948 年，随着社会化医疗制度的建立和高等教育的普及，福利国家在英国进入了全盛时期。

去福利国家在站稳脚跟之后，就以提出善意警告的方式做正确的事，并且衷心祝愿在可能存在的最好世界上一切都会变得更好。去福利国家的强项是许诺，但不是行动。

非营利组织因某些令人不快的意外而迎来了去福利国家。由于政府必须在努力平衡预算的同时减税，因此，不难预料将大幅度削减对非营利组织的支持。现在，美国非营利组织差不多 1/3 的资金来自政府，每年几乎达到1 000亿美元。美国政府的非营利组织关系首席专家莱斯特·萨拉蒙(Lester Salamon)指出，根据 1996 年美国国会通过的 1997 财政年度预算决议案，联邦政府将“在 1997～2002 年削减对非营利组织的资助，累计总额达 900 亿美元”(1997：19)。

那么，第三部门能否在自己的预算因为政府减少资助而严重削减的同时，另辟蹊径满足日益增加的人道主义援助需要呢？在我们这个新保守时代，这可是一个至关重要的问题。除非我们能够解决这个问题，否则，随着 21 世纪的到来，我们可能会目睹我们的社会因富人与穷人、满足现状者与铤而走险者之间的矛盾和冲突而被撕得支离破碎。我们可能还会想念福利国家，并且最终会认识到必须对福利国家进行改造。

工作终结

“工作终结”的概念是由经济学家和政策分析师杰里米·里弗金在一本同名书中提出的。这本书用大部分篇幅大谈工作问题以及这几年工作如此难找的原因。[4] 里弗金的这本书详尽明了，旁征博引地证明了由自动化和基于微芯片的信息处理技术引发的新技术革命的影响。这场技术革命迫使我们在“从冗长的工作时间中解放出来”以及“被过度雇用和被雇用不足日趋严重的社会分化”两者之间做出选择。

里弗金相信，我们正在做出错误的选择；未来几代人将要面临各种工作持续减少的前景。虽然技术创新专利持有人正在大把赚钱，但大部分中产阶级成员的收入却在减少，无论想保住怎样的工作都将困难重重；而且他们的经济实力也无法确保他们能过上舒适的退休生活。

我们的社会只向其成员提供了政府、企业、第三部门和非正规部门(家庭和街坊邻居)四种解决问题的机构或者组织手段。如果政府在企业大幅减少工作岗位时撒手不管，那么会有什么样的结果等待着我们呢？我们的家庭还能满足对收入和社会服务的需要吗？第三部门能帮助我们吗？

我们会面临怎样的处境呢？按照里弗金的描述，我们会陷入困境，并且看不到任何希望。他发现了两种应对不均衡雇用状况潜在危机的途径：(1)推行通过缩短每周工作时间增加就业机会进行收入再分配的公共政策；(2)发展政府项目，在第三部门为那些市场不再需要其劳动力的社会成员创造替代性就业机会——“社会经济”。

社会经济/社会创业

“社会经济”的概念[“economie sociale”在20世纪70年代的法国得到了广泛使用，并且由本书作者在1988年出版的《如何绘制第三部门版图》(*Mapping the Third Sector*)中介绍给了美国读者。后来，杰里米·里弗金在他1995年出版的《工作终结》一书中介绍给了更多的美国公众]描述了一种通过开展合作经济活动来满足很多经济需要的社会。里弗金(1995:242)指出，“法国经济学家蒂埃里·让泰(Thierry Jeantet)表示‘社会经济并不是采用薪水、收入等计量资本主义的指标来进行计量，它的产出包括社会效果和直接的经济成果两部分，如残障人士居家而不是在医院得到很好照料、邻里不同年龄组成员之间的互助程度’”。

“社会创业”的概念也试图把第三部门融入经济生活。就如专栏作家托马斯·麦克劳林(Thomas McLaughlin，1999:18)指出的那样，社会创业者通过自己创造可利用财富的方式“把商业活动与传统的社会服务混合在一起”。他们在提供服务的同时设法赚钱，并且利用实现的利润来提高自己的服务能力。麦克劳林举了一个社会创业的例子，那就是“责任心培育之路(Road to Responsibility)项目：马萨诸塞州马什菲尔德市(Marshfield)有一个以智障和发育性残疾人士为对象的服务提供者，他买了一家破了产的汽车旅馆，对旅馆进行了改造。现在，这家旅馆就通过雇用自己的服务对象来经营这家旅馆”。

在公共和私人部门就业形势不断恶化的时期，基于社会经济和社会企业概念的项目承担起了实现经济目标的责任。社会经济允许个人以某种志愿方式把个人的生产力和购买力集中起来，用于推行那些使用“时间货币”[由律师让(Jean)和埃德加·卡恩(Edgar Cahn)提出]的志愿工作分享计划，或者参与生产性社区建设和维护。[5] 社会经济概念听起来也许太过法国化，因此难以在英语文化背景下取得成功；但是，它所蕴含的思想明确且作用巨大，并且告诉我们第三部门的一个重要任务不但是提供“服务”和“参与机会”，还要满足社会成员对经济安全、支持和生产力的需要。

美国人往往较少谈论“社会经济”，而更多地谈论“社会创业”。自从约瑟夫·熊彼特在他的经典著作《资本主义、社会主义与民主》(*Capitalism, Socialism, and Democracy*，1947)中把企业家的角色预想成风险承担者以来，社会学家就一直怀着一种崇敬的态度来对待“企业家”或者“创业者”(“entrepreneur”是一个法语词，原义是指从中居间的中间人）。

在国家社会创业研究中心主任杰里·包思琪（Jerr Boschee）看来，“社会创业者是在不忘记自己基本使命的前提下越来越关注市场力量的非营利组织执行官——平衡行动（或者避免冲突）是这场在整个第三部门快速发展的运动的核心和灵魂”。[6] 社会创业者概念由心理学家雷纳德·杜尔（Leonard Duhl，1990）以及基金会领导人罗伯特·朗（Robert Long）和乔尔·欧罗斯（Joel Orosz，1997）提出，并且成了当代非营利组织领导人常用的流行词。

杜尔表示，社会创业或者计划者必须不把自己的忠诚“局限于特定组织或者目标”。他把社会创业者认定为是一些掌握了重要“社会不同部门版图绘制技能”并且善于利用“制度漏洞”的人士（Duhl，1990：113）。社会创业者是社区和组织合作艺术领域的高效跨边界者和经验丰富的人士（Lippitt and Van Til，1980）。

社会创业运动是更具合作精神或者更具社会主义色彩的社会经济观的资本主义版本。这两种社会经济观都试图使用商业语言和技能来发展其成员/顾客的物质福利，两者又导致了如何区分非营利世界与商业组织和实践世界的重要问题。

民间社团

“民间社团”已经成为当今有关第三部门的概念中最流行的概念，也是一个年代久远、很不稳定的概念。民间社团已经成为当今第三部门思考的一个重要主题。几乎每个星期都有题名中包含这个词语的新出版物出版，但它的含义和蕴涵仍然难以把握。[7]

像约翰·斯图亚特·穆勒（John Stuart Mill）和亚当·斯密（Adam Smith）这样的古典政治经济学家把民间社团看作一个既有经济自由优点又有人身自由优点的王国，并且把这个王国的优点与国家的邪恶进行了比较。而黑格尔（Hegel）用民间社团来解释政府如何在面对经济和社会冲突时通过促进合作的方式，在一个市场驱动型社会中发现自己的壁龛。

马克思发展了黑格尔的论点，把民间社团描述成一个充斥“剥削、异化和不公平的社会”（Abdelramen，1998：6）。新马克思主义者安东尼奥·葛兰西（Antonio Gramsci）把民间社团看作“国家通过教育、文化、宗教和其他机构为巩固其形形色色看不见、摸不着的微妙权力来发挥作用的场所”（Abdelramen，1998：7）。

似乎是为了满足 1989 年剧变后东欧涌现出来的民主需要，民间社团的思想重又从历史的垃圾桶里捡了回来。但是，正如拉尔夫·达伦多夫（Ralf Dahrendorf，1997：3，12）所观察到的那样，“现在以任何程度的肯定语气宣称 1989 年的东欧剧变取得了或者没有取得成功，显然都为时过早……1989 年的剧变就像之前的社会剧变只能令那些极度向往言论自由、平等及基本民主的新世界并且亲历这场剧变的人大失所望。不过，达伦多夫（1997：60）怀着较大的希望指出，“公民精神和民间社团比起电子和市场来又向前迈进了一大步，而且它们的目标是努力奋斗，而不是规避危险”。

在本次轮回中,民间社团对于很多人仍然有很多意义。对于像达伦多尔(1997:77—78)这样一个自由主义者来说,民间社团"是由草根倡议和联合创建的";对于另一个自由主义者、美国前参议员比尔·布莱德利(Bill Bradley)来说,民间社团构成了一种政府和市场被认为有其局限性的社会工具的"第三支柱"。布莱德利不但把非营利部门列入了"这个第三支柱",而且把家庭、街坊邻居和社区也包括在内。

对于像乔治·W. 布什这个最有希望当选的总统候选人以及威廉·班尼特(William Bennett)和参议员丹·寇茨(Dan Coats)这样的保守人士来说,问题就是如何把民间社团作为取代政府的手段,让它来做很多之前由政府做的事情。鉴于共和党人提出了政府应该从美国人生活的各个角落退出的最狂热主张,他们几个只是温和地主张政府应该在重建民间社团方面扮演重要角色。这种观点只是主张对一些社交行动组织提供慈善资助。

作为一个概念,民间社团很不幸,就像社会科学的"橡皮泥",几乎能够变成不同学派理论家所选择的形状。政治学家戈兰·海登(Goran Hyden)绘制了一张演绎民间社团概念,包括新马克思主义、自由主义、社团主义和自由意志主义的四单元图(见图 1.1)。

经济利益占据主导地位	社团生活居于核心位置
新马克思主义 (葛兰西)	自由主义(或者强势民主) [洛克(Locke)、 巴伯(Barber)]
自由意志主义 [佩因(Paine)、 希尔思(Shils)]	社团主义(或者社群 主义或强势文化) [托克维尔、艾伯利 (Eberly)]

国家与民间社团相分离

资料来源:根据海登(1997)的图改制。

图 1.1　民间社团的四个主要方面

政治理论家本杰明·巴伯(Benjamin Barber)在他最近出版的《一个给我们留下的地方:如何建设民间社团,让民主更强势》(*A Place for Us:How to Make Society Civil and Democracy Strong*)一书中集中关注了其中的三个传统,仅仅遗漏了后马克思主义观。巴伯把海登的民间社团理论的社团主义观称为"社群主义",并且把他偏爱的民间社团理论的自由主义版本称为"强势民主",从而令人想起了他早些时候一项颇有影响的民主理论研究(1984)中对民间社团概念进行的发展。巴伯把民间社团视为一个"致力于创造公共品"的志愿者王国——"教会、家庭和志愿者社团"的"实域"(1998:44)。

政策分析师唐·E. 艾伯利(Don E. Eberly)在其出版的《美利坚的希望:民间社团与美国文化的复兴》(*America's Promise:Civil Society and the Renewal of American Culture*,1998)一书中发展了一种"民间社团+"理论。就像巴伯一样,艾伯利驳斥了各种民间社团理论的经济学版本，并且非常心仪“公民共和主义”版本。但是，他的民间社团理论具有的“社团主义”和“社群主义”性质远远多于巴伯版的民间社团理论。对于艾伯利来说，民间社团不能光靠参与来创建，而必须建立在一种价值观和信念共享的文化基础上。他断定，这样一种“强势文化”最好建立在一个“超经验的命题”上：“我们的民主有一个灵魂，我们的民族有一个信仰，我们的制度必须具有道德凝聚力，美国的复兴要从我们国家珍贵的宗教信仰遗产中获得灵感和力量。”(Eberly，1998：198)

民间社团概念有一个值得关注的方面，那就是它与“公民性”(civility)源自同一词根。经常运用这个概念的社会学家爱德华·希尔思(Edward Shils)试图在民间社团理论与“公民性”的行为之间建立某种联系。就像黑格尔一样，希尔思也倾向于认为民间社团与某种市场经济高度相关。希尔思(1997：91)也很担心民间社团在美国人民的生活中沉沦，他列举了民间社团在美国大学、教会、有钱人、工会、乡村社区以及“人数相当多的失业流氓无产阶级及罪犯和违法人员”中间的沉沦。坦率地说，希尔思在1995年去世时还在为民间社团已经沉沦还是获得了发展这个问题感到困惑：

“在当代自由民主社会不同阶层和主要机构缺乏公民性的背景下，公民性的前景似乎并不光辉灿烂……在东南亚战争及其后的10年里经历了一个低潮后，公民性在美国多少有所提升，但仍然危机四伏”(Shils，1997：93)。

不少人求助于民间社团概念看重的就是民间社团在沉沦中成长的显著能力。在本书后面的章节里，我们将看到一些全国委员会的领导人在他们的报告中是如何关注相似的主题的。民间社团之所以引起我们的注意，是因为它有丰富的蕴涵：对我们大家来说，“有公民性”听起来总要比“无公民性”好；公民的事情总要比被军事化或者官僚政治受到较少的约束，民间社团在一个充满不确定和社会动荡的时代里当然是大受欢迎的。

但是，迄今为止，健康的呼声只能在社会理论中听到。事实仍然是，民间社团概念如果要在现代社会复兴中发挥作用，就需要更加严谨的定义和构建。在本书中，笔者将努力奠定这个基础，并最终得出以下结论：民间社团最好被理解为一个存在于社会各主要机构内部和之间的特殊空间。

结束语

我们在经历后现代消费社会社会资本损耗的时候听到了很多呼吁复兴民间社团的声音。复兴民间社团的任务又因为去福利国家和工作终结接踵而至而变得复杂：去福利国家的出现限制了政府的行动，而工作终结则影响了就业前景。在需要帮助的人和受过良好培训的人的就业公共资助基础受到如此严重的侵蚀时，我们怎样才能创建一个能够平衡权利和义务的多元化或者社区社会？当然，我们必须理解我们的社会经济新现实，包括社会经济对传统经济发展产生的抑制作用以及它为那些已经学会在社区一起工作的人创造的机会。

很多新的社会形态都需要新的社会创业技能。在我们这个新时代所需要的不同素养中，就有未来几年很多群体和个人的需要都将在社会第三部门内部得到满足的庞大组织网络中驰骋的能力。为了确保有更少的公民同胞——像一个世纪前生活在加纳诺克的我祖母全家人那样——在生活从他们手中剥夺了我们大家都那么需要并且完全应该得到的资助的时候被扔下独自受苦，第三部门的一个重要任务就是构建社会资本，而且还要采取行动。

第二章 如何划定不同部门的边界

在学术文献中，主要机构部门之间的界限通常被说成“模糊不清”、“重叠”或者“难以清晰辨认”。把握这些边界关系的最佳方法或许是，回顾一些反映社会各主要机构部门如何彼此相关的已经绘就的最有影响力的机构部门版图。近年来有人绘制了三部门(Mertens，1980)、四部门(Van Til，1988)、五部门(Smith，1991)、六部门(Paton，1991)甚至七部门(Schuppert，1991)等机构部门版图。

二部门版图

“部门”概念提供了一种形象地表示社会机构的方式。社会关键机构的传统版图只是简单地对国家与市场进行了区分，这种简单的机构部门版图显然无法充分反映我们这个时代的社会现实，因为它忽视了社会第三部门这个广大的组织领域以及家庭、亲戚和邻里等组成的重要核心机构。[1]

三部门版图

现在，关心志愿者运动和非营利组织的学者越来越多地采用三部门模型。在三部门社会版图中，企业通常居于第一部门的位置(因为这个部门最大)，政府是第二部门，而非营利志愿者组织则是第三部门。[2] 有很多研究非营利部门的学者使用这种三部门模型，而把第三部门看作由特殊类别的非国家、非资本运作组织构成的观点是构建社会三部门版图的基本洞见。当代社会理论家越来越多地采用三部门(政府、企业、志愿者)中每个部门的显著特性来表示现代社会结构。

在最引人注目的三部门观中，有两个三部门观是在当时传播迅速的法西斯主义和军国主义等的阴影下发展起来的。中欧社会理论家卡尔·波兰尼(Karl Polanyi，1944)和卡尔·曼海姆(Karl Mannheim，1940)在他们各自的研究中试图弄清企业、政府和社会机构之间互相发生关系的方式。这两位学者都想发展一种反映这三个部门之间特有关系的理论，希望因此而为一个他们生活的那个时代疾病经常肆虐的世界做点贡献。

对于波兰尼来说，和平发展的关键就是要为市场、国家和社会这三个部门创造均衡发挥作用的机会。他当时看到的危险就是市场被视为基本机构或者机制，而市场的合同基础导致了一种具有误导性和缺陷的人类自由观。这样的“自由”企业能够提供的东西是有限的，他辩称：市场导致人际关系碎片化，并且使得重要的社会关系变得不易看见。市场还趋向于降低国家的作用，导致国家处于无足轻重的位置。

在波兰尼看来，只有在认识到光靠市场不足以解决我们遭遇的问题时，我们才能够直面要如何维护社会自由的问题。于是就出现了一条区分自由主义与法西斯主义……的分界线，而我们也开始明白自由与受压迫之间的区别主要不是经济方面的，而是精神和宗教方面的(1957:258;Wolch,1990)。波兰尼的研究表明，后来我们所说的“第三部门”具有至关重要的作用：在为争取正义和自由的斗争中发挥了主导作用。

对于曼海姆来说，社会复兴的关键在于把知识应用于解决问题并且学会制定社会规划。他对意识形态(关注现状)与乌托邦(关注应该如何)之间以及对功能理性(看似产生作用，但有可能误导)与实质理性(有利于解决真正的人类需要)之间进行了明确的区分。

曼海姆指出，“现代社会面对的不是暂时的动荡，而是根本性的结构变化……这种领悟是采取预防措施的唯一保证。我们只有明白处于危机之中的西方社会正在经历一个分裂阶段的原因，仍在享受相对和平的国家才有希望通过民主规划来学习掌控事物发展的未来趋势，从而避免这个过程的负面方面：专制、唯从和野蛮”(1940:6)。

规划师约翰·弗里德曼(John Friedmann)通过发展一种完全成熟的社会理论对曼海姆的观点进行了拓展。弗里德曼详细阐述了曼海姆所关心的问题：我们应该学会对一个越来越民主和独立的世界进行规划。弗里德曼证明了民间社团(或者志愿部门)可以在现代社会发挥生产性作用(1987:355－356)。他认为，最好把当今世界看作一个不同机构利益相遇并相撞的“共同”世界(383;Lijmann,1992)。弗里德曼断言，第三部门组织在帮助个人和群体构建能满足他们在一起富有成效地工作的社会这一点上可以发挥重要的作用。

四部门版图

笔者在以前写的一本书《如何绘制第三部门版图》(1988)中介绍了一个社会四部门模型。这个模型在传统的企业、政府和非营利部门中又增加了一个家庭部门或者非正规部门，通过描述各部门之间的相互依存关系并且把家庭部门作为塞缝石增加了一个动态维度。家庭(或者家庭成员个人)在企业部门挣钱并购买商品和服务，在非营利部门创设基金、充当志愿者并参加社团，并且通过投票和纳税来支持政府。

笔者曾在《如何绘制第三部门版图》一书中指出，社会各主要部门跨越它们之间的各种界限相互之间开展交易，并且证明了这些交易如何影响第三部门。例如，政府通过国内税收局确认第三部门组织的“501(c)”身份来对它们进行正式认可和监管。企业通过捐赠和资助员工的志愿行动来为第三部门提供资源，而政府减轻那些资助获得正式认可的第三部门组织捐赠者个人的税负。表 2.1 对社会四个主要部门之间的常规互动关系进行了图示。

表 2.1　　社会各主要部门之间的交易

政府进行监管、提供资助并与志愿部门组织签约	**企业**（通过捐赠、企业捐赠、设立基金会）从事慈善活动并鼓励员工参加志愿行动
（某些）第三部门组织经政府认可，用在企业挣得的收入捐赠可享受税收减免待遇，与政府签约提供服务，雇佣非正规组织提供的志愿者（时间和努力）	**非正规组织**（家庭和邻里）常在第三部门组织的协调下提供各种服务

《如何绘制第三部门版图》一书试图绘制一些理论上可行的版图，以帮助读者了解志愿者运动在现代生活中发挥的作用。其中一张是隐喻图，另一张是概念图。

隐喻图标示了"气候"、"地形"和深层"地质"构造三种因素。气候因素被描绘为社会主导价值观：只顾自己的利己主义和自愿关心别人的利他主义；地形因素就是指我们熟悉的四个部门：私人经济部门、政府、志愿组织部门和非正规部门；基础的地质构造因素与一些著名的社会理论家认定的一些关键问题有关：亚历西斯・D. 托克维尔（Alexis Tocqueville）和埃米尔・涂尔干（Emile Durkheim）发现的社团团结问题、主要由马克斯・韦伯（Max Weber）论述的科层控制问题、卡尔・马克思关心的经济霸权问题以及罗伯特・米歇尔斯（Robert Michels）提出的寡头控制问题。笔者的观点是每个分析层次——价值观、机构形式和深层次的社会结构——都应该从理解第三部门在现代生活中的作用来考虑。

最后，《如何绘制第三部门版图》区分了学者们在试图理解现代社会志愿行动和非营利组织的过程中提出的 5 种主要理论模型。这些模型被认定为派生模型、部门模型或者行动模型。杰奎琳・塔耶尔・斯科特（1992）根据这种理论提出了社群主义理论。斯科特指出，第三部门组织能在现代社会的各个方面发挥建设和支持社区的重要作用（见图 2.1）。

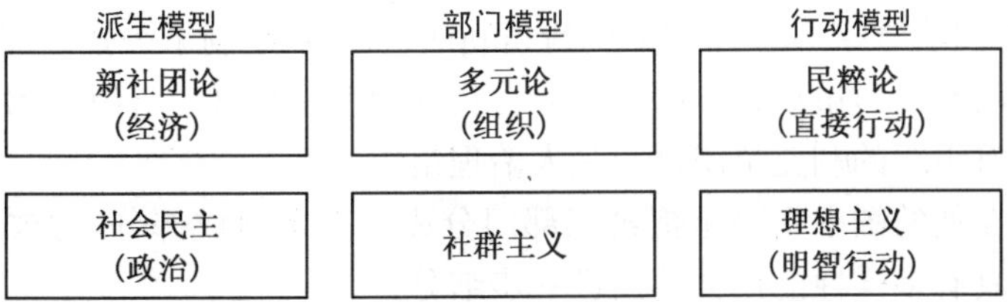

图 2.1　经斯科特拓展后的范泰尔模型

大卫·霍顿·史密斯(David Horton Smith,1991)又把第三部门一分为二,即把第三部门分为"公益"与"私益"两个部分。不过,史密斯就像曼海姆和弗里德曼那样,把两个第三部门看作对"社会基本价值观问题"的不同反映。

英国教育家罗布·佩顿(Rob Paton,1992)提出了一个更加注重功能的模型,佩顿更加关注两个重要维度:组织的正式性—非正式性以及所追求目标的社会或经济性质。佩顿模型(见图 2.2)识别了组织的不同经济类型,并且把组织按经济类型归并为部门。

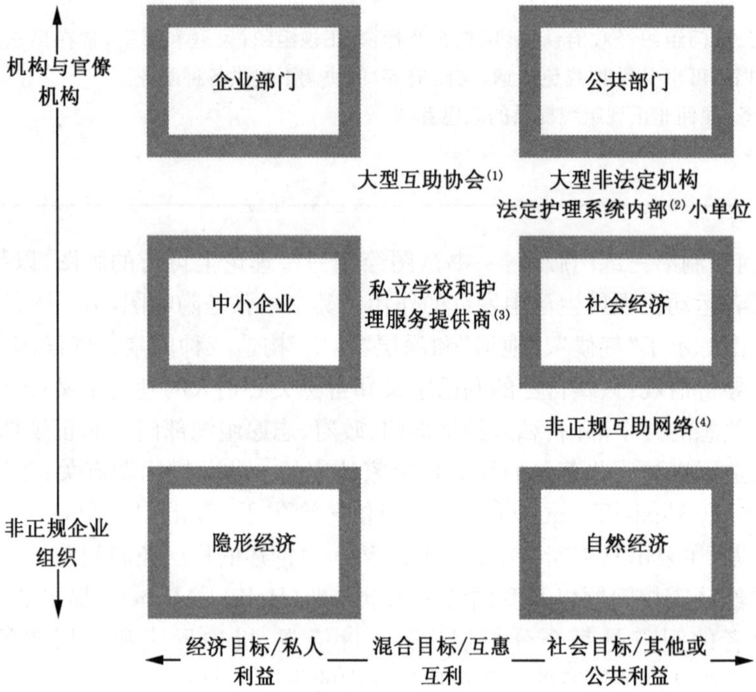

注释:(1)如住房互助协会、零售合作社、汽车协会。

(2)如大型住房协会、地方政府家庭中心、乡村诊疗所。

(3)如公立公益学校、私人疗养院(私立但由专业人士经营)。

(4)如婴儿看护小组、母亲与学步婴儿俱乐部。

图 2.2　佩顿的组织世界版图

最后,德国法学家 G. F. 舒培尔(Schuppert,1991)绘制了一张七部门图。他认定的 7 个部门是:(1)市场;(2)国家;(3)自我管理型组织;(4)自组织团体;(5)社团性协会;(6)有组织的利益集团;(7)私人治理组织。

舒培尔在他的图中主要是把第三部门分成了五个组成部分,对被史密斯一分为二的这个具有多样性的社会部门进一步细分。

这样的社会部门版图肯定是没有穷尽的,不过,许多新近绘制的社会部门版图都引入了一些更加动态的规模、比例和边界观,并且试图反映各部门相互之间至关重要的互动关系。

不断互动的社会各主要部门

欧洲多名杰出的第三部门研究者提出了社会各主要部门互动模型。大卫·比利斯(David Billis)、维克多·佩斯托夫(Victor Pestoff)和鲁道夫·鲍尔(Rudolph Bauer)在前人"部门界限模糊不清"观的基础上提出了他们自己的模型,并且采用一些内容丰富的表现手法把多个维度组合在一起。[3] 佩斯托夫的三角形模型(1991)后来经过埃弗斯和斯威特里克(Evers and Svetlik)完善,提供了一种更具吸引力的图示法,这种图示法把第三部门放在市场、国家和家庭互动关系的核心位置(见图2.3)。

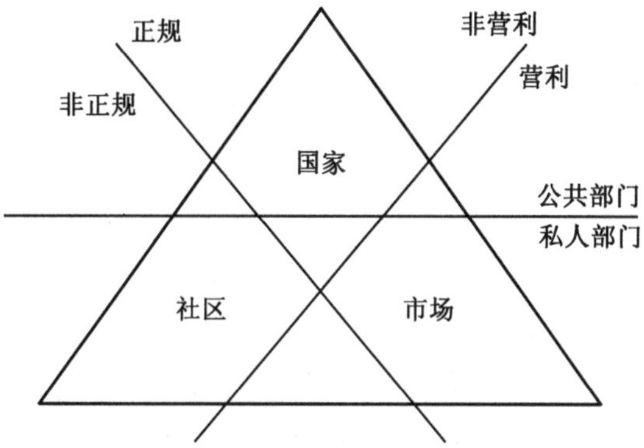

图 2.3　佩斯托夫的三角模型

英国组织学家比利斯(1993)把关注焦点放在了社会各主要部门界限的模糊性上(见图 2.4)。

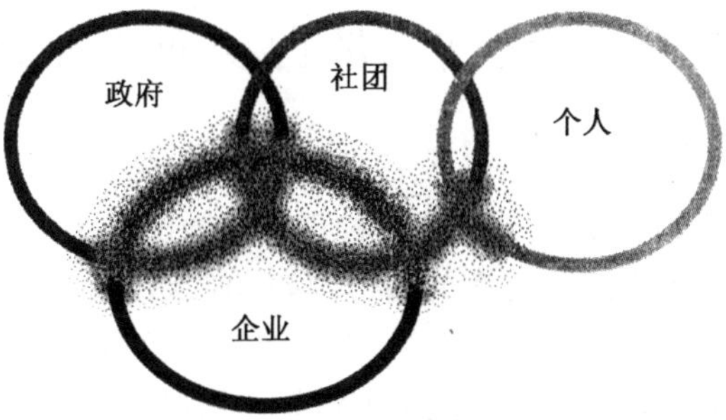

图 2.4　比利斯的社会各主要部门界限模糊视图

在几种影响深远的图示法中,德国社会政策专家鲁道夫·鲍尔(1993,1998)拓展了比利斯关于非营利部门具有社会其他部门主要特点的观点。鲍尔表示,志愿者往往把非营利组织看作公益服务的提供者,非营利组织的理事会成员把它们看作政治组织，而介于两者之间的工作人员就把自己所供职的组织当作企业。据此，鲍尔认为，第三部门组织往往带有企业（第一部门）、政治（第二部门）和社区（第四部门）的色彩（见图 2.5）。

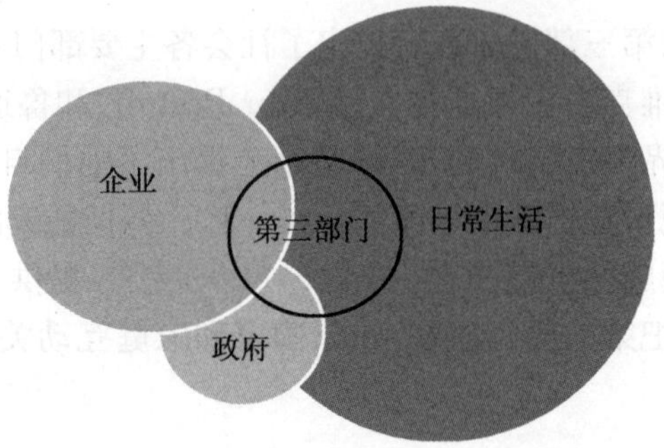

图 2.5　鲁道夫·鲍尔的第三部门多彩观

鲍尔（1998）把第三部门看作一个介于市场、国家和非正规网络之间的中间范畴——一个由各种各样不同类型的组织构成的范畴。在结构和利益上最接近市场组织的是合作社和“社区经济联合体”，在利益上最接近国家的是“公益组织”、“联合会”和“行业协会”，而接近非正规网络的是“社团协会”、“互助团体”和“小型合作社”。

鲍尔的第三部门理论又向着加深理解这类组织为什么那么经常像政府机构、企业组织或者非正规团体迈进了一大步。他表示，第三部门组织具有其他部门的色彩，而且它们自身也包含非常类似于其他部门的主题。

如果把第三部门视为一种中间的社会建构，那么，结果就是它能在社会上发挥至关重要的桥梁作用。第三部门的这种潜在桥梁作用在现代社会中越来越得到认可，而探讨它的发展问题就构成了本书的一个核心主题。

一种不同的观点：是行动而不是部门

一种不同的观点往往并不是从认定部门开始，而是从区分公共行动与私人行动开始（Dewey，1927）。这种二分法在两种行动之间引入了张力，从而意味着在讨论中引入了一种权力关系或者交换关系。例如，加姆威尔（Gamwell，1984）运用一个二部门模型区分了政府与非政府组织，然后再把非政府组织细分为“私人相关型机构”和“公共相关型机构”。“公共相关型机构”根据排他性又被进一步细分为“涵盖面较小”和“涵盖面较大”两种，而后者又被分为“政治相关型”与“非政治相关型”。苏马里瓦拉（Sumariwalla，1983）也对两个主要部门的细分进行了图示，并且把非营利组织归入私人部门公益或者其他子类“非商业实体”。

这些简单的二部门模型的一个重要贡献就是，它们都较少关注部门的边界（对内），而更多地关注部门跨越边界的关系。贝弗里奇勋爵（Lord Beveridge，1948）在他对英国志愿行动进行的开拓性研究中发现，国家与志愿者社团就是为了社会进步而进行合作的伙伴。正如奥斯特兰德、兰顿和范泰尔（Ostrander，Langton，and Van Til，1987）后来证明的那样，政府、志愿者社团和企业相互之间更经常的是呈现相互依存的关系，而不是彼此独立的关系。

克莱默（Kramer，1984）几乎以相同的方式把他的三部门模型聚焦于提供个人和社会服务的关系，并且还增加了权力关系这一元素，从而为更加全面地理解非营利组织奠定了基础。在考察营利组织、政府和志愿者组织相互关系的过程中，克莱默考量了有关的复杂活动，并且把再私有化、授权、务实的伙伴关系、政府运作和国有化认定为这些部门之间的五种可能关系。

就连我们命名这些部门的方法（第一部门、第二部门和第三部门）都意味着一种按实力进行的排序。为了能从这种隐含的实力排序视角看问题，关注一下彼得·多布金·霍尔（Peter Dobkin Hall，1992）的研究不无助益。霍尔的历史性研究引发了一次值得关注的社会部门命名排序练习。就如我们所看到的那样，非营利部门通常被称为第三部门。但不管怎样，在历史的任何时点上，如果我们停下来给社会不同部门进行排序，那么就应该像从当时的时间和地点出发来看待各社会部门那样去做，我们可能会以不同顺序来称呼我们的第一、第二和第三部门（Young，1988）。例如，为什么不把家庭称为第一部门？家庭曾经就是排名第一。按照时间顺序，志愿者组织或者政府难道就不应该排在后面？社会部门的名称就变得非常依赖于称呼它们的人坚持要怎么称呼它们的方式。

与如何理解部门有关的部分问题是由于“中途有人插队”造成的。萨拉蒙和安海尔（Salamon and Anheier，1992：126）曾经指出，社会部门研究是一个相对较新的学术发明。“大型营利组织和公共管理机构的出现代表着 18 和 19 世纪的重大机构创新，而结果就是社会和经济实力巨大的机构综合体的出现”。正如霍尔（1992）所说的那样，非营利部门是一种更新的发明，直到在过去的 20 年里才出现在学术话语中。

史密斯（1997）和克莱默（1998）在他们的研究中进行了更加深入的部门批评。就像霍尔那样，他们俩也用怀疑的眼光审视部门的概念，并且注意到了第三部门内部包含非常多的组织和目的，很多不同的参与者之间也不团结。这些主题也将大量出现在本书的论证中。

超越君主与商人

最近有一个关于第三部门组织的读本取了一个有趣的名字《超越君主与商人》。作者从不同的学科视角，以传统的方法考察了君主和商人世界以及主要是历史学家和社会理论家关心的君主世界与商人世界相互作用的关系。随着与众不同的志愿行动和非营利组织学术研究的兴起，志愿行动与非营利组织之间的差距开始缩小。

志愿行动被表述为“为了公益而采取的私人行动”（Payton，1984）和“为公益目标服务的私人组织"(O'Neill,1989)。志愿行动充当了多种不同的社会角色:(1)增强社会采取公益行动的能力(社群主义模型中的社会角色);(2)与政府合作提供公共物品和服务(影子国家模型中的经济角色);(3)为少数群体说话,并充当多元化和多样性的倡导者(忠实反对派模型中的政治角色)。

这些不同的志愿行动观点都有自己理解所谓的"第三部门大象"(令人想起了"盲人摸象"的古老故事)的方法。注重经济角色的观点认为,提供市场不能有利可图地提供的公共物品是志愿行动的一个重要任务。[4] 政治观认为,志愿者组织应该倡导少数群体的主张,支持变革,并且承担监督政府的责任。[5] 社群观认为,志愿行动为个人参加共同的社会公益行动提供了平台。此外,法律观[6] 和组织观[7] 详细阐述了第三部门不同的定义和组织形式。

两个有影响的定义

莱斯特·M. 萨拉蒙和赫尔穆特·安海尔(Lester M. Salamon and Helmut Anheier,1992)以及罗杰·罗曼(1992:58—60)分别给第三部门下了两个最有影响和思想内涵的定义。萨拉蒙和安海尔给第三部门下的定义既正式又具有可操作性,提供了一种区分社会非营利组织和其他组织的工具。萨拉蒙和安海尔表示,第三部门组织最典型的结构/功能特点就是私人、正式、非营利、自治、志愿性(1992:6)。而罗曼在他为第三部门所下的定义中关注的是第三部门组织共同的程序和目的(见表 2.2)。

表 2.2　　罗曼与萨拉蒙的第三部门定义比较

罗曼	萨拉蒙
非强制参与	自愿参与
目的在于推动公益事业	目的在于推动私益(非政府)事业
资源共有	资源非营利分配
互助	自治
公平的社会关系	正式的社会关系

在另一项研究中,萨拉蒙(1992)给第三部门下了一个更加接近罗曼定义的定义。在那项研究中,萨拉蒙补充表达了非营利组织必须致力于构建公共利益的观点。就这样,萨拉蒙承认了罗曼定义的最大优势:能够反映很多第三部门组织的一个宏伟目标——构建一些不同于很多人聚集在各种不同的创造和建设地点采取集体行动构建的东西。

第二篇

论政府与第三部门的边界

第三章　作为政治力量的第三部门

代表非营利组织利益的主要全国性社会团体被统称为“独立部门”(independent sector),但第三部门很难独立于社会其他主要机构,因为第三部门常常受制于政府的压力和监管、企业的影响和控制以及社区的成员构成和发展方向。同时,第三部门组织也会影响政府的政策,制约企业的活动,并且左右社区的发展方向。总而言之,第三部门是当今社会和政治矛盾的一个重要方面。

对于普林斯顿大学校长威尔逊(Wilson)和哥伦比亚大学校长艾森豪威尔(Eisenhower)来说,应该把第三部门作为人才培养基地来使用。第三部门是吉米·卡特(Jimmy Carter)在总统任期结束之后实现其最伟大成就的地方。第三部门为克林·鲍威尔、拉马尔·亚历山大(Lamar Alexander)、伊丽莎白·杜尔和比尔·布拉德利提供了一个等待国家召唤担任更重要职务的场所。

第三部门与政府一样常常是意识形态争论的是非之地,我们试举一个较近的重要例子来说明。1994 年,共和党在国会占据多数席位之后曾多次试图通过国会来限制非营利组织从事倡导活动,扩大某些以社区和信仰为基础的社会服务组织的作用。承认这种新的志愿者运动和慈善事业政治,是理解现代政治冲突的关键所在。因此,这一章将讨论与第三部门有关的正在当今美国政治生活中出现的冲突,并且还将甄别并考察三个不同战线上发生的“边界战”。

第一战线上的边界战:国会与非营利组织的倡导活动

关于社会四部门内部的组织应该为推进社会目标的实现而齐心协力、富有成效地进行合作的想法,常被证明是乌托邦。这些主要机构力量之间每个部门的边界上常常冲突不断。在政府和第三部门的例子中,主要的冲突领域就是非营利组织从事的倡导活动。

在 20 世纪 80 年代的里根时代,美国联邦政府积极寻求劝阻非营利组织倡导社会变革。在很多共和党领导人的把持下,第三部门的作用,恰如其分地说,就是向社会有需要的成员提供社会服务,仅此而已。

这种偏好服务而不是倡导活动的态度代表了共和党对 20 世纪 60 年代所谓的“倡导过度”做出的一种谨慎反应。在这个动荡的 10 年里,第三部门的不同组织带头发起了一系列社会运动,动摇了大量的从商业设施到学校教室、从私人办公室到五角大楼决策室的制度支柱。

在20世纪60年代留下的遗产中就有政府支持非营利组织提供社会服务的合法性,非营利机构可以作为宗教组织的附属机构,并且/或者也可以与宗教组织合作参与立法政策倡导计划或者涉及面更广的社会变革倡导计划。这些问题通过旨在调整密西西比河流域经济机会办公室(Economic Opportunity Office,OEO)的社区行动计划这样的斗争,在60年代已经得到解决。薪水由密西西比河流域经济机会办公室提供的社区行动计划雇员,只要明显是以公民身份利用自己的时间,而不是以经济机会办公室雇员的身份采取行动,就被允许像参加公民权利争取运动的积极分子那样参加志愿行动。

有关非营利组织的法律做了一个被广泛接受的如下区分:联邦政府的资金不得用来支持倡导活动,但只要把联邦资金明显用于支持服务活动,那么,从事倡导活动的非营利组织可以接受资助。这是一个政策和如何正确做账的问题:倡导活动按规定只能接受倡导性组织及其自愿来源的支持,而服务活动则可以得到政府资金的支持。

1980年罗纳德·里根当选总统,从而导致对这个问题的理解发生了变化。新政府在内部采取了一些强制性措施,以确保非营利组织只要倡导令政府不快的变革,就没有机会在联合公益募捐中从联邦政府雇员那里募集到资金。这些措施取得了有限的成功,但却遭到了由全美响应慈善委员会(National Committee for Responsive Philanthropy)发起的旨在消除这些措施影响的积极抵制。全美响应慈善委员会本身就是第三部门内部的一个重要倡导组织。

1992年,民主党总统候选人比尔·克林顿(Bill Clinton)当选总统。克林顿在当选总统后发现他倡导的重要国内行动计划“国民服务”得到了很多参加原先被称为“服务之夏”(Summer of Service)的活动的青年的支持。克林顿在以新的名称“美国志愿队”(AmeriCorps)继续推进这项计划时发现,这项计划不断受到1994年控制参、众两院的共和党议员的反对。共和党反对这项计划的一个重要理由依旧是,第三部门的社会变革倡导活动必须完全与提供接受政府补贴的服务活动相分离。

全美慈善响应委员会所说的“纽特纪元”(Newt Era)的到来引发了一场被该委员会不顾一切认定的“反非营利组织的全面战争”。在接近共和党战略家的智库的影响下,俄克拉荷马州的共和党众议员欧内斯特·伊斯托克(Ernest Istook)发起了这场战争,并且得到了他的同僚印第安纳州麦金托什(McIntosh)和马里兰州欧利希(Ehrlich)的有力支持。在一系列的立法冲突中,伊斯托克和他的同僚试图限制(即使不能完全禁止)非营利组织接受联邦资助的游说活动。每次有人提出“伊斯托克”式修改案,都会遭到非营利组织同盟的有力反对。参议院始终如一地否决众议院附有伊斯托克式修改案的法案。

反对非营利组织从事倡导活动的战役还在以下几个战线打响:

- 怀俄明州共和党参议员阿兰·辛普森(Alan Simpson)试图在参议院通过禁止向从事倡导活动的社会福利组织提供联邦资助的立法。

● 纽约州共和党众议员杰拉尔德·所罗门(Gerald Solomon)试图否决向允许学生组织把学生活动强制性收费用于影响公共政策的大学拨款的议案。

● 乔治亚州民主党参议员山姆·纳恩(Sam Nunn)和新墨西哥州共和党皮特·多梅尼西(Pete Domenici)支持的立法旨在剥夺任何把很多时间和资金用在以就公共政策问题给公众和国会洗脑为目的的导向性研究的教育机构享受联邦税收豁免权。

● 佛罗里达州共和党众议员约翰·迈卡(John Mica)威胁要取消倡导团体参加联邦联合劝募活动(Combined Federal Campaign),即在联邦政府部门举行的"联合劝募会"(United Way)。

伊斯托克发起的"言论限制规则"(gag rule)允许政府官员要求所有与政府有经济关系的公民和组织(无论是受助者还是服务承包商)每年报告"游说"活动或者"谋求影响"公共政策和竞选活动的行动的性质和程度。如果此类活动或者行动的花销被认为超过公民或者组织总收入的5%,那么相关公民和组织就要被处以罚款,并自动失去享受政府资助的权利。

这些旨在遏制非营利组织及其公民成员开展倡导和游说活动的努力印证了"进步"的社会议程的团体(以社会公平和收入再分配为取向的自由主义或者"左翼"团体)有可能比提出"保守"的社会议程的团体(支持自由市场和"去福利国家"的"右翼"团体)更加依赖联邦政府资助的保守观点。在这种保守观点看来,提出"保守"的社会议程的团体主要依靠更加可靠的个人和企业捐赠。

在致力于创建由限制政府支出、默认市场力量的价值观主导的社会的过程中,伊斯托克及其同僚把非营利组织视为一种非同寻常的颠覆力量。说到底,第三部门是采取积极行动、发展医疗卫生事业和保证全体美国人收入等危险的政策理念的发源地。

当然,其中的很多"立法提案"充其量只不过是阿谀奉承、故作姿态、为下一届选举构建竞选履历努力而已。这样的举动即便是最极端的,也几乎不可能逃过参议院比较冷静的判断或者逃过总统的否决权。它们是我们这个时代文化战争中具有象征意义的唇枪舌剑,并且提醒高校师生、妇女、黑人、工薪阶层和失业者再次发动"20世纪60年代式"的社会运动不会没有结果。

有人可能会认为,伊斯托克对第三部门发起的挑战基本上失之于忽视了第三部门在支持美国民主方面的作用。从伊斯托克因社团成员接受联邦政府资助而提议剥夺他们的基本公民权利,并且建议把他们置于国会监督之下的情况来看,说明他完全不了解美国200年的历史以及第三部门与政府机构之间长期形成的相互依存关系。[1] 他的议案也否定了第三部门组织作为企业和政府的看门人、解决问题的合作伙伴以及在实现美国梦这一危险无时无刻不在的斗争中被遗忘者利益的代言人的角色。

众议员伊斯托克和他的同僚们提出的立法议案,就如同众议员所罗门提出的立法议案以及众议员迈卡支持的措施,都没有在国会获得通过。纳恩和多梅尼西提出的议案没来得及付诸实施就胎死腹中。参议员辛普森提出的议案虽然获得了通过,但几乎没有对社会福利社团产生任何负面影响,因为这些社团依据国内税收局条例 501(c)3 节设立，是可接受联邦资助的免税组织。总的来说，非营利组织"大获全胜"，以后就比较容易躲避伊斯托克式法案的穷追猛打。

哥伦比亚特区民主党众议员斯卡格斯(Skaggs)、纽约州民主党众议员斯劳特(Slaughter)、佛蒙特州共和党参议员杰夫茨(Jeffords)和宾夕法尼亚州共和党参议员斯佩克特(Specter)反对那些旨在遏制接受联邦资金的第三部门组织的议案，因此，伊斯托克及其同僚的努力遭到了由他们几人发起的强烈反对。在非营利组织阵营内部，独立部门、全美响应慈善委员会、政府管理预算局观察(OMB Watch)和正义联盟(Alliance for Justice)在反对这些议案方面起到了特别有效的作用。到了克林顿第二个总统任期差不多过去一半时，众议院共和党领袖显然已经对支持任何根据伊斯托克原先的思路提出的重大议案失去了兴趣，而伊斯托克本人也把注意力转向了推广学校祷告仪式的问题。

击退伊斯托克的进攻可是非营利组织倡导活动划界战争中的一场关键战役。然而，伊斯托克代表的势力在美国政治生活中仍有很大的影响。1998 年提出的旨在负面影响以工资扣款的方式为公民表决提案捐款的加州 226 号提案，也许可被视为在州一级仍有人在继续致力于让伊斯托克式提案获得通过。

在另外一条战线上，国会新的共和党多数派中的一些预算编制者在 1995 年和 1996 年建议大幅度削减社会项目拨款。虽然实际削减金额没有原先建议的大，但还是表明国会方面得到了第三部门组织在提供服务和代表无党派时发挥重要作用，有时起关键作用的信息。[2]

反非营利组织战提出了不少关于政府是否有权剥夺非营利组织倡导社会事业和政策变革资格的棘手问题。在这场论战中出现了以下四种主要观点：

(1)有些人认为，政府无权干涉非营利组织的合法行动；独立部门应该有尊重其成员意愿的自由。这些"独立论者"坚持认为，志愿行动和非营利组织通常比政府行动更加人道、有效和珍贵。这种观点的拥护者倾向于赞美社会成员个人可自由组成团体解决具有共性的问题、政府作用受到最大限制的"民间社团"的优点。

(2)另一些人认为，只有那些与社会主流价值观不合拍的组织才应该接受整改。这些"遵奉论者"担心离经叛道或者激进的思想会败坏品行端正的公民(通常是指自爱的人)的忠诚和美德，并且常常呼吁非营利组织应该注意为有需要并应该得到帮助的人提供服务。那些一旦如愿当选就努力遏制被击败对手通过非营利组织这个平台提出利益诉求的人就是这方面的一个恰当例子。

(3)第三种观点与第二种观点针锋相对，认为倡导社会变革或者政策变革即使不是那些把自己组织起来质疑社会主流价值观和机构的社会成员应该发挥的唯一作用，也至少是他们的首要作用。这些"机会主义者"把非营利组织的倡导活动看作把激进的变革引入政策制定竞技场的基本通道。黑人、妇女或者同性恋权利争取运动就是这方面的一个恰当例子，要是没有这些运动关心这些问题，那么，这些问题就会因为人们终日为日常生活奔波而被忽视。

(4)第四种观点认为，约束社团是民主政府的职责。这些"相互依存论者"指出，非营利组织有时就是为了代表少数人的特殊利益而创建的，并且可以用来防止压倒性多数推行他们明显偏好的政策。全美步枪协会(National Rifle Association)就是这方面的一个典型例子,这个协会就是为了抵制大多数人反对枪支易获得性的立场而成立的。相互依存论者愿意探讨政府与非营利组织相互依存关系的复杂性问题。

虽然持以上哪种观点取决于意识形态和对非营利部门的看法,而且这显然是一个个人偏好问题,但是,在考虑以上观点准备选边站队时,最好能够思考一下倡导性组织的实际体验。得克萨斯大学社会工作系教授理查德·霍弗(Richard Hoefer)完成的一些研究也许有助于我们考察这个问题。霍弗报告了他研究的249个总部设在华盛顿(其主要活动就是倡导某种政府政策变革)的非营利组织的情况。

总的来说,霍弗发现,这些倡导性组织的高管并没有把他们与政府的关系看作敌对关系,而是认为自己在寻求与政府发展合作关系,并且还报告了一种合作不断扩大的体验。此外,他们还认为自己并没有像以前那样呼吁联邦政府扩大解决问题的作用,并且表示对自己工作取得的结果感到满意。

霍弗的研究发现表明,倡导性组织很乐意为改变非营利组织与政府之间关系模糊不清的现状做点工作。显然,这些组织认为它们与政府之间是"相互依存者"关系,它们不是政府的"依附者"、"反对者"或者"遵奉者"。

当今的非营利组织作为政府的相互依存者已经在政策制定和实施领域发现了自己立身的位置。因此,毫不奇怪,政府世界的某些人应该已经感觉到非营利组织正在设法与政府建立一种密切过头的关系。从政府的角度看,这是民主社会第一重要的政治过程——选举——的结果。不难理解,"私人"社团和组织试图悄悄地参与政策制定的基础工作,必然会导致某些人的不快,尤其是在它们被认为代表着敌对政治利益集团的情况下。

对这个两难问题,共和党人做出的回答是拉大距离,而民主党人做出的回答则是缩小距离。这种变化在没有明显解决问题的情况下仍在继续,并且在由第三部门组织引起的政治冲突中仍居于首要位置。

第二战线上的边界战:社会服务筹款

第二个有关政府与非营利组织边界的问题出现在税收领域。康涅狄格州哈特福德市(Hartford)已经在设法限制新的免税组织的创立。笔者家乡所在的宾夕法尼亚州已经成为地方政府与非营利组织之间开展重要斗争的中心。在一个税收受到限制、经济增长缓慢的时期,希望维持服务水平的地方政府已经把注意力转向非营利组织,把它们作为一个新的税收来源;而自己也受到财政危机影响的非营利组织怀着忧虑和愤怒的心情对这种明目张胆地侵犯它们税收豁免权的行径做出了回应。

正如塞顿霍尔大学(Seton Hall University)帕米拉·利兰(Pamela Leland)的一项开创性研究所显示的那样,宾夕法尼亚州的很多地方政府在1985年法院做出的一项裁决的启发下做出了医院利用项目诉宾夕法尼亚联邦政府(Hospital Utilization Project v. Commonwealth of Pennsylvania,HUP)案的五点评判标准适用于宾州境内所有非营利组织的决定。HUP案五点评判标准要求非营利组织证明自己符合以下五项标准:(1)有自己的公益目的;(2)组织的很大一部分服务是免费提供的;(3)惠及一大类有正当理由获得公益救助的人;(4)减轻政府的救助负担;(5)完全没有私人营利动机。

有两个重要案例表明,法院做出了有利于资格受到质疑的非营利组织的判决。1994年宾夕法尼亚州最高法院裁定,位于圣玛格丽特·塞纳卡广场(St. Margaret Seneca Place)的一家养老院完全符合HUP案的五点评判标准。1995年,宾夕法尼亚州最高法院裁定,华盛顿—杰弗逊学院(Washington and Jefferson College)这家文科学院也有资格享受非营利组织的待遇。

这些驳回原判的最高法院裁决并没有阻止宾州地方税务机构继续它们试图向其境内的非营利组织征收财产税的企图。宾夕法尼亚州还在向各种不同的非营利组织大肆收取按隐含捐赠额计征的"代税捐"(PILOTs)。就连教堂寺庙也被告知,它们那部分不直接用于宗教用途的财产也要公平计征税收或者"代税捐"。

近来,笔者所在的沃灵福德—斯沃斯莫尔(Wallingford-Swarthmore)学区有人提议向其境内包括斯沃斯莫尔学院在内的不同宗教和教育机构征税。尽管屡屡遭到县税务部门的拒绝,但斯沃斯莫尔学院的董事会仍然坚持自己的两项主张,并且上诉把它们提交给州最高法院裁决。其中的一个主张就是彭德尔山庄(Pendle Hill)贵格会教友学习静思中心(Quaker Center for Study and Contemplation)不应该缴纳财产税,这个案子反映了目前政府与非营利组织之间财政斗争的复杂性。

位于彭德尔山庄的贵格会教友学习静思中心由贵格会于1930年创建,创建65年来一直提供各类成人教育项目。这个占地14英亩的静思中心位于费城郊区,四周绿树怀抱,风景秀丽。

贵格会教友学习静思中心由一个独立的校董事会负责治理,董事会成员必须是贵格会教友。该中心的教育使命根植于贵格会会员信奉的四条基本誓言——机会均等;环境简朴;协调行动;有福同享,有难同当。

这个中心的年收入大约是140万美元,其中约40%是捐赠,剩下的60%是学费和书本费。彭德尔山庄每年自愿向地方税务部门捐赠12 000美元,以补偿其住校教师和学员利用的当地服务。学校董事会对追缴40 000美元税金以补足中心占用土地如被民宅占用可能产生的价值的要求提出了异议。

这个案子虽然已经结案,但从非营利组织的角度看似乎还没了结。贪婪的政治实体采取了不计后果的行动,放弃向应该缴税的机构征税的机会,就因为这个机构从表面上看涉足宗教和教育两个免税领域。然而,生活当然绝不会如此简单。

第一个问题就是HUP案的五点评判标准。如果这是一个符合法律规定的评判标准,对于非营利组织来说是件幸运的事(这个观点也许本身就值得商榷),虽然学区认为贵格会教友学习静思中心不符合标准,但彭德尔山庄是否明显符合减轻政府负担的标准呢?换句话说,政府是否有义务支持成人宗教教育呢?

第二个问题就是如何计收代税捐。彭德尔山庄不但得到了地方治安和消防保护,而且其住校员工和学员还把孩子送到沃灵福德—斯沃斯莫尔公立学校上学。

学区在这方面每年要花费7 000多美元，而区外学生在区内公立学校上学每年要缴6 900美元的学费。这些居住在非营利组织空间的孩子上公立学校的学费应该由谁来负担？是社区公民，他们的父母还是非营利组织？

第三个是诉讼问题。彭德尔山庄学校董事会聘请律师坚决为自己的主张辩护，而这个索赔诉讼案使得公众对这个问题失去了兴趣。作为回应，非营利组织即便持有贵格会"有福同享"的价值观，也把自己陷入了一种被动应诉甚至抗诉的状态。在这样一起诉讼案中还有多大的希望出现"双赢"的结果呢？其实，除律师外还有谁能在这样一场诉讼中成为赢家呢？

政府负担问题是一个棘手的问题。当然，可能有人会令人信服地辩称，宗教在美国不但得到了容忍，甚至还受到了高度重视。但是，倘若因这种论点而认为如果没有独立的宗教组织，政府就必须创造一种"公民宗教"来提供现在由宗教组织提供的必要意义、价值观和团体生活，那么肯定要把法律论证范畴扩展到任何法院目前愿意接受的之外。不但美国宪法第一修正案直接决定这些需要考虑的因素，而且公民宗教的概念就像本书第十三章所说的那样，并不必然涉及国家监督和管制。

第二个问题"谁来承担所用服务的费用"明显涉及非营利组织"搭便车"的问题。教堂或者学院也许应该有财产税豁免权，但以什么理由能够证明教堂住堂僧侣或者学院住校教职员工在不捐款的情况下送孩子上当地公立学校的合理性呢？这里肯定有一个理由能够证明非营利组织应该直接为其居住在免税不动产中的工作人员所享受到的服务埋单。

最后，无须放弃寻求双赢的问题解决方案。在彭德尔山庄的案例中，斯沃斯莫尔贵格会教友关爱会议（Swarthmore Friends Meeting for Concerns）提出的建议是：研习中心为公立学校的教师和学生提供解决冲突的专业培训，冲抵住校员工和住堂僧侣孩子在公立学校上学的学费。其他非营利组织也许同样能够找到回报它们所在社区提供的有形价值服务（无论是娱乐休闲、医疗卫生还是教育方面的服务）的途径。

显然，享受免税待遇的第三部门再也不能指望地方政府自然而然地免除它们的纳税义务。在未来的岁月里，有可能越来越需要证明享受免税权的理由、据理力争，并且还要不断证明享受免税权的合理性。

第三战线上的边界战：与合作伙伴据理力争

政府面临日益严重的财政危机，对第三部门组织产生了第三种影响。第三部门组织越来越多地响应号召：与政府签订合同，提供此前由政府自己提供的服务。

有时，就像在20世纪70年代的英国，这些服务主要就是向那些市场觉得无可雇用性的劳动力提供低工资工作。在美国，非营利组织签约提供的服务更经常就是照料、护理和教育无独立生活能力者——未成年人、少年犯、缓刑犯或者智障者等。

研究志愿者运动的著名学者拉夫尔·克莱默（Ralph Kramer）把当今政府与很

多非营利组织之间的基本关系认定为一种“买卖”(vendorism)关系。在这种买卖关系中,政府机构提供资金支持,而接受资金支持的非营利组织直接向顾客或客户提供与政府谈定的服务。

这种买卖关系是笔者在(1993 年 2 月)《非营利时报》由本人主持的栏目中曾经讲述的一个故事的核心内容。请允许我在这里把这个故事完整地重述一遍,因为它能告诉我们正在发生变化的政府与非营利组织间关系不为人知的一面。

故事始于秋天一个阳光明媚的下午,两个老朋友做完礼拜后相互致意寒暄。这是两位在当地很有影响的成功人士,其中的一位在他所属的政党“下野”之前已经是市议会议员,另一位是一个重要非营利组织的高管。从他俩的谈话中可以听出,很明显,这个非营利组织的高管觉得他的这位议员朋友早就准备和他谈什么:选举临近,每一个选民的支持对于这位议员朋友所属的政党再度执政至关重要。这位议员两眼闪烁着锐利的光芒,传递出明确的信息:这次选举双方势均力敌,非营利组织成员及其服务对象的支持可能会左右选举结果。这位议员希望他的这位朋友——非营利组织高管,在这个秋季能为该议员所属的政党努力工作,因为“我们已经把合同给了你们,别忘了为我们工作”(Van Til,1993b)。

我们生活在一个担任民选政府职务成了一种职业、在任者会摆出拼命的架势保住自己职位的时代和国家里,在这样一个野心勃勃的美国[阿兰·艾伦浩特(Alan Ehrenhalt)语],我们非常容易受诱惑卷入争宠、拉赞助和假友谊的政治博弈中。对付这种圈套的一种办法就是采用非营利的特拉华山谷住房协会(Housing Association of Delaware Valley)几年前借用弗里德里希·恩格斯(Friedrich Engels)的箴言“没有永远的敌人,也没有永远的朋友,只有永远的利益”的做法。在特拉华河谷住房协会的案例中,永远的利益就是帮助穷人解决住房问题。或许,恩格斯的这句名言可被作为抵制通常在政治上只为自己牟取私利的民选官员的抗衡力量。

结束语:如何解决边界冲突

这一章介绍的三个案例——如何规范非营利组织的倡导活动、如何对非营利组织征税以及如何将政府将服务外包给非营利组织的关系作为一种政治控制工具来使用——都表明政府与第三部门之间的边界冲突仍将继续下去。第三部门特别是在获得政府服务外包合同以后作为变革倡导者和服务提供者的作用快速提升,往往就是导致政府与第三部门之间的冲突不断恶化的原因。

解决这些冲突并非易事,因为它们深深触及社会权力机关和权威机构的特殊利益。不过,关于这些主题每一个都有组织发展方面的经验和教训可以吸取。

推心置腹的对话可能是唯一能够解决非营利组织倡导活动问题的途径。上面我们讲过,众议员伊斯托克在听说了他所在学区第三部门领导人关于对他们所代表的团体和社区制定相关立法的困难以后就放弃了他旨在限制政府资助非营利组织的努力。由于政治谱系上的左翼和右翼团体都同时从事倡导和服务活动,因此,我们可以认为伊斯托克使用的是一把“双刃剑”。但是,第三部门组织仍然疑惑不定,特别是左翼团体，他们怀疑保守分子的真正意愿就是要进步的反对派闭嘴。由于认为明显支持保守势力的有钱人能够为自己的倡导活动筹款，至少看起来似乎是合理的。因此，这种略显居心叵测的想法有可能在社会哪个进步的角落继续存在。

签约外包的问题仅仅凭借个人和组织表现出来的在组织日常政治生活中不常见的勇气，似乎已经得到了最妥善的解决。上面这个故事讲到的威胁简直就不被身为威胁对象的第三部门领导人所重视。结果表明，伊斯托克这个政客不能或者不愿做出惩罚性威胁，并且听任事态发展。无论威胁是否升级，有可能引发公开曝光的反击似乎常能击退攻击。无论收入和财富的总体分布有多么不公平，现在毕竟已经不是容忍公开运用权力牺牲穷人利益的时代。在这个政治欺诈大行其道的时代，大多数非营利组织享有的声誉提供了一大笔可资利用的“资产”。

税收问题是这一章讨论的三个问题中最直接需要政策创新的问题。在这个问题上，我们也许有机会突破一个已经成为美国社会左右翼关系特点的最沉闷僵局。我们可以做如下考虑：

● 这些认为任何营利组织或者非营利组织都不应纳税的保守分子也许有他们的道理。虽然所有的个人收入，无论是劳动收入还是非劳动收入，无论来自哪里，都可被充分公平地课税，但可以取消公司所得税，从而消除免税组织与非免税组织之间的明显差别。

● 那些认为美国应该采纳克林顿总统和很多企业高管的建议，与其他工业化国家一样征收增值税的自由分子也有他们的道理。

● 那些认为如果要在我们社会伸张经济正义，高收入无论来源于劳动还是股权都应该课以重税的进步分子也有其道理。在罗纳德·里根及其幕僚把个人所得税的最高边际税率从71%降低到不足30%之前，美国表面上实行的是一种累进税制。但自那以来，有人做过一些温和的努力，试图提高最富有的纳税人适用的税率。

取消公司所得税(会减少11%的联邦税收收入)、开征增值税取而代之和重新提高个人所得税的累进性这套组合拳，可以让目前免税的非营利组织继续享受免税待遇，消除导致非营利组织与小企业之间冲突的原因，并且在一定程度上有助于缓解对非营利组织会减少政府收入的担心。此外，这套组合拳还能揭露那种认为有些非营利组织提供了倘若没有它们政府就得提供的服务这种难以理解的论点，并且有助于把某些非营利组织和更多的营利组织高管高企的税后薪水降低到更可辩解的水平。

这个有关公共政策创新的温和建议有可能开启一场随后可能涉及其余两个税收问题的对话：一是地方政府严重依赖的财产税；二是鼓励中高收入者捐助慈善和非营利教育组织的公益捐赠减税，减税额最高几乎等于捐赠额的1/3。由这种对话开启的改革可能有助于降低政府与第三部门组织之间冲突的严重程度，并且还能有益地提醒我们大多数第三部门组织存在的原因并不仅仅是“非营利”，而且还能以家庭、企业甚至政府无法采取的方式让社会和社区“受益”。

第四章　理论上和实践中的国民服务

克林顿总统制定的国民服务计划——美国志愿队，引发了关于政府与第三部门边界的热烈辩论。这项计划的幸存本身也受到了反复的质疑，有关这项计划的质疑主要围绕本书第三章讨论的三个问题，即倡导活动、税收和合作关系变化。这一章将通过考察国民服务计划作为公私合作关系一种作用有限但创新的形式提出和实施的情况来重新考察这三个问题。

本章将从三种不同的视角——经济和纯志愿行动第一的保守观、不同部门之间务实合作的温和观以及在现代生活中促进自由、平等和博爱的进步观——来认识"美国志愿队"。从许多方面来看，"美国志愿队"都是当今涉及政府与第三部门边界问题的最有意义的计划，而关于这项计划的政治和组织斗争的结果也许能够证明它对于形塑这种关系未来的重要性。

关于"美国志愿队"的一个非正式定义表明，"国民服务"就是需要政府支持并由公民（通常是青年）发起的有组织的志愿行动，目的在于弘扬关爱他人的公民价值观和行为。

"国民服务"作为一项政策倡议，在 20 世纪基本上得到了几乎每位美国当选总统的支持。然而，在政府其他优先项目的挤压下，这方面的积极性已经所剩无几。20 世纪下半叶，只有肯尼迪和克林顿总统的倡议最终催生了相关立法和计划。肯尼迪的服务号召催生了美国和平队（Peace Corps）以及一些规模较小的国内计划；而克林顿的国民服务立法倡议则最终创立了美国志愿队。

这一章旨在探讨美国志愿队这个当代国民服务项目是如何实际运行的——探讨参加这项计划的人和领导他们的非营利组织高管的切身体验以及最终决定这项温和的立法倡议命运的公民意见。

如何组建美国志愿队

1993 年 3 月 1 日——约翰 · F. 肯尼迪总统历史性地宣布他的和平队计划（旨在派送美国志愿者去世界贫穷国家工作）的 32 周年纪念日，威廉 · 杰斐逊 · 克林顿（William Jefferson Clinton）总统在罗格斯大学就如何履行他的竞选诺言推行一项广泛的国民服务计划发表了讲话。克林顿总统向满会议厅不断喝彩欢呼的师生以及大学这个舞台上的社区活动积极分子宣布了启动一个规模庞大的青年和学生服务计划。克林顿总统解释说,这项计划有助于我们实现激动人心的国家目标:“国民服务就是美国人改变美国的美国方式,它植根于社区理念:我们中的每一个人,无论生来有多少特权,只要通过做出我们最起码的贡献就能够富足起来。”

到了他就职那年的9月,克林顿的国民服务提案获得了国会批准,并且立刻由他本人签署成为法律。就如斯蒂芬·贝茨(Stephen Bates,1996:27)所说的那样,这一立法胜利是克林顿政府最早取得的明确胜利:“这部新法创建了一个国民服务公司(Corporation for National Service),负责管理各种不同的学校和社区组织[学习与服务美国(Learn and Serve America)]的服务—学习计划,把涉及50多万55岁以上老年人参加的各种老年人志愿者计划整合成全美老年人服务队(National Senior Service Corps),并且制定了一份被称为‘美国志愿队’的新的国民服务计划。国民服务公司第一年主要以服务计划直接拨款和下拨到州委员会的间接拨款两种形式已经给美国志愿队拨款1.555亿美元。”

美国志愿队赋予自己的使命是动员成千上万的美国成年人(17岁以上)参加各种社区服务活动,并且向提供服务的队员发放生活津贴和服务后教育奖学金作为回报。美国志愿队推行三种不同的计划:

1. 各种被称为“州和全国计划”的州和地方计划。这是美国志愿队推行的三种计划中规模最大的计划,最初每年有2万多人参加由非营利组织、地方和州政府、高等教育机构以及以上几种机构合作负责的地方服务计划。到了2002年,这项计划每年可望动员10万多人参加。参加这项计划的志愿队队员每人每年能领到8 000美元的生活津贴,另外还有4 725美元用于支付未来学费或者偿还已经欠下的助学贷款的补助。

2. 有一项全职驻留服务计划取名为“美国志愿队全美民间资源保护团”(AmeriCorps* National Civilian Conservation Corps)。这项计划主要关注环境问题和灾难救助,秉承了20世纪30年代民间资源保护队的传统,但每年只动员不到1 000名年龄在18~24岁的青年。他们能领取4 000美元的生活津贴,并且在完成1年服务后还能领到教育奖学金。

3. 一项历史悠久的反贫困计划[服务美国志愿者(Volunteers in Service to America,VISTA)]现在被改名为“美国志愿队服务美国志愿者”(AmeriCorps* VISTA)。这个组织每年大约有年龄跨度很大的3 500个成员,负责处理低收入社区的一些问题,包括教育、保健营养、住房和无家可归、社区和经济发展、公共安全和环境等方面的问题。美国志愿队服务美国志愿者1年能领到8 000美元的津贴。

美国志愿队的立法历史充满了政治交易和社会辩论。斯蒂文·沃尔德曼(Steven Waldman)的《议案:克林顿的国民服务法案冒险显示了在华盛顿什么叫腐败、滑稽、玩世不恭和高贵》(*The Bill: The Adventures of Clinton's National Service Bill Reveal What Is Corrupt, Comical, Cynical-and Noble-about Washington*)非常令人钦佩地详细记述了华盛顿的这部立法史。支撑这些当代国民服务观的是自19世纪末、20世纪初以来出现在历史文献中的一些形象,主要是出现在威廉·詹姆士(William James)的《战争的精神等价物》(*Moral Equivalent of*

War,1910)、唐纳德·艾伯利(Donald Eberly)的《非兵役》(*Non-Military Service*, 1988)、查理斯·莫斯科斯(Charles Moskos)的《服公役》(*Call to Civic Service*, 1988)和威廉·伯克利(William Buckley)的《感激》(*Gratitude*,1990)等文献中的形象。斯蒂文·贝茨在他的坎提格尼(Cantigny Conference 会议)报告《国民服务:尽力而为》(*National Service:Getting Things Done*,1996)中对这些传统的观点和其他观点进行了巧妙的综述。

美国志愿队与道德战

唐纳德·艾伯利这个国民服务的终身倡导者重提了威廉·詹姆士对20世纪美国国民服务影响的重要意义:

> 在威廉·詹姆士1906年提出建立一支青年服务队的建议时,(社会)问题还没有那么复杂。在《战争的精神等价物》中,詹姆士虽然反对军国主义,但表示年轻人精力充沛,并且好斗。他还指出,这些倾向常常在战争和街头械斗中找到表达的机会。
>
> 詹姆士提出了一种建设性的替代方案来取代征兵制,他建议"征召全体青年去从事煤矿和铁矿、冬季渔船队、洗餐具房、洗衣房"以及其他各种具有挑战性、建设性和消耗能量的工作。詹姆士表示:"这样的征召在太平的文明时期能够保住但在和平时期很容易消失的男子气概。"
>
> 詹姆士预见到了利用一种非战争力量来规诫全体社会成员的那一天。迄今为止,只有一些持续时间很短的孤立例子,如1906年的旧金山大地震。詹姆士在斯坦福大学做完《战争的精神等价物》演讲后没过几个星期就亲历了旧金山地震。在发生特大洪水和飓风等自然灾害以后,我们也能看到类似的集体精神和团队服务表现。
>
> 美国持续表现出"与战争等价的精神"的最充分例子,就是1933～1942年有300万人应召参加的民间资源保护队以及1961～1983年有9万人应征参加的和平队。在与那些曾在民间资源保护队及和平队服过役的人的交谈中,我们常常能够感受到他们完全理解和消化了詹姆士提出的目标(Eberly,1988:188－189)。

詹姆士的国民服务观注重无私奉献、参加集体活动的义务和体验教育与培训的意义这三种主要的价值观。这三种价值观始终贯穿于整个20世纪发展起来的各种服务理念。其中体现这些服务理念的一项计划就是在20世纪80年代比尔·克林顿任阿肯色州州长时制定和付诸实施的,这项计划名叫"三角洲服务队"(Delta Service Corps)。从它的基本框架看,这项计划后来扩展成了名为"美国志愿队"的国家级计划。

如何构建共和、民主两党的行为议程

比尔·克林顿并不是最近几任总统中唯一一个希望在国民服务这个舞台上扮

演角色的总统。他的白宫前任乔治·布什(George Bush)曾在1990年支持过一项旨在利用志愿者计划来推动服务价值观教育的计划。那项计划虽然几近无足轻重，但却目标高大。1990年11月由第103届国会通过的《国民服务信托法案》(National Service Trust Act)规定了以下目标：

1. 重申美国公民责任的道德标准；

2. 要求美国公民(不论年龄和收入)全职或者兼职参加服务国家的活动；

3. 着手征召青年为执行能惠及全体国民的计划服务，并且帮助他们通过掌握文化和工作技能来改善生活的机会；

4. 通过排除由高学习费用、贷款债务和住房成本造成的服务障碍，使美国青年能够持续投身于国民服务；

5. 依靠联邦、州和地方计划和机构的现有组织框架，为全体公民特别是青年和老年公民创造全职和兼职服务机会；

6. 让服务参与者完成一些在职职工不可能完成的任务；

7. 每年增加服务时间，以满足人道、教育、环保和公共安全方面的需要，特别是那些与贫困有关的需要。

1993年，罗伯特·R. 麦考密克论坛基金会(Robert R. McCormick Tribune Foundation)召开了关注国民服务问题的坎提格尼会议。这次会议的目的就是要找到一种美国共和党和民主党都认同的方式，一种能无缝对接国民服务民事和军事成分的方式。这次会议纪要表示，“克林顿总统的国民服务计划意在拓展教育机会、鼓励个人担责，并且通过号召公民团结起来着手解决共同的问题来构建美国人的集体精神”(Ethiel，1993)。这份会议纪要还建议，国民服务计划“必须针对尚未得到满足的教育、环保、人道或者公共安全需要”，而且还“必须通过公民身份、教育和培训来提高参与者的生活水平”。

这次由政策分析权威和华盛顿有影响的业内人士参加的坎提格尼会议，表示赞同克林顿赋予国民服务的意义，并且赞成把国民服务政策作为重振爱国主义和服务国家精神的抓手。罗伯特·R. 麦考密克论坛基金会的报告最后表达了“国民服务计划将帮助我们国家和她的公民找到更多更好的方法去相互履行义务”。

应麦考密克论坛基金会邀请参加会议的布什和保守的知识分子也公开表示，国民服务计划是一种提倡服务、集体支持、就业和教育/培训这样的价值观(克林顿作为总统候选人在他的竞选演说和执行他的三角洲和平队计划时那么内行地表达的威廉·詹姆士提出的价值观)的适当方式。因此，这种方式为这位新任总统创造了利用他本人在国民服务计划中获得的支持来构建其政治和竞选资本的机会。他的共和党对手只能通过从他的倡议中找到一个程序性缺点——一个1995年初当选众议院议长的乔治亚州众议员纽特·金里奇(Newt Gingrich)要痛苦地吸取的教训——来令人信服地反对他的倡议。

在参、众两院议员选举大获全胜的鼓舞下，新共和党多数派很快就采取行动执行他们提出的“签约美利坚”(Contract with America)计划。这项计划为解决社会问题提出了一套自由市场方案，并且呼吁紧缩公共支出。美国志愿队计划在共和党议事日程中根本就没有任何位置，因为它被认为是一种更适合采用私人捐款而不是公共拨款的计划。

在这个新多数派最狂热的成员中有新当选的宾夕法尼亚州参议员里克·桑托勒姆(Rick Santorum)。桑托勒姆在他 30 多岁的时候就已经击败了民主党参议员哈里斯·沃福德(Harris Wofford)，取得了沃福德在两年前接替因飞机失事而死亡的共和党人约翰·亨氏(John Heinz)的竞选中意外赢得的参议员席位。沃福德在 1992 年的一次特别选举中击败了共和党坚定分子理查德·索恩伯格(Richard Thornburgh)，很快就成了参议院呼吁实施国民服务计划的主要发言人，这是他在自己漫长、卓越的职业生涯——包括作为和平队创始联席董事和肯尼迪总统公民权利运动关系咨询顾问——中始终支持的事业。

1994 年沃福德与桑托勒姆在参议院的争吵是一件令人不快的事，充满了令人讨厌的插曲，这些插曲后来成了当今竞选演讲的话题。在桑托勒姆认为有效的方法中就有对国民服务的嘲笑。把沃福德说成是一个不能满足新的政府服务严格要求的愚蠢的知识分子，难道不比把他说成国民服务这样的模糊理念的支持者更好？桑托勒姆奉献了不同性别“围坐在营火旁高声歌唱‘空巴亚’(Kumbaya，传统圣歌。——译者注)”的长发青年形象。他发出的信息就是提醒选民不要支持沃福德，因为他毕竟把自己一生中的好多年用来从事像做布林茅尔学院(Bryn Mawr College)院长这样令人怀疑的职业活动。沃福德在竞选中输得很惨，而桑托勒姆则成了宾夕法尼亚州的新晋参议员。

哈里斯·沃福德落选参议员一事作为近来美国政坛比较著名的讽刺性事件之一，为国民服务计划在克林顿时代的确定和发展提供了关键的支持。克林顿国民服务倡议的立法管理随着 1994 年选举的举行而很快遇到了障碍，因为众议院议长金里奇表达了他希望国会不再资助这项计划的愿望。由克林顿的密友伊莱·西格尔(Eli Segal)发起的国民服务公司现在成了新共和党有限政府支持者们的主要攻击目标，因此刚成立就发现自己很孤立，只得到了两党的有限支持。

克林顿自己采取一项重要的政治行动对共和党发起的严峻挑战做出了回应，他任命最近丢掉参议员席位的沃福德取代西格尔出任国民服务公司首席执行官。在短短几个月里，沃福德利用自己的口才和自己在任参议员时建立的人脉关系，很快就缔结了一个足够强大的两党立法联盟，足以在克林顿任内并且有可能在克林顿卸任后为美国志愿队赢得温和但力度不断增大的支持。

源于美国志愿队研究的发现

盖洛普研究所(Gallup Institute)由笔者主持的美国志愿队研究是从调查 20 个问题开始的。由于在其他场合(Ethiel，1997)已经更加详细地介绍过这项研究的主要发现，这里仅做简要介绍。

我们在研究过程中发现，美国志愿队对于美国公众来说，基本上就是一项无足轻重的计划，但又是一项有广泛(但不深入的)公众支持基础的计划。这项计划在公众看来无足轻重的部分原因反映了它的启动程序现状：美国志愿队计划缺少一个指导性愿景。或者说，参与计划制定的人只是介绍了这项计划应该是怎么样的大致轮廓：

- 有些人把国民服务工作看作公民权利运动在 20 世纪 90 年代的扩展。在公民权利运动中，美国不同种族和阶层的年轻人曾为创建正义、机会均等的新制度而共同努力过。在这个阵营中只有很少人认为政府官僚和商界权贵已经背叛了这场运动（Horwitz，1993：43）。
- 另一些人集结在"体验教育"的旗帜之下。在体验教育中，学生可以证明"干中学"是最好的学习方法。"服务学习"已经快速扩散到高等教育课程以外，很多教育者和忠于既定立场的学生坚持认为这项新的联邦计划将大大推进这种趋势。
- 还有一些人也结集在一面先是由约翰·杜威（John Dewey）树立、后又在"社区学校"的教育愿景中找到支持的旗帜下。根据社区学校的教育愿景，包括大学在内的学校系统应该联袂向周边社区开放，提供在职培训、继续教育、娱乐休闲和其他一些协作性的社会服务。
- 第四种愿景聚焦于民主制度和公民参与背景下的志愿行动。这种国民服务愿景注重学生直接参与公民生活磨炼的必要性，并且主张立志做公民角色主动而非被动扮演者的学生就得用一生中必然要用的技能去发现和满足社区需要。

说到"美国未来总统峰会"（Presidents' Summit on America's Future），在由国民服务公司共同发起的 1997 年费城集会上，比尔·克林顿总统直接发出了"公民仆人"多做贡献的呼吁。这个意思相当模糊的术语反映了在全面证明国民服务合理性方面仍存在的缺陷。就像峰会期间和峰会过后很多发表讲话的人士所表示的那样，从政治意识形态的角度去考虑，国民服务思想是一种复杂的思想。一个人的"志愿服务"很快就成了对别人的"奴役"。即使在做出像召开这次峰会这样大张旗鼓的公关努力以后，全体国民仍然不能确定与他们有关的主要机构（家庭、企业、政府和志愿者组织）在满足其多方面社会需要的过程中必须扮演的角色和承担的责任。

我们完成的盖洛普调查把美国志愿队描绘成了一种在很大程度上没有获得认可但建立在一个有利的公众舆论基础上的形象。虽然 1995 年一个全国性样本只有 24％的被调查者表示凭名称可以把美国志愿队认同为当今推行国民服务计划的特殊载体，但有报告称，77％的被调查者表示该计划被赋予美国志愿队这样的名称后应该能有所扩展或至少保持现有水平。

大多数讨论中出现的很多核心价值观支撑了各种有关国民服务的不同愿景。国民服务被认为是一剂治疗社会上流行的个人主义病的良药，也是鼓励负责任的行动主义、促进公民道德传播和推动政府与志愿者组织之间有效合作的重要举措。

那些认为政府、公民和志愿者组织应该在鼓励个人做出服务承诺和参与服务方面加强合作的人士常常能高度评价国民服务。然而，在那些怀疑政府作用的人看来，国民服务计划只是表面上来势汹汹。他们认为，国民服务计划就是意欲支配一切的侵略性国家试图把政府权力扩大到理应留给志愿行动的领域的武器。同样，国民服务也常被自由主义者视为一种适当的政策，而被保守分子看作一种比较值得怀疑的政策。

正如斯蒂芬·贝茨在坎提格尼会议报告中指出的那样，国民服务计划的实际意义就是趋向于但还没有实现彼此的完全一致。贝茨在谈到克林顿总统重视这项计划的程度时总结了国民服务计划的五大目标："做有益于社会的事情、发扬光大自我牺牲精神、帮助困惑不安的青年改变他们的生活、减少横亘在不同种族和阶层之间的障碍以及弘扬公民道德"(1993:33)。

接受我们采访的美国志愿队参与者都赞同把这些目标体现在他们的服务中。[2] 无论是美国志愿队的队员还是他们的雇主都认为"做有益于社会的事情"和"发扬光大自我牺牲精神"是排在最前面的美国志愿队特点，紧随其后的是"弘扬公民道德"和"减少横亘在不同种族和阶层之间的障碍"，而"帮助困惑不安的青年改变他们的生活"是排在最后的美国志愿队特点。因此，在美国志愿队参与者的心目中，这项计划的核心价值在于"社区服务"，从而把本着团队合作、多样化和关心公民的精神作为重要工作的不同主题整合在了一起。

美国志愿队参与者往往都把做(有益于社会的)事情的可操作目标和服务伦理牢牢铭记心头。他们谈到了这些目标，并且认为它们基于日常行动，根植于他们的生活，面向他们工作和生活的社区。就如美国志愿队科罗拉多斯普林(Colorado Spring)的一名队员所说的那样，"我去年才真正理解这项计划，我们可以在城市生活的各个方面执行这项计划。即使您没能使周围发生很大的变化，也能在您工作的地方结识很多朋友，尤其是老年朋友、中学生朋友。您可以让身边的人帮助您完成您正在做的工作。出现这种情况的话，工作量肯定很大——至于结果嘛，也不会差"。

美国志愿队在它多方面的计划中构建了广泛的社会和经济多样性。虽然有些计划仅限于负责它们的成员(根据阶层、年龄、种族和性别来区分)，但另一些计划则由一些整合得很好的活动组成。结果，对于参加服务的队员和接受服务的对象双方来说，都是一项具有一定实际多样性的计划。

这种行动多样性往往能在美国志愿队内部产生巨大的影响，就如两名志愿队队员的以下评论所显示的那样。一名刚入学的女研究生回忆起她刚到芝加哥的日子说："对于我来说，种族是人员安排方面的一个重大问题。我来自科罗拉多大学，这是一所以盎格鲁裔学生为主的学校。我被安排到一个居民以非裔美国人为主的社区工作。我遇到了很多种族歧视问题，有关于警官和公共交通的。第一次处理种族歧视问题，就令我大开眼界，还积累了一些经验，了解了一种以前从未接触过的文化。这对于我来说非常重要。"

美国志愿队的另一名芝加哥队员讲述了他参加国民服务计划的经过以及他扮演的重要的保护者角色。斯宾塞(Spencer)是芝加哥一个最贫困居住区的居民，实际上是一个无家可归的流浪汉，但他从未放弃为收留他的小区做点什么的想法。他作为当地一个教会组织的志愿者，开始自愿帮助被安排在他所在小区的美国志愿队队员开展工作。没过多久，他就签约参加了美国志愿队。

“我觉得，我们能够融入社区并且为社区居民和其他人服务，真是了不起。我们深入社区，和居民聊天，帮助居民解决问题，并且还告诉他们铅中毒的危害性。这是我的专业，能为小区做点事真好。这项计划确实起到了作用，它很有用，特别是在学校和教堂等类似场所。我是在为芝加哥卫生队工作。以团队的形式开展工作真好，因为这样，我们就能互相学习各自的招数，了解事情的发展动向、哪些人会反对某个问题、哪些人会赞成某个问题，因为在我们工作的社区有比我们遇到的更多的问题。我们必须亲临现场，还必须相互监督，因为我们没有理由在一起厮混，这关系到我们的人生。对于我们工作的社区，我们必须以积极的态度去对待。无论我们到哪里、做什么，都应该好好做，然后做完了走人。”

盖洛普的调查显示，美国公众以压倒性的多数支持国民服务计划的核心价值观。调查样本中94%的被调查者对“让不同背景的青年一起参加国民服务计划”做出了积极的评价，而75%的被调查者赞同：对于这样一项计划来说，重要的是提供了“在其他情况下找不到的值得做的工作的机会”。

美国志愿队计划最初的形象就是一项旨在吸引中产阶级青年为低收入社区服务的计划。虽然服务受益人在很大程度上仍然是预先确定的那些群体，但是，服务提供者就他们的背景而言已经变得非常多样化。美国志愿队的有些队员在自己居住的社区里提供服务，另一些在其他社区服务；有些队员住在家里并且往返于自己工作的社区去提供服务，另一些自他们履职以来搬进了新的住处。

我们调查中的焦点小组成员都认识到，美国志愿队吸引了几类不同的美国人参加它的计划。主要的一类是被一名行政官员称为“出类拔萃”的青年大学生或者毕业没几年的大学生，然后是在美国城市贫民区和贫困社区长大的“外粗内秀、未经雕琢”的青年，他们参加美国志愿队出于多种不同的目的，如完成普通教育学业、掌握一种技能、回报自己所在的社区。第三类参加美国志愿队计划（通常是参加“服务美国”志愿者计划）提供服务的队员是一些掌握高技能的“心态年轻”的老年人。

我们考察的卡姆登(Camden)、芝加哥和科罗拉多斯普林美国志愿队在管理方面已经达到了相当高的水平，能够策划不同项目吸引并留住以上介绍的几类成员。这些地方的美国志愿队招募并留住了各种不同收入、人种和种族背景、性别、年龄和生活经历的人。

至于美国志愿队参与者和计划本身的共同未来，一项全国性调查的一个发现似乎特别值得注意。在这项调查中，有35%的回答者表达了他们有以某种国民服务能力提供服务的兴趣。在这个被调查者组别中，有60%的黑人回答者和45%年龄在18～24岁的回答者。至于为老年志愿者策划的服务项目，有50%年龄在55～64岁和41%年龄在65岁以上的被调查者表示有提供服务的兴趣。显然，还有尚未开发的“兴趣资源”等待着美国志愿队去开发，而且远远超过了当今政策最关心的求职福利享受者的“兴趣资源”总量。

美国志愿者计划往往能够成功地为参与者创造提供服务和为自己日后就业改善社会经济前景的机会。美国志愿队中的大学生和大学毕业生队员表示，他们显著提高了与将来工作有关的技能,并且领到了可用于未来接受正规学术教育深造的津贴。中学辍学的学生既接受了正规的职业培训,又领到了教育津贴。这两个队员群体完成了大量的服务学习活动。

例如,我们来看看新泽西州"青年建设"(YouthBuild)计划美国志愿队队员马利克(Malik)。马利克把参加"青年建设"计划看作他人生的第二次机会。对于马利克来说,"青年建设"计划为他提供了把技能学习和服务天衣无缝地组合在一起的机会。

"我已经在提供服务了。我有很多朋友,他们也想注册上同一所学校,并且做和我一样的事。他们都明白自己能够做些什么,而不需要总有人在背后盯着他们。他们可能会采取这种特别的行动来改变周围的生活。当他们看到我和杰罗姆(Jerome,另一个调查样本成员)边工作边上学时,他们为我们俩高兴,也很羡慕我们俩。他们百分之百地支持我们,他们会说'留在项目组里'。这是一个很棒的项目,坚持下去。放了学,我们就和其他人聊起附近的小区和其他小区,试图让他们参加我们的项目,让他们了解这真是一个很棒的项目——我让他们明白这完全不是津贴的问题。他们也希望你能帮助他们解决学习上的问题。如果你想找份工作,参加这个项目,就能为你自己和家人找到一份很不错的领薪工作。这样,我们就能努力让我们社区的伙伴走上正道,并且让他们明白街头没有任何值得他们留恋的东西。于是,他们就报名上了学,做一些对他们人生有益的事,并且为改变自己的人生迈出了一大步。让社区的每个人都知道你在为他们服务。因为美国志愿队给了我这样的机会,所以,我要做些什么回报他们,我要为社区建设出一份力。"

马利克讲述了社区居民对他所在的美国志愿队小分队和他们的工作做出的反应:"我们帮助清扫小区,你能看到小区居民脸上流露出的惊讶表情。他们觉得,我们的小区有很多非裔居民;由于亚特兰大城的人口状况,我们还没有一个人种混合的工作小组。所以,他们脸上流露出惊讶的表情:'我不信他们是在帮助我们,是在为我们服务。'我们只是想让他们明白,并不是因为学校,我们才在这里这么做;我们在这里帮助大家,是因为每个人都需要帮助。所以,我们想做些什么回报他们。我觉得他们好像很欣赏我们的帮助,因为,我们在得克萨斯大街清除了一栋住宅和一个仓库墙上的涂鸦,两天后,这个街区面貌彻底变了样,墙上已经完全没有了喷漆的踪影。很多临街的居民打开窗户站在窗前张望,心里在想'这些人是谁啊,在帮助我们清洁街区?'他们可能会聚集在一起这样议论:'很好,他们能这么做,我们也能这样做。'情况就是这样,我相信这一点慢慢会做到。"

马利克在被问到美国志愿队计划是否应该强制性推广到全体美国青年时回答说:

"我要对亚特兰大城有孩子的家长说,应该强制推广这项计划。因为,如果您知道您的儿子或者女儿还没有参加这个计划,那么就应该强制他或者她去报名参加这个计划。您应该明白,在他们的人生中,无论如何不能浪费人生。是的,就像那位女士最后说的那样,我们必须帮助无家可归者或者帮助照顾病人。不,仅此还不够，您也知道，这有助于社区建设。我好像觉得美国志愿队不应该就止步于现有的计划。因为，就拿我们的计划来说，下个月又要有两个班级的学生参加。所以，我们还会继续努力，应该帮助青年走出去，他们需要帮助才能迈出参加这些计划的第一步，让他们明白有其他路可走，但不是回头路。所以，我似乎觉得你们大家都应该继续好好做下去。”

这个住在贫民区的贫穷黑人是有三个孩子的中途退学的父亲，他反映的问题非常值得我们注意：个人努力和经济追求的需要；作为社区成员以提供服务的形式回报社区的愿望；与别人一起推进对社会有价值的工作的意愿；从道义上劝说他人坚持信念和培养下一代的欲望。马利克是否因为他的美国志愿队经历而与众不同？现在，我们回过头来看看另一名参加“青年建设”计划的美国志愿队队员马库斯(Marcus)在芝加哥取得的成绩。

“我负责照料无家可归者，为他们维修住房。这真是帮了印第安纳州加里(Gary)社区的大忙。

“我们总共就三十来人，其中2个是墨西哥人，其他都是非裔美国人。我们中大概有5人去本地学校帮助青年学生解决问题。我们真能做到和睦相处，确实没有发生过异族矛盾，大家努力去了解彼此，把事情做好。如果遇到什么问题，我们就去找法律顾问，我们还接受教育，开展学习，学做木工、室内布线等诸如此类的活，而且还参加社区维护和服务。我觉得这些工作都很有意义。不过，我们遇到了资金问题，我们需要更多的资金。是的，在印第安纳州加里的情况大概就是这样。

“我现在精神饱满，我想做电工，可能还想做点木工活。我从精神上帮助每个社区成员解决问题。如果您想当领导，那么首先应该先做公仆……”

调查问卷的回答者们并没有因美国志愿队计划对马利克和马库斯产生的影响而感到惊讶。他们非常看重国民服务提供的工作体验的价值。样本中95%的问卷回答者表示，这种价值十分重要，其中包括98%的黑人问卷回答者和97%的低收入问卷回答者。

美国志愿队计划的参与者因为提供服务而产生了各种不同的个人和经济需要：摸索经验、筹措资金、自我支持和家人支持。依靠单一的津贴制度来满足这么多不同的需要，已经对很多计划参与者的生活造成了不小负担，他们中的有些人不得不寻求公共援助，打两份工，甚或再向父母借钱或者向银行贷款。随着美国志愿队队员成分的日益多样化，这样的问题看来还会增加。

本研究介绍的美国志愿队计划的最大优点之一，便是在参与者中间树立团队合作意识和道德意识。队员们都表现出了强烈的志愿队目标承诺和实现过程参与意识以及支持这项计划及其活动的热情。

美国志愿队因国家立法授权有限而受到的种种约束给计划的现场实施造成了不少棘手的两难问题。计划参与者不准从事很多本属于公民个人传统活动项目的个人和群体活动。美国志愿队队员常常通过把这些约束视为任何政府支持的计划都有的一个虽然模糊但必不可少的特点来趟过这片水域。在被迫无故撤销有倡导或者政府相关行动之嫌的活动的情况下，美国志愿队计划参与者的非营利雇用单位在应对这些约束时会变得更加束手无策。

对于作为美国志愿队计划雇主的非营利组织来说，计划的积极结果往往可归纳为以下两类：(1)通过派遣美国志愿队队员完成相对比较常规的组织任务来扩展组织能力；(2)通过要求队员为志愿队开发新的项目来扩展组织能力。这两方面的任务都适合美国志愿队计划，而且从雇主和队员的角度看，都具有广泛的代表性。有时，队员为补缺或者弥补其他组织疏忽而被派去做一些跑腿打杂的事。

美国志愿队队员与他们的直接监督员报告了一长串令人印象深刻的队员通过提供服务掌握的能力和技能。其中主要有：组织工作完成能力、组织文化和职能理解能力、基本工作技能、办公室和人际沟通技能、人际合作技能、决策技能、项目管理技能、调解技能、时间管理技能、电脑操作技能、教学技能、倾听技能、危机干预技能、公共场合演讲技能、领导技能和团队工作技能。

美国志愿队队员还有一个作用，那就是越来越多地以一种间接但明显的方式让他们服务的机构客户参加他们负责的项目。有队员报告称，他们直接与客户一起工作，推心置腹地聆听他们倾诉的利益诉求和需要，然后向机构客户的主管反馈他们获得的信息。有时，美国志愿队队员会采用一种在他们的雇主看来非传统的方式。但是，这种方式帮助他们服务的客户开辟了一条非同寻常的言路。

美国志愿队内部实行的队员津贴制具有少量的灵活性，客户机构可以在国家计划支付的最低津贴的基础上发放补充津贴。不管怎样，美国志愿队的津贴基本采用“一刀切”的形式。可是，如前所述，美国志愿队队员自身是一个需要和背景多样化的群体。

美国志愿队在一定程度上采用一种科层制管理结构，通常就像联邦政府的计划那样运行。表格常常设计混乱，令填写者无从下手；付款往往滞后于预期；监管有时由不同的管理人员来负责。但是，地方上在与美国志愿队有过直接的接触以后，总体认为这项计划还是有用的，管理还是很用心的。

美国志愿队、志愿者运动与民主政治

在某些方面，美国志愿队计划可被看作一个优化美国民主政治运行方式的手段，反映了美国人民为那些需要帮助的人提供服务的普遍意愿，并且把计划参与者(即服务提供者)的生活与社区联系在一起。不过，这里涉及的民主政治观并不是一种非常稳健的观念，因为美国志愿队队员在努力为社区服务的过程中要受到不少限制条件的约束。因此，美国志愿队计划提供的公民服务略微要比美国宪法规定的民主权利和义务更加令人担心，并且受到更多的约束。

美国志愿队这个案例解释了我们在本书第三章中开始讨论的三个边界问题：倡导活动、税收和政治控制。

倡导活动

倡导活动也是美国志愿队计划的一个核心问题，因为国会很多议员勉强给予这项计划的支持是以设定严格的服务与倡导活动界限为条件的。允许提供服务，但禁止从事倡导活动。美国志愿队队员必须学会务实地对待这个问题，但他们的非营利雇主却整天生活在担心其雇用的美国志愿队队员不适当地超越边界的忧虑之中。

从与管理美国志愿队计划的工作人员的谈话中，不难感觉到美国志愿队并没有实现服务与倡导活动之间的适当平衡。例如，我们在芝加哥组织的讨论会上，有几个计划主持人坦率地讲述了美国志愿队计划在开展倡导活动方面受到的限制给其机构与队员的工作造成的困难和两难困境：

“女主持人：如果这方面没有限制的话，美国志愿队便能就很多其他问题发表意见。我们必须小心翼翼，不让队员参与过激的行动。如果我们在这方面没有遭到禁止，就能做其他事情。

“男主持人：作为项目主持人，我对任何政治问题都怕得要命——不讨论任何涉及政治的问题——无论是市议员的种族问题还是市长或者国会的什么问题。他们说我们应该鼓励我们的队员登记投票，我可不想涉及这个问题，真的，因为这个问题距离不得谈论和支持某个候选人的警戒线很近。这可是一个大问题，他们不停地向我们分发华盛顿发来的备忘录。我可不想涉入其中，因为我不想害了我们正在做的事情，它们都是很好的事情。

“男主持人：如何区分社区服务与社区领导人所做的事情？在我看来，他们都应该一起在社区工作。不过，这是一个国家资助计划，我们不能选边站队。但是，试图把社区服务与民主参与区分开来，并没有什么用。

“男主持人：束缚我们手脚和我们为了从中获得学习经验而竭尽全力要对付的就是两条真正妨碍我们的禁令。组织起来就是其中一条禁令禁止的行为。我们很想把我们的时间用于教导我们的参与者如何组织起来，但这方面的工作我们做得很少。他们能否付诸行动？这完全是另一回事。我想，关于美国志愿队计划的这种社会变革批评完全是错误的，因为我们不能把自己组织起来。此外，美国志愿队员不能捐款支持你可能想看到的需要组织的项目。所以，这些都是需要我们去废除的现行规定。

“男主持人：我们需要的就是有能力打破条条框框和发表意见，‘就是无论社区里真的发生了什么，我都希望能说些什么’。我想，美国志愿队队员都有与人打交道的才干。可是，我们能在多大程度上利用他们的这种才干呢？

“男主持人：教育是我们的使命，我们的队员互教互学。我们的社区正在做这种好事。所以，关于新的儿童保健规则、新的食品券规定、新的现金补助规定等，社区居民都可以相互传授。至于如何影响这种事情的走向，我是完全放手不管。如果他们想用自己的时间做这些事，那么就完全由着他们。但关于我们的计划，我们要说的是‘我们来这里就是为了教育这栋楼里的孩子’。就这么简单。

“男主持人：美国志愿队队员不能从事政治活动。选举当天，我们会停止一切工作。如果他们利用自己的时间参加集会，只要不以美国志愿队的名义，那就没有问题。毕竟，他们也是公民。

“女主持人：很清楚，你不能暴露自己的队员身份。在民主党召开大会期间，你会接到很多指示明确告诉你如何使用美国志愿队。队员们也都明白，我们有可能涉嫌从事受禁活动。我们很注意不要把时间花在这样的活动上。

“男主持人：这条禁令可能是一个真正的聪明人想出来的，亏他还想到了要我们就美国人的本能行为做些什么以便让别人来解决这个问题。是啊，我真是愚蠢极了——请来一个政客做这件事。进行这样的区分以后，就能使真正意义上的社区建设成为可能。让我们就我做的蠢事做些什么，当然不是捂着不说或者写信报告，而只是要好好想想，我们可以利用社区的哪些资源来解决这个问题。”

美国志愿队队员也因受到从事倡导活动的限制而感到困惑。不过，他们的反应往往要比他们年长的上司来得温和和明智。他们好像接受了这些限制条件，就像“成人应该做的那样”。他们有自己的工作方式，就是通过他们与自己所服务的社区建立起来的关系，务实而富有成效地工作。

我们来看看卡姆登的美国志愿队队员的想法：

“女队员：坚守在立法方面不能表明自己的主张这个规矩，可是我作为美国志愿队队员做出的最大和最艰巨的努力。

“女队员：我参加志愿队已有3年了，我的感觉是有关我们参与政治的规定好像一年比一年严厉。今年的规定已经严厉到我甚至不敢确定我们是否能够参加‘代表儿童’(Stand for Children)这样的无党派色彩的活动。这项活动可是与我们阻止儿童暴力的目标直接有关。美国志愿队就是一项由很多在政治上对自己正在从事的事业有比较清醒的认识的大学生参加的计划。在我们甚至不能给我们的国会议员写信的情况下，即使他们不削减我们的预算，也十分令人沮丧。

“女队员：我同意他们刚才的发言。这确实令人沮丧，而且给人的感觉几乎就像是一种审查制度。为了参加这个计划，你就不能‘兴风作浪’，你必须温顺听话。我们可以作为普通公民，而不是以美国志愿队的名义发表自己的观点。我理解他们不希望我们参加游说活动。但我觉得，作为一个团体，尤其是我们参加的这个团体，我们应该有权说话。‘嘿，关于这个我们一直在谈论的焦点问题，现在的情况就是这样，但这也是需要变革的地方’。”

芝加哥的美国志愿队队员也谈到了卡姆登队员所说的同一些问题：

“女队员：对于我来说，这方面存在很多问题，我为‘我有一个梦想’(I Have a Dream)这个项目工作。我以为我们已经实现了应该达到的目标，因为我们一直在努力前行。我们需要美国志愿队，因为我们已经参加了这项计划。我觉得不可思议，他们居然没有建议我们通过替代性途径涉入更深。”

虽然对倡导活动的限制在很多美国志愿队计划的参与者看来不可思议，但他们往往学会了在这些限制条件的约束下工作，以至于这些限制条件对于他们来说非常重要的基本关系——他们与他们所服务的社区成员个人之间的关系——只产生了最低限度的影响。美国志愿队有些队员，如芝加哥的一名队员，已经把服务本身看作一个倡导主题。他认为:“美国志愿队本身就是社区服务——服务社区并回报社区——的倡导者。”同一工作小组的一名女队员补充说:“我也把它作为一种帮助我们变成对工作负责的成年人的手段。”

美国志愿队的队员学会了绕开约束条件开展工作的方法,而且还往往颇有创意。芝加哥的一名女队员回忆说:“去年,我们曾试图讲述青年的参选义务问题。我们必须措辞谨慎,就像是外部人而不是美国志愿队队员在谈这个问题。我们的措辞不偏袒两党中的任何一个政党,这是一种保护措施,因此,我们没有影响我们为之工作的人,并且承认他们的言论自由权利。”

焦点小组成员协助完成的调查显示,对倡导活动的限制对美国志愿队雇主的约束力明显大于对队员的约束力。美国志愿队计划的参与者常常利用自己的能力来鼓励行动主义,促进社会变革,并且大大推进了民主,他们在这些方面出的力远远大于他们的上司。但是,美国志愿队的队员和雇主更可能把美国志愿队计划看作服务计划,而不是变革取向的倡导计划。显然,总统与共和党温和派在达成立法妥协之前听取了右翼人士的观点:联邦政府不会发起任何倡导活动!同样明显的是,美国志愿队计划参与者们凭借自己的聪明才智找到了在不超越华盛顿能够想到并宣布的任何行政约束条件的前提下鼓励行动主义、促进社会变革的方法。在他们看来,倡导活动是第三部门参与者使命中始终不变的一部分。

对于事业蒸蒸日上的第三部门来说,提供服务是其重要并且常常是最基本的活动。就像长期担任全美黑人妇女协会(National Council of Negro Women)会长的多乐西·海特(Dorothy Height)经常说的那样,“如果有人淌血了,就需要‘邦迪’,但‘邦迪’对于癌症不起任何作用”。美国的志愿行动传统赋予美国公民的就是在有需要时分发“邦迪”、有召唤时勇敢地应召采取行动的机会。服务与倡导是一份遗产不可分割的两个组成部分,而政府在对国民服务计划进行制度化时却硬是把它们对立起来。由此而造成的问题令美国志愿队感到困惑,就像在“反贫困战”期间类似的问题困扰社区行动计划那样。在不进入——哪怕是间接进入——倡导、抗议和直接行动世界的前提下,虽然不是不可能,但很难深入有需要的社区开展工作。

税收

美国志愿队是一项联邦政府计划,它依法组建并筹集资金。到了20世纪90年代末,支持一名队员提供一年服务包括生活津贴、培训和管理费用等在内的全部成本,大约是15 000美元(不过,这个数字在计划支持者与计划反对者之间仍有争议)。1999年,该计划预期能招募到40 000名参与者,年度总成本将达到6 000万美元左右,或者说,美国每个公民每年约分摊25美分。

这个成本对于美国人来说似乎非常合理。1995年,我们的盖洛普调查向一个全国样本询问他们是否觉得“国家获得的回报相对于对美国志愿队的付出物有所值”:76%的被调查者觉得物有所值,只有9%的被调查者给出了否定的回答。当被问到“这笔钱花在其他计划上是否更好”时,16%的被调查者表示赞同,71%的被调查者表示反对。

总的来说,美国人认为美国志愿队创造的效益远超过它的成本。美国志愿队主要创造了以下效益(以下各百分比表示回答赞同的被调查者):(1)把不同背景的青年聚集在一起:94%;(2)为青年积累有用的工作经验创造了机会:94%;(3)提高了青年参与者的自尊心:91%;(4)在参与者中间提倡了一种健康的生活方式:83%;(5)有助于降低青少年犯罪率:77%;(6)参与者做了值得做的没有这项计划就没有机会做的工作:75%。

美国志愿队计划的成本主要是从计划不受欢迎的价值的角度来考虑的,但只有人数少得多的回答者想到了这个问题:(1)推迟了青年参与者开始自己职业生涯的时间:29%;(2)向青年传递了错误的信息——他们应该为志愿者工作埋单:19%;(3)影响其中的一些参与者继续深造:19%。

合作动态

盖洛普公司为美国志愿队调查抽取的全国样本也被要求评判美国志愿队因政府与非营利组织合作关系方面的问题而受到的很多批评意见。除了一条批评意见外,大多数回答者都认为这些批评意见并不严肃。

样本中多达50%的被调查者表示同意的唯一一条批评意见几乎算不上什么批评意见,这条意见就是"美国志愿队计划增加了州和联邦政府的官僚机构"。除非我们采取伊索寓言式的政府观,并且预期政府能够无成本地提供服务,否则这条意见几乎就算不上正经的批评。对于一个类似的经验问题"从其他值得执行的计划那里抽走了国家资源",有27%的回答者表示赞同。

对于美国志愿队对非营利组织的影响这条最具实质性的批评意见"使得私人组织更难招募到志愿者",也只有23%的回答者表示同意。

不管怎样,盖洛普问卷调查回答者并不认为,联邦政府应该是确保国民服务的领导机构。当被问及"以下这些机构哪个最有能力组织和管理好美国志愿队"时有以下百分比的问卷回答者做出了如下选择:(1)50%选择了非政府组织;(2)18%选择了联邦政府;(3)13%选择了州政府;(4)11%选择了地方政府。

盖洛普的这项全国性调查就政府与非营利组织合作关系这个难题得出了几个重要的结论。首先,非裔美国人回答者对联邦政府操作美国志愿队计划表现出的信心远大于白人回答者。确实,白人回答者以压倒性多数支持美国志愿队计划由非政府组织来管理,而只有15%主张应该由联邦政府来管理;而非裔美国人回答者有38%支持联邦政府管理该计划,有33%表示反对。[3]

对非营利组织管理者和美国志愿队计划政府管理者的访谈表明,政府与非营利组织之间的合作虽然并非总是容易或者顺利,但通常是切实可行的。

选择哪些合适的机构参与国民服务,是一项重要的决策。在美国志愿队计划的公共—志愿合作关系中,这一选择是以联邦和州管理机构联手的方式完成的。联邦政策规定并限制行动领域,最初把美国志愿队计划的行动限制在教育、娱乐休闲、法律援助和老人照料等领域。

国民服务公司制定了把美国志愿队计划参与者安排在遍布全国的项目中的政策。强大的政治力量迫使他们只在那些目标比较温和并且可被普遍接受因而很少招致政治反对的代理机构中做出选择。考虑到“否决团体”在美国民主政治中行使的权力，美国志愿队计划参与者似乎不可能有机会为绿色和平组织、关注家庭(Focus on Family)组织或者全美废除权利联盟(National Abolition Rights League)等代理机构工作。

代理机构选择问题只是本研究间接谈及的问题之一。但是，为我们的调查提供队员和雇主焦点小组的代理机构范围要大于在美国志愿队计划政治争议的背景下能够指望的代理机构和项目。有些为我们提供问卷回答者的代理机构主要以倡导为取向，但它们当然会保证在完成美国志愿队计划分量时遵守倡导禁令；另一些代理机构关注公民教育问题；还有一些代理机构则在教育、娱乐休闲、法律援助和公共卫生等基本领域提供核心服务。

美国志愿队政策在本研究考察期(1997 年初)里面临的一个重要问题，就是选择符合政府福利改革倡议的代理机构和项目。就如芝加哥的一位雇主所描述的那样，“我们去华盛顿特区参加一个美国志愿队计划新主持人会议。美国志愿队计划似乎有一种被作为‘从福利到工作’计划的趋势。所以，我并没有只把它看作一项大学毕业生提供服务的计划，而是把它看作一项招募一些人来照看孩子并让他们挣点钱上学和培养工作技能的计划——一项由于很多原因而把一些人召集在一起的计划。有些人在意的是提供服务并且获得一些生活上的利益，而另一些人是出于另一些原因才参加美国志愿队计划的”。

一名美国志愿队计划的州主持人表示，推行一个致力于让福利受益人参与进来的项目在美国志愿队计划州委员会内部引发了大量的争论，最后只是勉强获得了批准。他还表示，美国志愿队应该创新，但也应该努力忠于创建时的初心。

国会在审议 1999 年的再授权议案时，只有个别议员提到了对福利改革的影响。在主要目标中只有两个是涉及合作发展趋势的：“赋予各州更大的国民服务项目管理权”和“加强与传统志愿组织的合作”。在美国志愿队计划继续发展的过程中，权力下放显然是一个重要趋势。

结束语

坎宁汉姆(Cunningham，1993)在她利用一手资料完成的一篇报道中批评指出，成为美国志愿队“1993 年服务之夏”(1993 Summer of Service)参与者的第一批美国志愿队队员似乎都是为了自己才参加美国志愿队的。针对他们的批评意见很多都是源自标准疗法的术语“‘当你说……时，我就感到不舒服’”(Cunningham，1993:7)。坎宁汉姆最后以对令人讨厌、行为粗暴的青年人的尖刻讽刺结束了她的报道。她是这样描绘这些年轻人的：他们会因顾客不满而感到高兴；带顾客去野餐，到了营地，他们待在车上不下来，野餐后留下了脏乱的营地拍拍屁股就走人。“一天下来……就看到了美国得到了这样的服务”。

像坎宁汉姆这样的国民服务批评者可能会在本研究采访的美国志愿队队员的谈话中发现某种良心责备，但作为这项研究的主要责任人，笔者并没有发现这种所谓的良心责备。不过，笔者会想起一位曾经的十多岁单身母亲，现在她作为美国志愿队队员参加了一个面向十几岁青少年的项目，她和笔者谈起了她对这些项目参与者的看法，她的看法的确能反映他们的特点："我和几个十几岁的单身妈妈一起工作，我们的工作就是每天晚上，在我们小组开会之前，先让姑娘围成圈坐下。在开会甚至开始讨论之前，我们都要先让大家围成圈坐下。这样，我们就能彼此相视，要知道，这样坐，你会觉得比较舒服，而有人坐在背后，你真的不能知道他们在想什么或者说什么。所以，我们总是围成圈坐下，姑娘们也喜欢。在她们围成圈坐下以后，话就比较多。"

"围成圈席地而坐"是美国志愿队一个影响很大的形象。宾夕法尼亚州共和党参议员候选人里克·桑托勒姆在1994年充满火药味的竞选活动中，就是用美国志愿队的这种形象来指责当时的参议员哈里斯·沃福德。回想起来，当时桑托勒姆警告称，公共资金不应该被用来让青年人围坐在营火旁高唱"空巴亚"。几年以后，竞选失败但毫不气馁的现任国民服务公司经理沃福德讲述了他对加州内华达山上的一个美国志愿队小组的访问：当时，他们正在山上清扫山间小道，打算举办一个营火晚会款待沃福德，但需要派几个人下山到最近的图书馆去寻找"空巴亚"的歌词和曲调。

到了20世纪90年代中期，国民服务计划陷入了正在成为一个严重的政治争论问题的困难处境。一方面，克林顿总统执着地坚持对它的支持，并且把国民服务计划说成在他任内通过的最重要的立法之一。与这种观点相反，众议院议长、乔治亚州共和党众议员纽特·金里奇把国民服务计划视为新的共和党多数派上台后必须削减的政府支出的最好例子。

这场辩论仍在继续，并且成了每年国会预算拨款和立法斗争的焦点。然而，无论目前的国民服务计划议案会遭遇怎样的命运——联邦政府是否在支持国民服务方面扮演角色；国民服务只应该由志愿者组织发起并且完全由它们支持；联邦政府是否应该在帮助青年人为其他人服务方面发挥直接的作用；在一个重新设计的联邦政府作用被大大削弱的福利国家，这样的服务是否应该交给州和地方政府来提供，美国社会都要面对由总统和众议院议长提出的问题。

对于参加盖洛普调查的美国志愿队项目参与者来说，他们的使命似乎意义明确。不管怎么说，令他们感到苦恼的是，只有那么少的人花时间去了解他们的使命以及他们为自己服务的社区所做的工作。他们抱怨媒体一直不报道他们所做的工作，哪怕是我们煞费苦心地邀请记者来报道社区里发生的值得关注的事件。他们担心自己的贡献的影响被淹没在一种整个国家只关心富人和名人生活以及美国城市贫民区和贫民窟暴力事件的不正常氛围中。

美国志愿队做了那么多的工作，虽然我们对三个城市社区领导人的一个立意样本进行了采访，但不可能充分反映他们那么多工作不为人知的方面。教育、企业和政府部门以及社会组织的主要领导人一次又一次地承认，虽然他们通常了解举国上下为美国志愿队计划做出的努力，但却并不知道他们自己所在社区某个具体的美国志愿队项目。在芝加哥，16个接受我们采访的领导人中只有1人非常了解美国志愿队在当地实施的项目。在科罗拉多斯普林，情况基本相同，17 个接受采访的领导人中只有 1 人了解美国志愿队在当地开展的项目。在卡姆登，16 个接受采访的领导人中有 5 人至少了解 1 个美国志愿队在他们社区开展的项目的运行情况。

地方领导人也一次又一次地表达了相同的观点。美国志愿队听起来像是一项有价值的计划，但笔者在科罗拉多斯普林、芝加哥和卡姆登的电视上从没见过有关报道。当笔者这个采访者填补了有关美国志愿队运行状况的一些空白，并且询问这些领导人这项计划听上去是否有助于他们的社区时，他们的回答绝大多数是肯定的。即使在保守的科罗拉多斯普林这个有限政府观的堡垒，17 个接受采访的领导人中只有一个坚持认为，美国志愿队队员领取津贴，这就意味着社区机构没有觉得让他们提供服务具有很大的益处。

即使美国志愿队能够度过克林顿执政的岁月存续下来并且迈入 21 世纪，前进的道路仍将是不平坦的。美国志愿队必须继续学习如何有效地提供服务，哪怕这意味着有时要暗中从事倡导活动。美国志愿队必须继续通过立法程序申请政府拨款，哪怕这意味着要说服心有不甘的国会议员在思想上与压倒性多数的选民看齐。美国志愿队必须提高警惕，在一个权力下放变革迅速的时代关注合作关系的动态变化。这虽然不是一项轻松的任务，但也不是一项不可能完成的任务。美国民主政治的存续与美国志愿队的结局没有半点关系。

第五章　新兴的非营利组织政策研究领域

当今开明派和温和派都在谈论“公私合作”的重要性，他们把公私合作定义为政府与第三部门组织为了实现某些特定的公共目标而进行合作；而新保守派则坚持两个“私人”部门（企业和志愿部门）第一的观点，并且提倡政府职能——除了促进各种“道德价值观”之外——最小化。以上这些观点分歧提供了明确区分我们所说的“非营利组织政策”——或者第三部门组织正确的行动方向——的依据。

非营利组织政策取向的差别常常集中在“慈善充足与不足”和志愿者的应有作用等问题上。1997 年召开的“美国未来总统峰会”使得这些问题更加贴近美国公众生活的前沿，而这一具有里程碑意义的事件在本章受到了特别的关注。

总统峰会

如上一章所述，国会新的共和党多数派迅速利用他们赢得中期选举的余威推行其提出的“签约美国”计划。“签约美国”这个计划包含不少用于解决社会问题的自由市场方法，并且呼吁建立一个严格控制公共支出的机制。

主要由共和党发起的名为“美国未来总统峰会”的倡议被认为是第三部门政策发展过程中一个非常重要的事件。这次峰会被认为显然是要召集所有健在的美国总统及其夫人来支持志愿行动的基本准则，它是已故密歇根州州长、共和党总统候选人提名落选者、全美志愿行动中心（National Center for Voluntary Action）——现改名为“光点基金会”（Points of Light Foundation）——创始人并长期担任该中心董事长的乔治·罗姆尼（George Romney）的思想杰作。罗姆尼说服了（光点基金会首席执行官）罗伯特·古德温（Robert Goodwin）和沃福德与他联手推进这一愿景付诸实施，但不幸在那次峰会期间病故。后来，古德温受光点基金会董事长（前总统乔治·布什）的委托，而沃福德在他的老板（克林顿总统）的支持下，采取行动推进了这次峰会的筹备工作。

峰会的策划工作由格雷格·彼得斯迈耶（Gregg Petersmeyer）负责，彼得斯迈耶在布什执政时曾当过光点基金会的董事，他是一个有思想的实干家。在布什连任竞选输给克林顿后，彼得斯迈耶在印第安纳大学慈善研究中心度过了“减压和反思”的时光。他比较倾向于个人直接志愿行动，并且因表达怀疑非营利组织从业人员及其管理的非营利组织的动机和作用的观点而闻名。

彼得斯迈耶着手认真研究了5位(除了克林顿和布什以外,还有福特、里根和卡特)总统的行事原则,发现他们每人邀请主权国家元首的做法都有自己的微妙之处。吉米·卡特由于克林顿拒绝邀请他参加1996年的民主党全国代表大会而感到不快,因此最初表示只愿意通过场外电视连线的方式出席会议。布什仍为1992年竞选败给克林顿耿耿于怀,表示他不能与任何发表肯定美国志愿队贡献观点的人出现在同一主席台上,因为他把美国志愿队计划看作一个反对派政治家提出的具有误导性的倡议。直到克林顿和布什通过1996年底举行的新闻发布会宣布这一即将发生的事件,双方才达成了最后的谅解。

会议策划必然形式先于内容。最初的会议策划委员会公关人员的比重太大,他们喜欢用“总统日”来烘托这一事件的创意。虽然有人想到了费城2月份宜人的气候和策划方案内容的需要,但最终还是强调召开这次峰会的理由。召开峰会这一事件的实质逐渐表现为征集企业和其他组织的“承诺”,旨在让这些承诺在以下五个方面一直延续到2000年:指导、确保安全的学习和成长条件、健康、通过教育来培养市场化技能以及社区服务。

会议策划工作的重点还在于深得人心、常被认为有可能获得共和党总统候选人提名的科林·鲍威尔将军(已退休)什么时候能够签约接受担任峰会主席的职务。住房与城市发展部部长民主党人亨利·希思内罗斯(Henry Cisneros)击败即将退休的新泽西州民主党参议员比尔·布莱德利(Bill Bradley)被指定为会议副主席。布莱德利参议员被认为是副总统阿尔·戈尔(Al Gore)强劲的最终的总统候选人提名竞争者,因此不能选他担任这个太引人注目的职务。

鲍威尔很快就亮出了他对这次峰会的设想:这次峰会应该把高风险青年的命运作为自己的关切点。鲍威尔最终取得了成功,他把乔治·布什心仪的志愿行动形象和比尔·克林顿要求关注公民服务的意愿拉近到这次峰会的议题上来。然而,喜欢焦点多样化的媒体却都把这次会议作为“志愿者服务峰会”、“服务峰会”和“青年问题峰会”来报道。

根据邀请名单,大概有2 400个代表143个城市和地区以及全美50个州的会议代表将出席4月召开的峰会。城市会议代表都被冠以地方事务委员会的名称,都必须包括一个美国志愿队计划或者某个相关计划的官员。峰会还邀请了数量相对较少的全国性协会领导人参加,而最终的会议邀请名单显示有几百个美国志愿队计划参与者出席了峰会。

“美国未来总统峰会”已经与许许多多支持这次会议召开的不同力量结合在一起不可分开。鲍威尔的“青年问题峰会”设想占据了上风,并且在被改成相当成功的三天“电视直销节目”中被严实无缝地包装以后推销出去。峰会的五个主题不断被媒体提起:指导!保护!营养!教授!服务!

参加峰会的社区代表对为他们提供的工作程序看法大相径庭,这种工作程序严重偏重于名义群体法,并且聘用了大批组织培训师和咨询顾问来负责。为参加这次峰会做好准备工作的团队的与会代表往往觉得难以忍受他们有时超级热情的培训师所采用的企业培训模式。就像一个与会代表所说的那样,笔者在这里援引他说的话，但不想透露他的姓名，"在我们的小组里有一种顽固的现实主义倾向。我们小组有许多成员在非营利志愿组织中担任高级领导职务，并且正在征求如何才能使这项工作有所不同或者取得更大的成功的意见"。

费城与会代表团是为参加这次峰会准备工作做得很好的团队之一，在此次峰会地方东道主埃德·伦德尔(Ed Rendell)市长的领导下取得了成功。伦德尔长时间地与这个实力雄厚、凝聚力越来越强的团队一起进行了艰辛的工作，费城代表团在会上正式承诺将按照峰会提出的全部五个目标去接触并影响三万青年。这个代表团的成员、宾夕法尼亚大学社区合作计划主持人艾拉·哈克威(Ira Harkavy)表示："这就意味着我们要到这个城市的街区去寻找落实峰会提出的五个目标的地点：学校、社区中心或者高等教育机构。"

(纽约州)奥尼昂塔(Oneonta)的与会代表凯西·马丁内斯(Cathy Martinez)为大会承诺能否在她所在的小镇得到落实而感到担心："当然，我们也希望当地居民做出承诺。但在一个经济萧条、失业率居高不下、问题已经很多的地区，资源短缺是一个很大的问题。譬如说，我们的社区连一家'亮视点'(Lenscrafters)眼镜店都没有，我们怎么能够让'亮视点'做出承诺。"[1]

在大会的最后一次会议上，大会向与会代表介绍了峰会的后续载体"美国的希望：青年联盟"(America's Promise: The Alliance for Youth)。"美国的希望：青年联盟"被认定是一个旨在"推进峰会确定的使命和目标"的"不固定联盟"。该联盟出席峰会的官员谈到了他们还在拟定中的计划，取消了一次宣布联盟机构的新闻发布会，只提到了他们将出席鲍威尔将军最后的大会声明发布会。

如何评价这次峰会和它的后续载体"美国的希望：青年联盟"？笔者曾斗胆借用《非营利时报》做出了本人自己的评价。对这次峰会及其后续载体"美国的希望：青年联盟"的评价应该是：

"A[代表主动积极、主题鲜明(active and accurate)]？还不能，因为还有太多的青年问题不符合会议提出的五个目标。就像民意调查专家乔治·盖洛普(George Gallup)指出的那样，在这些问题中有：很多父母和孩子酗酒，负责任的父亲的作用，宗教组织的贡献等。还有一些问题被忽略：大学提供的"服务型学习"、学校进行的公民教育、非营利组织的确切作用、企业志愿行动的价值(和局限性)以及对付杰里米·里弗金所说的'工作终结'的对策等问题。

"B[代表明晰并富有建设性(bright and building)]？也许吧，因为电视宣传生动、有效。但还没有充分的证据可以证明，这次峰会有能力与它的首要服务对象(在很大程度上被这次峰会忽视和孤立的)青年一代合作或者有能力雇用它的主要供应商非营利组织来证明这个评价。

"C[代表了关爱并具有同情心(caring and compassionate)]？是的，这是第一重要的主题，但那么多的演讲者直接停留在传递信息上，会不会等到会后回到日常工作中实际上除了歇气休息外什么事都不做？电视宣传片毕竟常常只能收到从一只耳朵进很快就从另一只耳朵出的效果。

"D[代表设想大胆但令人失望(daring and disappointing)]？这可是一个峰会

的早期组织者杰里米·里弗金打的分。里弗金担心，把健在的总统全部邀请来参加峰会，已经造成了一种政治会议的印象，尤其是随着鲍威尔的形象提升到支配这一事件的高度。里弗金还指出，这次峰会几乎完全没有认真审议第三部门在发起变革等方面的作用。

"F[代表友善但带有法西斯主义色彩(friendly but fascistic)]？这个问题是由会场外左翼和右翼批评人士提出的。保守的时事评论员罗伯特·诺瓦克(Robert Novak)谈到了电视台相互指责的"交战"问题。对峰会表示抗议的全国人民运动(National People's Campaign)发表宣言重新提到了已故作家伯特伦·格罗斯(Bertram Gross)的作品，它把非营利组织看作容易被那些致力于迫使民众贫穷但顺从的企业和政府力量所操纵。

"笔者本人的评价是：不完善。由于工作努力，并且进行了有效的网络化，因此，到 2000 年，也许可获得高达 C+甚或 B-的评分。但请别忘记也可能得到 F。还有很多工作要做，而且不是所有的工作都可以由志愿者来完成。"

峰会的后续组织"美国的希望：青年联盟"从 1997 年底就已经着手在很多派代表参加峰会的城市开展一些后续活动，而一些青年服务组织报告称请它们提供志愿者服务的人数明显回升。据一项全国性的调查披露，10%的成年人已经在这次峰会的动员下增加了他们的志愿服务活动，对于在一个信息饱和的社会里组织的一场媒体宣传活动来说，这可不是一个微不足道的成就。

到了 1998 年底，峰会明确提出的五个目标只有一个(即第五个)已经在实现过程中：动员高风险青年积极参加服务活动。这次行动的领导工作是由国民服务公司承担的，该公司的首席执行官沃福德又一次显示了他在两党环境下工作推进公民和青年服务目标的能力。此外，他在峰会筹备各个阶段表现出来的工作热情确保了他与鲍威尔将军之间保持一种富有成效的工作关系。要知道，如果不是在 2000 年的大选中，那么有可能在某次后续的大选中，鲍威尔将军仍是某次总统最终候选人选秀的令人畏惧的人选，尽管他本人总是声明否定。很难想象，鲍威尔要是当选总统就会废除美国志愿队这项克服重重困难构筑了一个对付金里奇、桑托勒姆和很多其他共和党保守分子反对派的政治滩头堡的小计划。

克林顿总统有高度的政治意识，通过参加总统峰会掌控了志愿者运动的政治主张，而且看来已经为他自己的主要国内行动计划——美国志愿队计划——找到了立足之地，因此，美国志愿队计划有可能继续得到鲍威尔或者戈尔的关注。

慈善充足(和不足)的问题

那次总统峰会并不仅仅是一次政治挑战或者公关练习，也是一次为第三部门制定政策的严肃行动。那些支持这次峰会组织工作的人士相信，志愿行动能以一种决定性的方式影响美国大多数陷入困境的青年——200 万生活高度受到贫困、种族歧视和被忽视等因素威胁的青少年——的生活质量。

在这次峰会的支持者中有一些像亚丽安娜·哈芬顿(Ariana Huffington)这样

的富人，他们坚持把政府视为爱管闲事的仇敌，而把私人企业看作真理和正义之源、美国之路的志愿主义观。在峰会组委会中也有一些像杰里米·里弗金这样的进步人士，他们把哈芬顿之流看作前大萧条时代《女施主》(*Lady Bountiful*)和富人仁慈的一些神话中受到保护的意识形态恐龙。

富人常会持有反映他们舒适生活和舒适生活为他们免受生活艰辛提供的保护的观点，或许不足为奇。特里萨·奥登达尔(Teresa Odendahl)在她的经典研究《慈善要从家庭做起》(*Charity Begins at Home*)中用文献明确地证明了富人的意识形态导致他们总想控制接受他们施舍的人的思想和行为方式。

"慈善充足"论就是从这个视角提出的。根据这种理论，慈善、志愿行动和非营利组织的合力足以满足当今时代紧迫的社会需要。这种观点的批评者提出了两个重要的论点作答：(1)他们声称，慈善充足论无视第三部门的服务绝大部分是提供给中高阶层成员的，而不是提供给那些最有经济需要的人的；(2)他们指出，慈善捐献仍只占用于满足社会需要的社会总支出很小的部分。

约翰·霍普金斯大学政策研究专家莱斯特·萨拉蒙完成的一项研究表明，我们国家——联邦、州和地方三级——的政府 1989 年在各种社会福利活动上总共支出了差不多10 000亿美元(1992:33)。如果除去养老金和公共教育支出，联邦政府的社会福利支出大约是3 820亿美元，而非营利组织在这方面的总支出还不到3 000亿美元。

虽然政府已经在社会福利方面支出巨大，但个人和企业每年的社会服务捐献额大约是 150 亿美元，而教会也另外捐献了 45 亿美元(包括志愿者按比例捐献的时间)。另外 120 亿美元由政府直接拨给非营利组织以供它们提供签约社会服务之用。因此，福利国家的工具以接近 6∶1 的比例耗用了本该用于帮助穷人和贫困者的慈善资源。与此同时，第三部门机构直接把 900 多亿美元用在了宗教集会、"民办"教育、非营利医疗事业、艺术文化、社会事业等方面以及主要是为中高收入者谋利的其他用途。换句话说，慈善捐赠几乎每 10 美元就有 9 美元并非直接用于满足穷人和贫困者的需要。

因此，虽然有些志愿者组织确实也向穷人和贫困者提供服务，但在过去的半个多世纪里，美国政府无论是直接通过福利国家机器还是通过补贴志愿者组织，为提供这样的服务承担了主要责任。

这种观点的辩护者无须争辩福利国家对于第三部门具有明显的道德优越性。就如彼得·德鲁克(Peter Drucker)——他本人也不主张大政府——所指出的那样，"我们遇到的最棘手问题有些就是过去的成功——如福利国家的成功——造成的"。福利国家那么像慈善事业，自己已经被中上阶层所俘虏。中上阶层公民享受着业主减税、几乎不超过 30%的最高所得税率以及房屋销售资本利得税减免等待遇，因此心里非常清楚谁是政府福利计划的最大受益者。就如特纳和斯塔尼斯(Turner and Starnes, 1976)已经指出的那样，"财富福利国家"(wealthfare state)曾经那样地促进美国富人的经济生活蒸蒸日上，在财政范围和政府规模方面远远胜过(日趋衰弱的)试图给陷入经济困境并受到个人问题困扰的人提供安全网的福利国家。

如何开展第三部门政策研究

由于第三部门在大多数现代社会中获得了成长，因此就有了对这个新兴领域的正式研究。就如该领域研究的开山鼻祖戴维·霍顿·史密斯(David Horton Smith)所指出的那样，该领域的研究始于对各种不同组织的分门别类以及对个人志愿活动的研究。随着该领域研究的日趋成熟，第三部门直接社会影响的意义也成了一个日益受到关注的研究主题。第三部门的研究也度过了“数豆子”阶段，并且朝着比较全面地评价志愿行动和非营利组织社会意义的方向发展。

第三部门研究也随着第三部门组织在社会上的扩展而获得发展。著名的非营利组织历史学家彼得·多布金·霍尔(1992:62)已经指出，1940 年美国可认定的免税慈善组织不超过 12 500 个。到了 1989 年，这个数字已经达到了 100 万，而根据目前的估计，这个数字已经接近 150 万。

那么，第三部门组织以如此惊人的速度发展意味着什么呢？当然，我们不可能认为，一般福利在过去的 60 年里能像非营利组织那样增加了 100 多倍。确实，最近有人指出：“在贫富差距因政策和经济增长而缩小了几十年以后，过去的 20 年目睹了收入不平等和财富集中问题的不断加剧，占美国人口 1%的富人拥有美国 35%的财富……这种不公平由于掌握技术和接受教育的机会发生了变化而加剧，从而导致一个永难翻身的底层阶级的幽灵在美国游荡。这不但对社会安宁是凶多吉少，而且对社会和经济增长意味着潜在人才和创新能力的流失。妥善处置穷人需要的问题表现出了新的紧迫性，尤其是在福利享受权终结的情况下……在非营利部门自身内部，有能力大幅度增加资源禀赋的机构与为完成自己的使命而苦苦挣扎的草根组织之间的差距也在不断拉大。”

这种富人越来越富、“永难翻身的底层阶级”不断壮大、“对社会安宁凶多吉少”的黯淡远景并不是愤世嫉俗、孤立无援的新马克思主义学者们的杰作，而是 90 多个企业和基金领导人 1998 年 4 月在洛杉矶环境优美的盖蒂艺术中心开会得出的一致结论(American Assembly，1998:9)。

值得注意的是，这些精英观察者把政府政策与经济增长的共同作用视为造成当今不平等危机的原因。显然，他们并不相信“水涨船高”，而是认为迅速发展的第三部门有能力对社会不幸产生可感觉到的影响。

那些在盖蒂艺术中心开会的人士代表了第三部门温和自由的领导力量，他们的观点当然不同于第三部门新保守派的观点。总部设在密尔沃基的布拉德利基金会(Bradley Foundation)最有影响力地表达了第三部门新保守派的观点，该基金会最近赞助了一个由长期以来一直有望成为总统候选人的拉马尔·亚历山大(Lamar Alexander)主持的“慈善与公民复兴(Philanthropy and Civic Renewal)‘全国调查委员会’”。

这个调查委员会发出的核心信息既有共和党传统上对政府和基金会的怀疑，

又有对温暖了20世纪60年代激进分子心的社区基层组织力量的信任。该调查委员会的主要观点可归纳为以下四点:(1)更多的捐赠必须让最需要捐赠的人受益;(2)最好的慈善机构很多都是独立于政府的地方慈善机构;(3)捐赠者被建议成为“公民企业家”,战略性地参与他们支持的组织;(4)组织有序的慈善机构常常过于注重研究和理论,而没能为紧迫问题提供简单、直接的服务解决方案。

在以上四种观点中,我们能够很清楚地看到前两种观点很有意义,但几乎没有任何独到之处,而第三和第四种观点富有想象力地对传统右翼不信任大“自由”基金会和进步社区有社会变革需求的观点进行了重新包装。

虽然有人试图提出一种真正进步的第三部门理论,但到目前为止还没有完全成熟的第三部门进步理论。笔者将在本书第十三章再讨论发展这种理论的可能性。但不管怎样,在寻求公民经济(一种既追求增长又顾及公平的经济)和积极的民主政治(一种公民能够实际表达自己意见并且实际有人倾听他们的民主政治)的过程中,在发展服务和倡导活动都被视为明确有价值贡献的健康、充满活力的第三部门的过程中,我们能够找到这样一种理论的基本元素。确实,我们处在一个第三部门政策正迎来激动人心的发展时代。

四个方面,四个部门

重要的是应该承认,第三部门领导人仍没有就社会政策和社会变革应该采取的正确方向达成任何一致。第三部门也因为反映政府和经济生活特点的共同意识形态偏好和冲突而被撕得四分五裂,而且没有任何理由指望这种情况会有所变化。第三部门在很大程度上就是它所属的社会的一个产物。

在美国生活可能遇到的各种机构对社会应该如何组织这个问题持不同的看法。就如1996年的总统选举所显示的那样,关于这个问题的分歧在总统大选期间会暴露无遗。那年,鲍勃·多尔(Bob Dole)在接受共和党总统候选人提名的讲话中谴责了他的民主党竞选对手比尔·克林顿的追随者主张在竞选中应该优先考虑经济问题的观点。克林顿的追随者们认为“问题出在了经济上”。但多尔表示了不同的观点:“所有的问题并不都是由财富或者贫困造成的……而一切问题的解决始于做正确的事。”

尽管已经有了这种认识,但是,关于多尔接受总统候选人提名的讲话的长篇累牍的评论揭露了支持多尔候选人提名的赤裸裸自利原因:“这种认识意味着,如果你当选总统就会给纳税人全面减税,包括中低收入家庭每个孩子可抵免500美元的税收。本来要缴35 000美元的四口之家税金将减少一半多——确切地说减少56%……这也就意味着,如果你当选总统,你将终结我们现在认识的国税局。换句话说,问题还在于经济,傻瓜!”

多尔忍受矛盾(被他的反对者说成是“耍嘴皮子讨好双方”)的能力当然受到了克林顿的挑战。克林顿有时只是通过他签署的“福利改革”法案——用同为民主党人的帕特里克·莫伊尼汉(Patrick Moynihan)的话来说一份惩罚希望改变父母的孩子的法案——的意愿才证明他是一个自由分子。但是，多尔在他的发言中代表了两种很多共和党人都想同时纳入该党宗旨的相去甚远的世界观。

唐·E. 艾伯利主编的论文集《如何构建公民社区》(*Building a Community of Citizens*，1994)提供了一种理解这些分歧的工具。艾伯利是一名有着无懈可击的共和党背景的政策问题专家，他在这本论文集中收录了 A. 劳伦斯·奇克林(A. Lawrence Chickering)值得关注的论文《公民身份：超越左右之分》(Citizenship: Transcending Left and Right)。奇克林在她的这篇论文中指出，无论是美国的左派(“开明派”)还是右派(“保守派”)自身，都依据对自由或者秩序的不同价值判断分成了两个截然不同的派别。

奇克林在论文中写道：“保守派因此分成了行动自由(自由保守派)和传统主义(秩序保守派)两个派系；而开明派则分为自由开明派(无政府主义、反主流文化、极端的公民自由主义)与秩序开明派(社会主义、福利国家自由主义)两个派系。”

这种非常实用的区分方法有助于我们理解美国两大政党为什么要经历这么大的周折努力把如此大的多样性收入自己的帐下——共和党有更加主张行动自由的克林·鲍威尔和注重道德的帕特·布坎南(Pat Buchanan)，民主党为什么能够容忍他们哪怕在谴责儿童犯罪或者父母未尽教养义务方面也那么自行其是的总统。如果一个成功地把不止一个意识形态阵营的追随者纳入自己帐下的大党苛求意识形态的一致性，那么就有可能在下一次选举中遭遇失败。

这种考虑问题的方法也有助于理解第三部门内部为什么也会出现类似的意识形态立场分歧。自由保守派有像卡托研究所(Cato Institute)这样的智库，而秩序保守派则主宰着原教旨主义教会和像美国企业研究所(American Enterprise Institute)这样的智库。

在进步派方面，自由开明派主宰着美国公民自由联盟(American Civil Liberties Union)和美国政教分离联盟(American United for the Separation of Church and State)，而秩序开明派则支配着布鲁金斯学会(Brookings Institution)、经济趋势基金会(Foundation on Economic Trends)和全美经济备选方案研究中心(National Center on Economic Alternatives)等机构。

就像他们的政治伙伴，第三部门的理论家们也玩起了在机构部门争宠的游戏。自由保守派信奉自由资本主义的自由市场第一观，并且主张尽量缩小政府的作用和那些试图扩大政府作用的第三部门组织的作用；较之于国家这个解决方案，秩序保守派也同样偏爱市场这个解决方案，但他们最看重的是稳定的家庭生活的重要意义。他们认为，国家不应该允许市场提供色情用品和服务以及致幻剂，也不应该轻易允许离婚和享受福利。秩序保守派也像自由保守派一样非常看重慈善，但也对试图像社会运动组织那样采取行动的第三部门组织持怀疑态度。

自由开明派担心市场遵循黄金法则的方式，并且趋向于在一个由积极行动的第三部门支持的强大、主动的政府身上寻找个人成长和发展的途径；而他们的左翼伙伴秩序开明派则更倾向于为了组织和分配经济生活资源而支持正式的政府计划。

基于政策的社会病治疗方法被认为可以列出一大串：家庭！教会！减税！社区参与！权利与义务！终结不成功的大政府项目！增加医疗卫生福利！

不过，这些治疗方法就算能相互配合，是否就能治愈我们国家的社会病呢？还有哪些问题没有得到解决呢？据笔者反复观察发现，并没有解决社会需要问题的现成方法，除非我们的多部门社会每个成员都能证明合作可以提供真正的解决方法。例如，多尔清楚地看到了通过从文化上恢复家庭和宗教价值观可能出现什么样的结果，但好像还没有意识到社区生活维持这些价值观的方式以及雇员薪水过低但被过度管理又没有安全感的工作场所与创建名副其实的"公民"社会背道而驰的方式。多尔所属政党的其他党员，如那些聚集在国会议员欧内斯特·伊斯托克提出的立法倡议下的共和党人，并没有注意到公民行动为了颠覆普通公民民主偏好而约束金钱权力的方式。

另一方面，克林顿看来已经感觉到社会四个部门各司其职的必要性，但通常没能把他零碎的看法整合成社会变革的整体愿景。虽然他的夫人希拉里·罗德姆·克林顿(Hillary Rodham Clinton)从她出的书《举全村之力抚养孩子》(*It takes a Village to Raise a Child*)看是理解的，但克林顿总统仍在解决大量组织性很强的利益集团关切的问题，并且试图逐个让他们满意。

本书的作者常以专栏作家的身份，用"想要让社会平和、公平，就必须同时关心和重视全部四个部门"的观点来威吓他的读者："等我们普遍认识到传统和变革两者都很重要，必须同时确保自由和秩序时，自然就能找到问题的解决方法。但只有在社会各主要部门的贡献都得到承认，文化价值观能够支撑家庭、宗教和社区生活，第三部门组织能够自由、有效地组织集体行动和服务，企业组织能够发现并满足员工和顾客的人文需要，政府能够保证在政策、经济奖励和个人表达方面做到机会均等、结果公平时，我们才可能找到解决方法"(Van Til,1996)。

第三篇

论企业与第三部门之间的边界

第六章　赚钱、扩权与非营利活动的其他诱惑

第三部门组织常常接到命令被要求更像企业那样运行，并且也因改善自己的企业实践而获得了补助。行业报刊纷纷为第三部门组织筹集资金和使用电脑建言献策；大学为第三部门组织开设了学位课程，以确保其管理人员掌握一定的管理技能；而捐赠常常取决于第三部门组织像企业那样运行的表现。

给企业与第三部门划界是一个复杂的问题：不但要反映第三部门组织模仿企业实践的努力，而且还涉及资金和权力从企业营利和控制向非营利组织和行动的转移。企业雇员直接为第三部门组织提供志愿服务和个人捐助；企业也派遣员工参加第三部门活动，而且还资助第三部门，有时用利润来设立基金会，然后把基金会运作收益分赠给经过适当认证的慈善和教育机构。

虽然这些年对这些边界问题进行分类整理，但许多著名的非营利组织领导人自己陷入了引人注目的丑闻。第三部门"羞耻堂"里的牌位不断增加，其中最臭名昭著的是恋童癖、玩弄女性、盗用公款、庸医行骗和牟取私利。把非营利组织作为"消遣和牟利"工具来使用的行径[曾被爱德华·班菲尔德(Edward Banfield)谴责为"城市暴徒"行径]，当然有可能被复制为强盗式资本家在第一部门掠夺战利品、腐败的政客在第二部门牟取私利。但是，这些遭遇并不能导致我们得出非营利组织或者它们的领导人常常没有任何特别之处的结论。

本书的以下三章主要探讨企业与第三部门之间大多没有标明的边界。这一章先介绍一些被视为与营利企业不公平竞争的边界问题，以及很多非营利组织领导人效仿企业不当理想与实践所面对的一般诱惑。

非营利组织与小企业竞争方面长期存在的问题

1998 年 7 月 31 日，《费城调查报》(*Philadelphia Inquirer*)的读者在该报头版的一篇报道中得知，一个名叫大卫·J. 科汉(David J. Cohan)的人自 1986 年以来在费城郊区拥有并经营着一家健身房。科汉这家名叫"体育俱乐部"(Sports Club)的健身房添置了先进的健身器械和重型设备供其3 000名会员使用。

1998 年，《费城调查报》继续报道，附近雷德利区(Ridley Area)的基督教青年会(YMCA)开始扩展它那已有 5 年历史的非营利设施，增设了健身房和日托室。

企业主科汉对这一竞争性挑战的回应是向宾夕法尼亚州州务部投诉，称依据宾州新通过的《纯粹公共慈善法》(Purely Public Charity Act)，非营利组织不可利用自己的免税地位与小企业进行不公平竞争。《费城调查报》的读者得知，一位仲裁员将很快就科汉的投诉案举行听证会。

5年前，也是这家报纸的读者因看了该报一篇连载一周、题名为《财富仓库：免税经济》(Warehouses of Wealth: The Tax-Free Economy)的调查报告而不知所措。这篇连发7天的系列报道的作者是吉尔伯特·M. 高卢(Gilbert M. Gaul)和尼尔·M. 博罗夫斯基(Neill M. Borowski)。他俩花了一年半的时间详细研究了6 000份非营利组织的税收申报单。这个系列报道后来以《搭便车》(*Free Ride*, 1993)的书名结集出版。

《费城调查报》是一家知名报纸，因经常刊登类似的系列报道而获得过普利策奖(Pulitzer Prizes)，曾向读者披露董事局主席年薪150多万美元的全美橄榄球联盟(National Football League)是一个非营利组织。每年花费数以百万计美元、向世界奉献激动人心的奥斯卡颁奖仪式的美国电影艺术与科学学院(Motion Picture Academy of Arts and Sciences)也是一个非营利组织。

这个系列报道的按语称："它们被称为非营利事业，但并不意味着它们就不赚钱。它们能挣钱——数以十亿美元计。同时，它们免缴的税金每年要减少政府税收360多亿美元。"有一张表格详细列示了：个人所得税申报单上有180亿美元的慈善捐款减税；医院、大学、基金会等非营利组织因为不是营利机构而少缴的税金高达160亿美元；免税债券和邮资折扣导致政府少收入25亿美元的税收。

这个系列每天的报道内容是：

● 医院："作为免费给穷人看病的回报，医院不用缴纳税收。现在，慈善医疗服务有所减少，但医院仍然免税。"

● 高等院校："虽然高等院校每年通过投资和研究积攒数以百万计的美元，但学费超出了越来越多美国人的承受能力。"

● 国内税收局："国内税收局没有足够的人力或者财力对非营利事业实施适当的监管，而对非营利事业的审计需要几年时间，因此，它们的活动没人约束。"

● 管理人员薪酬："招聘广告：诚聘非营利组织总经理，年薪40万美元，外加奖金；特别待遇：高级轿车，乡村俱乐部会员资格，无息住房贷款，免费提供家政服务。"

● 低息借款："免税债券推动了建筑热潮。纳税人认购债券，目的是为了满足社会的需要。有些人在夸大这些需要的定义。"

● 基金会："基金会捐款也能享受免税。现在，它们赚到的钱远比捐出的多。"

这个系列的每篇报道都列举了大量的事实。例如，关于管理人员薪酬的那篇报道附有很多详细列示数百个基金会负责人、行业协会领导人、大学校长、医院管理人员、慈善和文化机构负责人薪酬的表格。高卢和博罗夫斯基指出："美国人为联合劝募会前会长[威廉·亚拉莫尼(William Aramony)]拿463 000美元的年薪感到震惊。像他这样的年薪并不少见。"像坦普尔大学(Temple University)校长彼得·利亚库里斯(Peter Liacouris)和哥伦比亚大学校长迈克尔·索文(Michael Sovern),据说年薪要超过40万美元。

高卢和博罗夫斯基讲述了美国社会越来越怀疑非营利组织——怀疑很多非营利组织只不过是免税企业而已——的原委。面对像健身房"体育俱乐部"业主科汉提出的质疑,非营利组织的领导人也许会做出始终可能的回应:否认、辩解、反击和关注。

1. 否认:置之不理。即使免税待遇全被取消,税收也只能增加3%。政府有比关心我们的薪水和我们怎么花钱更重要的事要做。

2. 辩解:为什么非营利组织和营利企业管理人员就不能享受公平的薪酬待遇?《费城调查报》没有在医疗卫生领域的管理人员中找到年薪超过100万美元的非营利医院院长,而营利的美国医院公司(Hospital Corporation of America)的托马斯·F. 弗里斯特(Thomas F. Frist)自称1992年的薪酬高达127万美元。与他相比,我们还差得远呢,老兄!

3. 反击:人人为我,我为人人。重要的是,我们利用我们150万个组织的力量表达了仍然构成我们这个部门核心的价值观:关心别人,建设社区,提高生活质量。所以,美国橄榄球联盟并不是一个非营利组织。让我们利用这个机会确切地告诉大家,美国橄榄球联盟和它旗下的营利盟员(橄榄球队)贡献了它那份与联合劝募会有关的公益性电视宣传,并且仍继续派队员去当地医院看望病人。至于那家名叫"体育俱乐部"的健身房,它的店名中虽然有"俱乐部",但它算什么俱乐部啊?在这个案例中,它也许是一家与非营利组织展开不公平竞争的企业:我们是俱乐部协会和其他实行会员制的组织。

4. 关注:在格鲁乔·马克思(Groucho Marx)看来,所有的非营利组织即使真想成为几乎任何一家包括它们自己在内的俱乐部的一员,就能加入俱乐部吗?尽管完全合法,但它们会真想加盟美国曲棍球联盟、MITRE公司(MITRE corporation)和许多各种不同的富人医疗保健机构吗?或者说,是否应该重新考虑非营利部门的概念,特别是把它分成为自己服务和为提供公益服务的第三部门?

这里的问题是确定如何给非营利组织与营利组织划界的问题。非营利组织与企业相比具有以下几个优势条件:(1)被推定扮演着重要的社会角色;(2)一般享受免税待遇;(3)有时会赋予捐赠者机会把部分捐款从他们的应税所得中扣除。

那些想方设法提升自己经济优势的人可能会从非营利形式中寻觅这种可能性。如果他们真的找到了这种可能性,那么就能作为免税实体着手筹集资金——因而会做一些第三部门组织可能会做的最令人生气的事情。

你会接那个电话!非营利组织的筹款问题

根据马萨诸塞州总检察长发布的1993年度慈善筹款报告,美国智障公民协会(Association for Retarded Citizens of the U.S.)这个非营利组织雇用一家名叫文化遗产出版公司(Heritage Publishing)的营利企业帮助他们组织一次筹款活动。

文化遗产出版公司以美国智障公民协会的名义筹到了 382 000 美元,美国智障公民协会最终只收到 11 万美元的善款,占筹款总额的 29%。同年(1992 年),同一个州(马萨诸塞州)新贝德福德(New Bedford)市警察协会雇用东方广告(Eastern Advertising)公司为竞选筹款。东方广告公司共筹到 62 255 美元,而警察协会只得到了其中的 29%(18 180 美元)。

这两次筹款活动只因为一件事而值得关注:每次筹款活动的发起组织只是按马萨诸塞州委托外部咨询公司组织筹款活动的平均分成比例获得了筹款。在报告的 158 次筹款活动中,筹款分成比例平均为 29%。也就是说,筹款公司把 29%的所筹款项实际交付给发起筹款活动的协会。此外,在几乎 1/3(49 次)的筹款活动中,发起组织得到的筹款只有 15%或者更少。

这种筹款成本问题导致非营利部门的观察家们犯下了各种不同的理解错误。筹款成本过高这个界限应该划在哪里呢?捐赠者如何认真看待筹款成本问题?是否应该监管非营利组织的筹款舞弊问题?如果应该加以监管,应该由谁监管?在这些案例中,我们应该把企业与非营利组织之间的界限划在哪里?

大概在马萨诸塞州的问题真相大白的同时,非营利部门的主要行业报纸《非营利时报》(1993 年 11 月)也报道了以下事件或者披露了以下信息:

- 刊登在头版上的一张图表显示,47 个处于捐赠黄金年龄段的公众中有 70%表示,筹款和间接成本的信息对于他们的捐赠决策"非常重要"。
- 有一篇文章报道了接受"独立部门"焦点小组问卷调查的回答者一致表示,"如果他们的捐款有 75%不能用于公益服务,那么就应该是哪个环节出了问题"。
- 最大的 100 个非营利组织的筹款和管理成本清单显示,有 2/3 的筹款和管理成本通过了上述"75%"的项目检验。
- 据一则头条新闻报道,一些艾滋病防治组织通常有一半的收入是通过组织特别活动来筹集的,艾滋病防治组织的筹款成本至少要占到筹款的一半。
- 据另一则头条新闻报道,州总检察长在监管拒不告知捐赠者筹款成本的慈善机构方面加大了动用反舞弊和欺诈法规的力度。
- 一篇评论员文章告诫称,依靠政府"官僚"监管慈善筹款成本过高的问题毫无作用:"那些不能按照诚信和信息披露规定以慈善名义筹款的人总能找到规避不称职的政府官僚监管的途径。"

一些政府官僚,就是那些发布马萨诸塞州总检察长报告的人,似乎并不关心非营利部门的作用。下面就是他们发表的一些意见:

- "我们大家都想看到慈善组织有一个成功的未来。"
- "慈善捐赠,特别是个人慈善捐赠,往往是慈善组织能够获得的唯一支持。"
- "在经济困难时期,政府不可能满足所有需要政府帮助的人的需要,慈善组织严重依赖个人捐赠者。"

马萨诸塞州的总检察长报告并没有试图给非营利组织划定"筹款收益份额"的界限,超过这个界限的非营利组织就可被认定犯有对项目责任关注不够的过错。但不管怎样,就如同印第安纳大学理查德·斯坦伯格(Richard Steinberg)和西北大学威斯利·林达尔(Wesley Lindahl)等筹款研究大师指出的那样,马萨诸塞州的总检察长报告表明,非营利组织利用筹款活动达到了很多超过简单筹款的合法目的。一次筹款活动可能涉及的相关目的有提高知名度、开展慈善事业和服务宣传活动以及扩大会员和志愿者基本队伍等。如同非营利组织管理专家大卫·梅森(David Mason)指出的那样,出于会计目的分列筹款成本,就像区分消防灭火过程中灭火所用的水与把消防车开到火灾现场所用的汽油谁的效益大。显然,我们必须在研究和核算中更好地估计这些成本,但这有可能像区分水和汽油谁的灭火效益更大这个任务一样难以完成。

马萨诸塞州的总检察长报告还清楚、正确地指出,只有一小部分非营利组织雇用专业筹款公司。1992 年,马萨诸塞州有28 000多家注册的公益慈善机构,但只有 158 次筹款活动是委托专业募捐公司完成的。不过,马萨诸塞州总检察长报告也指出了非营利组织雇用专业筹款公司只能分到 29%的善款这个问题。营利性筹款机构拿走了 2/3 以上的捐款,而非营利组织只得到 1/3——与"独立部门"调查的焦点小组所希望的"75%的项目检验"规则相去甚远。

与前面一样,非营利组织领导人也可选择四种常规方法进行评价:否定、辩解、反击和关注。

1. 选择否定的领导人会说:现在的主要问题是什么呢?少数筹款公司觉得很难募集到善款,而对于很多非营利机构,尤其是新成立、不太被人了解的非营利机构来说,情况更是如此。

2. 选择辩解的领导人会问:谁在发表意见?一些想为自己扬名的政府官僚。他们哪天能够认真工作,对得起他们拿的薪水吗?

3. 选择反击的领导人表示:非营利组织能够取得自己合法地位的唯一途径就是限制政府的影响范围。法院已经做出裁定,筹款成本并不是认定舞弊的一个有效标准。我们应该认识到筹款成本相差很大,我们不能采取比问题更加糟糕的解决方法。

4. 选择关注的领导人出言谨慎:伙计们,本来就有一些无良行为,并不需要很多烂苹果就能使苹果酒变酸。重要的是应该让大家知道:一次好的募捐活动能给非营利组织带来远比金钱更重要的东西,尤其是能够明确交代募捐活动旨在推进的计划目标。

笔者再次认为,选择"关注"有它的正当理由。选择"关注"的领导人应该表示,重要的是应该对以下从马萨诸塞州总检察长报告中筛选出来的例子进行比较:

- 一家筹款成本过高的专业筹款机构在扣下了他们以世界野生动物基金会(World Wildlife Fund)名义组织的募捐活动所筹集到的全部 59 000 美元以后,还向世界野生动物基金会索要了 6 000 美元。
- 另一家筹款公司为美国聋哑人—盲人协会(American Association of the Deaf-Blind)和美国多发性硬化症患者协会(Multiple Sclerosis Association of America)等非营利组织举办了 9 次募捐活动,共筹到善款 600 万美元,并从中扣留了 470 万美元作为它的费用开支。

● 第三家筹款公司受雇于13个不同的青年服务组织，并且一直只把13%的善款返回给青年服务组织，其中返回给布伦特里巴比·鲁斯联盟(Braintree Babe Ruth League)1 079美元(共筹到8 632美元)、马萨诸塞州特殊奥林匹克运动会组委会431 637美元(共筹到3 453 096美元)。

非营利组织的筹款成本不只限于支付给营利性咨询公司的聘请费，而且还有“一只萝卜能榨多少汁”的问题。对于事业不明确、知名度低或者没有“卖点”的非营利组织，简直不可能筹到为支持它们的服务所必需的资金。肯定存在这么一个点，在这个点上，我们必须自问某项事业根据非营利行动的惯例是否值得继续下去。一旦经过精确评估的募集和管理成本明显超过25%的标准，那么就必须直面问题：这种需要或许应该由政府(税收的筹款成本较低，并且便于控制)、企业(在用广告创造欲望方面表现出来的“劣币驱逐良币”的行径常比最声名狼藉的非营利组织更加肆无忌惮)、完全的志愿行动甚或一种基于税收的非营利部门收入分享制来满足比较好?

当然，每一种情况都应该根据它的优点进行评判。但是，救济艾滋病患者很可能应该被作为政府的责任，因为这项事业在吸引志愿者支持方面明显遇到了困难。我们同样可以认为，关爱无家可归者也应该被作为政府的责任，因为这项事业在最近几年也遇到了很大的慈善问题；警察和消防员退休协会应该被作为例外情况来处理，因为这些协会通常都允许筹款人提取7/10的善款。在以上每种情况中，考虑周密的公共计划也完全能够成为与大多数非营利组织推出的计划一样高效、令人满意。同时，也必须保留筹款成本接近于其计划执行成本的组织。

非营利组织并不能什么都做，而管理非营利组织的部分艺术就是知道什么时候应该恢复倡导活动，什么时候应该放弃提供根本得不到个人捐助支持的服务。更大一部分管理非营利组织的艺术就是拒绝行为可疑的筹款公司的诱惑。任何雇用这种筹款公司的非营利组织都会遭遇得不偿失的报应。

非营利组织的领导人必须记住，把低效、不讲职业道德的筹款公司驱逐出非营利部门对它们自己有利。考虑不周的募捐活动会浪费捐赠者的钱财，因为要不是这些活动，捐赠者可以把自己的钱财捐给声誉好、筹款手段更加有效的非营利组织。这种拙劣的筹款活动所产生的“劣币驱逐良币”的排挤效应不但会玷污第三部门的形象，还会直接削弱第三部门的资源基础。

如何在第三部门取得成功：不试就做的不当管理

目前第三部门的情况还没有糟糕到这样一种地步：就在您准备吃晚饭时，营利性筹款人打电话问您是否听说一个非营利组织的主管开始把他的组织当作他自己的油井。权力腐败我们已经听说过，但一个非营利组织的主管一旦拿自己的魄力与言听计从的理事会和可怕的工作人员组成铁三角以后，他的权力几乎就不受约束。美国联合劝募会不知羞耻的总裁威廉·亚拉莫尼的一个重要伙伴约翰·格拉泽(John Glaser)写书披露了一个非营利组织的主管如何轻而易举地打造这样的铁三角，为所欲为地为自己牟取财、色、权（结果当然是你可能会想象的那样，像亚拉莫尼一样被逮捕、审讯、定罪，并且在监狱里度过自己的大部分余生）。

格拉泽在他的书中讲述了美国联合劝募会的“大脑、心脏、灵魂和身体的其他部位”在亚拉莫尼主政的岁月里的所作所为。他在书中带我们透过非营利组织虔诚的面纱窥视美国联合劝募会从他本人最初接受亚拉莫尼主持的招聘面试开始的发展历程。格拉泽曾是一个社区工作的组织者和积极分子。据说，亚拉莫尼曾对他说：“格拉泽，你的简历毫无可取之处，但我就喜欢你的那双眼睛。”（Glaser，1994：p. xxiii）根据格拉泽的叙述，后来，为亚拉莫尼工作的女士都接受了类似的面试：“她们常常凭借自己的姿色得到加薪和额外津贴。”

亚拉莫尼的下属凭借他们讨他喜欢的眼睛和女人的姿色得到了薪水高于竞争水平的奖励，但也要忍受亚拉莫尼莫名其妙的辱骂。通过深入解剖亚拉莫尼的领导风格，格拉泽也给我们描绘了位于亚历山大市、外观优雅的美国联合劝募会总部这个“疯人院”。这个工作场所就像一辆根据驾驶员的躁狂和抑郁情绪不断快速改变行驶方向的过山车。亚拉莫尼会大声尖叫“打他的屁股”（如果是一个男雇员），然后当他听说他的命令已经付诸实施时会做出痛苦的表情：“只有在他出城以后，员工们才能富有成效地工作。”（Glaser，1994：74－75）

“亚拉莫尼要求每个员工制定计划，而他自己当然是例外。”“他觉得，员工们拿了他发的高薪，就成了他的财产。”（Galser，1994：81，91）格拉泽（1994：104－106）生动地描述了亚拉莫尼采邑的几个幕僚角色：

- 财务总监，一个很少过问亚拉莫尼费用开支的朋友或者长期合作伙伴。
- “办公室老婆”，陪老板旅行的行政助理。这个行政助理的办公室与亚拉莫尼的办公室相通，她本人一天 24 小时可为亚拉莫尼提供个性化服务。
- “爪牙”，负责处理亚拉莫尼的个人财务事务，还负责解雇令他讨厌的员工（格拉泽显然有好几年扮演过这个角色）。
- “弄臣”，一个和老板总黏糊在一起，陪老板晚餐、赌博和玩马等娱乐消遣的男士。
- “金童玉女”，一些被用来解决劝募会的任何问题，但过后很快就会失宠的团队新成员。

在这段日子里，理事会的角色也绝不更加讨人喜欢。虽然平常理事会从表面看也成功地扮演了公司或者非营利组织管理层的角色。理事会成员当然在应邀参加联合劝募会的理事会会议时要在门口接受判断力检查。亚拉莫尼总会精心策划理事会会议，尽可能地让理事们感到舒服，并且作为回报就欣然接受他不但作为“专家”而且还作为“那些终身为别人服务的人全部高贵美德的化身”给予他们的报酬。在美国联合劝募会及其臭名昭著的分会的理事会成员中，有像后来的美国女童子军（Girl Scouts of the U.S.A.）主管、被格拉泽认定是一个“亚拉莫尼哥们”的弗朗西斯·赫塞尔本（Frances Hesselbein）这样的名人（Glaser，1994：187）。

格拉泽那本书的读者可能会问它的作者为什么会同意让著名的非营利组织代理律师普鲁斯·霍普金斯（Bruce Hopkins）为他的书作序和编后记。这个序和编后记为这本谈论这个严肃问题的书增添了一点颇具戏剧性的调剂味，尤其是霍普金斯(在书中第 xix 页上)指出："读者会觉得这种说法难以置信，但我还是要说：亚拉莫尼的案子还真没有违反了哪部联邦法。"

然而，在"可吸取的教训"这精彩的最后一章里，格拉泽(1994:235－248)通过给出以下 13 条忠告进行了自我救赎。现把这 13 条忠告逐字逐句地介绍如下：

1. 慈善机构就是慈善机构，它是志愿部门的一部分，而不属于企业部门，而且必须信守历史、伦理和公众对志愿认知所强加的约束。

2. 慈善活动必须在舆论法庭上站得住脚。

3. 慈善机构必须代表选民的意愿。

4. 人品要比管理能力更加重要。

5. 理事会必须认真对员工进行考核。

6. 理事会必须明白自己的法律义务。

7. 理事会应该发表利益冲突声明。

8. 理事会应该设立有活力的内部常务委员会。

9. 理事会应该制定风险管理计划。

10. 理事会应该制定薪酬待遇标准。

11. 理事会应该加强公平执行政策的工作。

12. 理事会应该规定理事的任期。

13. 理事会应该聘请外部评价者。

格拉泽表示，从美国联合劝募会的可耻下场中可以吸取的教训涉及在非营利组织内部发展和维系与权力和影响力抗衡的制衡力量。格拉泽讲述的这个令人痛心的案例提醒我们，美国税法第 501(c)节并没有特别的效能。作为研究非营利组织的知名学者，拉尔夫·克莱默(Ralph Kramer，1998)在对 1/4 世纪的非营利组织比较研究进行了综述以后表示，一个组织的法定"所有权"——是政府机构、非营利组织还是营利性企业——可能远没有它提供的服务质量重要。在评估非营利世界方面，形式也许意味着远没有功能重要。

有效组织的价值就是不断提高警惕，因为非营利组织可以成为对社会有用的工具。但是，如果组织由某个品行和意图可疑的人领导，那么很可能成为最容易腐败的组织，就如约翰·班尼特(John Bennett)在他看似善意地对待他的新纪元慈善基金会(Foundation for New Era Philanthropy)时所表示的那样。

如何在非营利部门取得成功：不试就创业

非营利部门的培训师、作者和学者经常力劝非营利组织的主管们要有创业精神。在非营利市场上寻找服务细分市场和自己的位置，并且让它们为你的组织埋单！一切并没有那么美好，但要学会更加积极进取！

1995 年，新纪元慈善基金会丑闻被媒体曝光。之前，这个基金会的创始人约翰·班尼特显然被认为是慈善领域最完美的非营利企业家。他总能完美地利用每一种情感共鸣，让他的捐赠人相信他本人对他的基金会所献身的不同事业几乎就像对待宗教那样执着地追求。

新纪元慈善基金会的丑闻曝光以后，捐赠人和受赠人都为此感到震惊。还可能令他们震惊的是，洛克菲勒家族一个倒霉的成员居然捐赠了多达 1 100 万美元，而西费城的一群学生据说为了了解慈善是怎么回事(这下可了解了什么是慈善基金会：人人都捐赠，没人能受益——非营利组织的主管，当然还有他们的家人和朋友除外)也捐助了 300 美元。

一个幻想破灭的"新纪元"人回忆说起班尼特经常参加费城祈祷早餐会，在评判他的人品时坦率地承认了自己的失望。这个熟悉班尼特的人表示，他"那么虔诚地祈祷"。另一位"新纪元"的中间人，一个牧师，向推定的"受赠人"募捐，然后居然胆敢以"感恩奉献"的形式进一步向他自己的非营利挂名机构劝募。

班尼特和他的"新纪元"伙伴是如何成为"完美无缺"的非营利企业家的呢？让我们来看看他们的路数。

首先，他们知道如何说话：他们在基金会工作是"无偿服务"；他们是真正的志愿者；他们的工作就是为了在人世间按照上帝的意志行事。其次，他们能够说到做到：他们深谙如何设立营利性机构来牟取私利之道；他们令人难以置信地通过与自己的公司签订服务承包合同来大发横财；他们知道如何来完成他们精心策划的行动。

"企业家"(entrepreneur)这个从法语引进的名词用在这里非常贴切，这个名词译成英语的意思就是"从中获利的中间人"(the middle-man who takes)——法语前缀"entre"意思就是英语的"between"，而词根"preneur"意思就是英语的"taker"。班特尼的确是把自己放在捐赠人与受赠人之间大肆牟取私利！

企业家精神或者创业这个概念由奥地利政治经济学家约瑟夫·熊彼特引入社会科学，从此被商学院奉为对付各种恶行和灾难——先是传统企业结构的刚性和科层制，近来是经济不能为商学院毕业生提供工作——的手段。非营利组织管理作为一个教育和培训领域的崛起，由于相似的原因而把"创业"概念引入我们这个领域。

但是，不讲伦理道德的创业有可能成为一股危险的力量。在缺乏志愿行动传统、价值观和伦理观基础的情况下，在缺乏习惯于不折不扣地遵守法律的组织根基的情况下，企业家或者创业者只不过是另一种试图牟利的中间人、一种通过创业或者经营企业来牟取私利的中间人、有非营利组织梦想的腐败者。[1]

社会创业呢？

出现在企业与第三部门边界上的最新概念就是"社会创业"。只要花上可观的学费，就可能在英国由社会学家迈克尔·杨(Michael Young，现在的达丁顿勋爵杨)创办的社会创业者或社会企业家学院(School for Social Entrepreneurs)接受社会创业技能培训。杨这个在几年前使"精英教育"流行起来的八旬老人在开放大学

“志愿和非营利组织经营管理”课程的基础上开发了专门的社会创业课程。注册这个课程的学生必须是为不同志愿组织某个正在进行的项目工作的人士。

大西洋的另一边也创建了一个社会创业者或社会企业家中心。该中心主任杰里·博斯奇(Jerr Boschee)把社会创业者或社会企业家定义为“在不忽略自己主要使命的前提下越来越关注市场力量的非营利组织高管”。博斯奇认为,平衡市场和非市场力量是“非营利部门迅速加速发展的核心和灵魂所在”(Boschee,n. d.)。

博斯奇发现有很多人只是谨慎接受“社会创业者或社会企业家”这个概念,并且明确表达了以下担心:

- “这听起来就像是利用穷人的支持来赚钱!”
- “当我们在强调底线的时候,质量会受到什么影响?”
- “这听起来就好像是在建立一种双重盘剥制度——我们不是要不顾付不起钱的人吧?”
- “我们在寻找挣钱的门路时会不会黑了良心?”
- “我们怎样才能保护我们的非营利地位?”
- “我们怎样才能跟上如此迅速的变化?”

尽管反对声不断,但博斯奇仍然表示,“越来越多的非营利组织不是通过采纳创收策略(首先是为了支付组织更多的成本,未必是为了赚取利润),就是通过创建社会目的的企业(首要目的就是赚取利润),正在变成社会企业”。

企业与非营利组织之间日趋模糊的边界

在企业与非营利组织之间的区别变得模糊不清时,企业从业人员与非营利机构从业人员之间的区别也开始在消失。鲁道夫·鲍尔(1998:4)在他的开创性研究中指出,这种区别的模糊尤其出现在筹款、与个人捐赠人发生关系、寻求商业赞助和争取基金会资助时要直接面对市场力量的第三部门组织中间。

企业与非营利组织边界的模糊已经对倡导—服务维度和财务支持产生了深刻的影响,也导致了合作关系复杂化。在这种条件下,倡导活动就会变得非常成问题,因为支持很多社会变革的利益集团的财务资源远不及平常为维持现状而动员的财务资源。随着第三部门出现了越来越多的非营利赚钱企业,它们的努力焦点也越来越趋向于提供由收费和捐赠支持的服务。随着税收生成型收入越来越多地被自我生成型资源所取代,就连非营利组织服务的受益人也更加猛烈地把攻击矛头对准那些有能力为提供给他们的服务埋单的人。在这样一种情境下,第三部门就变得越来越像企业世界:有者更有,富者更富,穷者更穷;而只能依靠公私相互支持式的合作以及公共服务型组织能力来满足的需要日益变得只能依靠支付能力来满足。

莱斯特·萨拉蒙(1997:47)把这种情景说成是一种四方面危机:“这种挑战涉及财政、经济、政治以及人生观和伦理道德四个方面。非营利组织正被迫或者受纵容采取偏离公众预期和社会规范越来越远的行为方式,并且无论是在使现实重新符合预期还是使预期更好地反映现实方面都做得太少。结果就是，我们国家遗产中最古老、最值得尊敬和最关键的一种遗产遭遇了危险的信任和合法性危机。”

我们不是直接在重新发现了认真对待一个倡导组织所说的美国“公民权利被剥夺者”需要的必要性以后，就是在非营利部门商业化和“企业与慈善”观崛起的背景下遭遇萨拉蒙所描述的这种危机的。如果第三部门在这个危机时期能够进行彻底的自我改造，那么就能在一些实质性维度上获得潜在回报：我们也许能够通过这种彻底的自我改造过程来发现，第三部门存在的理由并不是因为它的“非营利”，而是以家庭、政府和企业——各自为政——不能为的方式来惠及我们的社区和社会。换句话说，第三部门应该能够重新找回当今很多非营利组织由于盲目地同时追求“商业化”和“免税”而丢失的灵魂。

第七章　非营利组织的管理艺术与实践

随着非营利免税组织数量不断快速增加(在过去的 50 年里增加了 100 倍),实现它们为自己确定的目标任务已经作为一种重要的管理职业出现。本章考察今天非营利组织管理者面临的很多挑战,并且介绍一些解决这些令人困惑的问题的方法。我们先考察几个重要的非营利组织,并且努力剖析有些非营利组织比其他非营利组织管理得好的原因。

如何使非营利组织运行有序

黛博拉·加德纳(Deborah Gardner)在一项重要的案例研究中介绍了非营利组织的治理、领导和管理方法。这项案例研究名叫"一个家族基金会:过去回顾与未来展望"(*A Family Foundation: Looking to the Future, Honoring the Past*),考察了南森·卡明斯基金会(Nathan Cummings Foundation)的创建过程。

在这篇专题论文中,加德纳详细描述了个人愿景如何逐步转变为一个管理有效、人性化的非营利组织的过程。这个有愿景的人就是食品商南森·卡明斯,他最后终于有了沙拉·李公司(Sala Lee Corporation),在 1949 年创立了卡明斯基金会。这家公司在卡明斯 1985 年去世时迎来了事业的高峰,资产已达到 2 亿美元。

南森·卡明斯希望他的基金会能让他的孙辈参与这项共同的事业,并且"让他们习惯我们必须为有价值的事业做出贡献的认识,因此与没有我们幸运的人分享我们的好运"(p. 10)。他的子辈和孙辈满腔热情地投身于这项事业,并且作为志愿者积极参与到已经成为我们国家最积极、进步的慈善机构的卡明斯基金会的建设中去。

加德纳对卡明斯基金会的研究详细介绍了家族组织发展的经验教训,很多非营利组织领导人并不总能吸取的经验教训。她讲述了南森·卡明斯基金会在自己的发展过程中不断努力奋斗的故事,并且介绍了最后构成这个基金会基础结构的五个成功管理非营利组织的不朽真谛:

1. 基金会始终坚持作为志愿组织的立业精神,并且没有因为自己的发展而摒弃这种精神。在南森·卡明斯基金会的案例中,家族成员在基金会理事会任职不拿薪酬,这个传统一直延续到今天,而非家族成员在理事会中发挥着越来越重要的作用。

2. 在挑选理事会成员时既有未来意识又注重经历。加德纳详细讲述了基金会如何在猎头公司的帮助下精心挑选非家族成员理事的故事。基金会通过挑选一些年轻的家族成员担任“理事会助理”来为他们最终在理事会任职做好准备。

3. 理事会努力明晰自己应该扮演的角色、承担的工作负荷以及与执行理事的关系。在卡明斯基金会的例子中，理事会努力用心地制定自己的议事日程，最后采用定期举行静思会的方式来解决关系紧张和工作负荷的问题。

4. 基金会认识到了理事会成员关系紧张不可避免的问题，并且能够正确对待，设法加以妥善解决——至少是暂时的解决。像卡明斯基金会查理·哈尔彭(Charlie Halpern)这样工作主动、精力旺盛的首席执行官与像卡明斯基金会理事会这样强势、坚定的理事会之间的关系从来就不是和风细雨。加德纳引用了哈尔彭这个卓越的公益律师的话：“管理层与理事会之间的适当分工需要一个过程来逐步完成，而不能一蹴而就”(p. 40)。随着组织的成熟，理事会成员与中层管理人员之间的直接沟通得到了发展和鼓励，而在发展全体组织成员之间的“和谐合作意识”方面也获得了巨大的进展。

5. 虽然非营利组织的内部组织结构是取得成功的一个关键条件，但对非营利组织成败的最后检验还在于能否执行旨在推进完成使命和实现目标的外部计划。在南森·卡明斯基金会，年终考核就成了基金会年末或者“决策论坛”的核心工作。加德纳写道，“最终的结果就是形成了一套被称为‘目标、战略和结果’(或者缩写为‘OSOS’)的全新资助计划、方案和项目评估方法”。

这五个简单但作用巨大的理事会效能检验标准——志愿事业、理事会素质、管理层领导力、与工作人员的合作关系、外部效率——适用于任何非营利组织。我们再进一步举例考察三个总部设在华盛顿的第三部门组织全球公民参与联盟(World Alliance For Citizen Participation，CIVICUS)、美国的希望：青年联盟(美国未来总统峰会的后续载体)和全美响应慈善委员会(NCRP，该领域的一个主要倡导机构)。

全球公民参与联盟创立于1994年，在1998年由一个著名的印度社区发展促进者拉杰斯·坦顿(Rajesh Tandon)担任主席的理事会治理。理事会由19个不同国籍的公民组成，能够与联盟执行理事、曾任布达佩斯市副市长的米克洛斯·马绍尔(Miklos Marschall)通力合作。全球公民参与联盟组建理事会的方式非常灵活，来自世界各地的理事每年举行两次会议。

理事会开会反复讨论的一个问题就是挑选组织模式：一是北美传统的非营利组织模式——以一个强势理事为主、其他成员平等的理事会；另一是欧洲传统的非营利组织模式——一个强势的理事长指导管理人员和秘书工作。马绍尔本人最终看到了强势执行理事的价值所在，但对外却称关于这个问题的对话仍在进行中；实际出现了一种“混合模式”，导致冲突不断，通常依靠“容忍和耐心”来加以解决。

很明显，全球公民参与联盟完全能够通过卡明斯基金会总结得出的五个检验标准：联盟的理事来自世界不同的国家；他们是在平衡多样性关切的基础上精心挑选出来的；他们都积极主动地努力发挥自己的作用，处理好与执行理事的关系；他们能够直面现代非营利组织不可避免的理事会—管理层关系紧张的问题，并且能够努力设法解决这些问题；联盟理事会和管理层同心协力，成功地创建了一个效率特高的第三部门组织。

很少有成立时间这么短的组织能取得像全球公民参与联盟在短短的 4 年里取得的成就：举行了两次非常成功的全球会议；出版了数量不多但非常有用的出版物；政策主张由大量不同、有影响的公民参与者建言献策提出。联盟目前的议事日程是：在联合国正在筹办的“千禧年论坛”上扮演重要角色；创建加强全球企业与民间社团组织联系的渠道。就像该联盟理事长坦顿所说的那样，这些努力都旨在创造一个非营利组织能在全球发展的各个方面占据“前排”位置的未来。

“美国的希望：青年联盟”这个笔者要用卡明斯基金会标准来检验的第二个非营利组织，选择了一个截然不同于全球公民参与联盟的组织模式。就如我们在本书第五章中指出的那样，这个不同组织模式的一个重要方面反映了“美国的希望：青年联盟”的立身理念，那就是做一个力争在 2000 年之前完成其使命的临时性组织。

“美国的希望：青年联盟”是在 1997 年 4 月召开的美国未来总统峰会期间倡议成立、会后立刻就创建的峰会后续载体，创建第一年就经历了组织机构的动荡不安。在创建后的第一年里，“美国的希望：青年联盟”已经由它的第三轮执行理事主政，这个联盟也经历了相当次数的理事会更替。

我们发现，用卡明斯基金会的标准来衡量，“美国的希望：青年联盟”并没有采取步骤贯彻它在自己的组织生活中大力提倡的志愿精神，尤其是如果把提供给内部人和理事配偶扮演的角色也作为志愿活动算在内。然而，它的理事会（检验之二）成员似乎是按照最传统的方式从美国企业界和政界挑选出来的。“美国的希望：青年联盟”并没有挑选青年加盟它的理事会，包括回归社会的高风险青年，此举似乎有悖于它高调宣传的为青年提供服务机会和培养青年工作能力的豪言壮语。

随着成立时间的延长，“美国的希望：青年联盟”仍未显示出理事会的成熟（检验之三），它的理事会仍不能敬业地完成日常工作并提供资源和智慧。三个重要人物继续控制着联盟的运行：理事长克林·鲍威尔、慈善家雷·钱波斯（Ray Chambers）和常务副总裁格雷格·彼得斯迈耶。那么，结果呢？结果就是：“美国的希望：青年联盟”变成了一个非常心仪欧洲传统模式的非营利组织（饶舌者很可能会说它是一种普鲁士变体）。

下面拿依靠容忍和耐心解决它们之间矛盾的全球公民参与联盟的理事会和管理层与美国未来总统峰会一个志愿者在“美国的希望：青年联盟”成立时观察到的情况进行比较（检验之四）。这名女志愿者回想起了她看到“美国的希望：青年联盟”的一个理事满脸不快地接到鲍威尔将军重新装订数百份媒体宣传资料的命令，因为资料上印错了一个电话号码。

“美国的希望：青年联盟”由于按照一种连续短期计划甚或危机应对计划模式运行，因此肯定正开始在美国很多城市的企业圈和社区生活中留下了对它的这种印象（检验之五）。但不管怎样，它的实际影响仍有待评估——直接影响最终应该根据为满足美国数以百计的城镇数以百万计的高风险青年的需要而用心做出回应的质量和数量来评价。

第三个将要接受加德纳检验的组织全美响应慈善委员会是1976年在法勒委员会(Filer Commission)这个重要的慈善组织和程序调查机构受赠人团体的基础上创建的。作为受赠人团体这个委员会的非正式组成部分,那些把自己称为“全美响应慈善委员会”的人代表了一些担心自己的利益继续被大慈善机构忽略的慈善组织。这些利益和组织代表了大量由于美国社会的特权和权力结构而处于弱势地位的个人和群体,一个最终被全美响应慈善委员会认定为慈善捐赠认可和奖励参与权被剥夺者联盟。

到了1978年,全美响应慈善委员会这个团体有了它的组织形式,并且在一个质疑联邦联合行动委员会(Combined Federal Campaign,CFC)公正性的诉讼案中提出了抗辩,这场官司一直持续了20年。1979年,全美响应慈善委员会召开了它的第一次全国会议,会议的主题是讨论取代联合劝募会——另一个至此全美响应慈善委员会仍在关注的慈善组织——的方案。

随着工作的推进,全美响应慈善委员会也处理了一些问题,其中最重要的问题是慈善的责任、联合劝募会的可替代性和垄断权、联邦联合行动委员会的开放性、社区基金会的影响、企业对少数人种/种族群体的捐赠以及保守的慈善和公共政策新出现的作用。到了1998年,全美响应慈善委员会在委托罗伯特·博斯维尔(Robert Bothwell)领导它的全部组织活动以后,就作为社会正义和慈善实践公正的重要倡导者在美国慈善界得到了广泛的认可。

如果运用加德纳提出的标准来检验全美响应慈善委员会,那么,我们就能看到它已经设法在自己的组织结构中设立一个强势的理事会(检验之一),并且在自己的组织结构中发展一个熟悉慈善业务、精简干练的管理层。

全美响应慈善委员会精心挑选了它的理事会成员(检验之二),以充分代表其主要会员组织——社会行动团体——的多样性,尤其是那些代表被剥夺传统慈善参与权的群体——像妇女、有色人种、穷人等这样的群体。

随着成立时间的推延,全美响应慈善委员会逐渐认识到自己的领导成员开始进入“适当的年龄”(检验之三)。罗伯特·博斯维尔在干了22年执行理事并早已被视为这个组织的灵魂和发言人以后宣布辞去执行理事的职务,去担任一个为期三年的带队研究职务。博斯维尔的职务变更对于全美响应慈善委员会有可能意味着一场严峻的挑战,因为它已经习惯了博斯维尔稳健、投入的领导风格。

全美响应慈善委员会的理事会也决心采用一套业已确定的治理、决策和冲突解决程序(检验之四)。理事会定期举行会议,有时也会采取休会的形式让理事们思考问题。

作为一个全国性的倡导组织,全美响应慈善委员会必须在扎实研究的基础上提出自己的建议,显然已经在第三部门政策和实务研究的圈子里小有名气。就如同南森·卡明斯基金会和全球公民参与联盟一样,全美响应慈善委员会也发现,一个有能力和决心的执行层与一个有决断力和自主性的理事会之间的通力合作是它实现自己组织目标的最佳路径。

领导风格及其对财力发展的意义

非营利组织在关键的财力问题上就如同企业、政府机构和家庭：如果入不敷出，就难以为继。非营利组织的领导人必须自始至终都像企业主那样清醒地认识到这条底线。非营利组织领导人在不断提高自己对这个问题的认识的同时，也开辟了一些动员资源的新途径。克林·鲍威尔加盟第三部门，在这方面既有启示性，或许还有预示性。

以上考察的三个组织有一个共同点，它们都由一些具有聪明才智、意志力和人际沟通技能的人士担任领导。鲍威尔将军的领导风格更具军人(而不是慈善家)特色，与马绍尔、鲍斯威尔和哈尔彭等有政府和志愿组织社会生活背景的人士的领导风格形成了很大的反差。

就像前参议员哈里斯·沃福德(国民服务公司首席执行官)所讲的那样，鲍威尔在把他的“流汗测验”用在那些他认为有资源增加他们慈善捐赠的人身上的过程中尝到了甜头。沃福德叙述了鲍威尔和一家大公司的首席执行官发表同一主题演讲的故事。这位首席执行官在演讲时变得十分豪爽，表示愿意捐钱给鲍威尔领导的“美国的希望：青年联盟”这个已经相当富裕的组织。鲍威尔没有停顿，立刻问这位首席执行官他是否觉得有可能把这个承诺提高10倍。这位首席执行官的额头上并没有出现一滴汗水，他认真考虑了这种可能性并且表示同意，给鲍威尔的感觉是他已经把“要求”提高到了适当的水平。

20世纪的美国人已经习惯了两种捐赠：强制捐赠和自愿捐赠。典型的强制捐赠是我们在纳税时缴给国税局的捐赠。这种捐赠支持了很多有价值但有时价值可疑的服务项目。在很多圈子里，人们不再把纳税看作公民的义务，而是把它看作对我们正当拥有的财物的无理盗窃，这已经成为一种时尚。但是，我们之所以要纳税，是因为这是税法规定的义务，而逃避税法规定的义务只会导致我们的财物和个人自由面临风险。

自愿捐赠，据我们所知，就是我们认为自己作为捐赠人行为时捐献给别人的财物。我们希望我们的募捐人是一些恭敬、有礼貌的人。别忘了，是有人需要我们的财物，而且它们完全在我们的掌控之中。慈善涉及软性捐助：我们应该捐赠，但必须是我们自己的选择。

“去福利国家”(请参阅本书第一章)的到来大大改变了捐赠的文化形式。去福利国家向我们显示了“福利国家”正在消失的现实——它用自己那只不善施与的手示意，向需要福利救助的人祝福：去福利！在去福利国家，那些需要帮助的人再也不能把政府作为终极捐助人来依靠。但是，这些对别人帮助的需要仍然存在，并且随着收入、财富和工作机会的分布变得更加不平等而增加。在捐助和需要的方程式中应该纳入新型捐助这个变量：刚性捐助，而不是软性捐助；不再只是自愿行为，而必须是一种带有社会义务色彩的捐献行为。

对于鲍威尔将军来说，捐助就成了一种不可推卸的个人责任，也是需要大量捐赠的捐献机会，因为当众蒙羞的负面影响等待着那些捐赠无门的人。因此，那位接受“流汗测试”的首席执行官必然是捐赠先前打算捐献的金额，从而公开拒绝劝募人的请求，或者不由自主地承诺捐献远远超出他认为可能或者合理的金额。

这样的当众逼迫式捐赠几乎就是照章纳税那样具有强制性，而且更加引人注目。对于当众被迫认捐者——无论是个人还是企业——来说，捐赠失去了很多更加传统的捐赠观念中涉及的控制内容。[1] 就如一位研究企业的学者在美国未来总统峰会结束后的“流汗测试”讨论中问笔者的那样，“会不会捐赠结束之日，就是敲诈勒索开始之时”。

在理解新型捐助时，也许最好聚焦于控制问题。在税收的例子中，政府机构掌握着控制权：公民必须依法纳税，情况就是这样。在 20 世纪美国式的自愿捐赠中，捐款的控制权被认为掌握在捐赠人手中，他们的财富和收入被视为私人财产。捐赠人对自己的财产做出处置以后，其他人必须服从。鲍威尔的劝募方式回到了历史比较悠久基于宗教的慈善传统，在这种慈善传统中，义务压倒了自愿。[2] 在这种古老的传统中，公众的认可就是对捐赠人的奖励，很像鲍威尔逼迫企业首席执行官们以“承诺”的方式当众许诺捐献额。

当众逼迫式劝募导致税收强制性与传统慈善自愿性之间的界限变得模糊。由于鲍威尔将军实施了当众逼迫式劝募，有些慈善事业非常重要，那些不愿捐赠的人为了避免当众蒙羞而被迫答应做出比在其他场合更加慷慨的捐赠。拒不捐赠或者捐赠不到位的结果就是要面临公众认为不愿捐献劝募人确定的数额的风险。

在税收和当众逼迫式劝募的情况下，背后支持纳税要求或者劝募的是社会正义需要观。根据传统的民主理论，税收允许社会通过自治的方式由一个中央机构专断地对资源进行再分配。如果你我可能都想帮助穷人或者有需要的人，那么，这个理论就行得通。但是，我们作为个人无法如此有效地采取行动，只有整个社会做出承诺，并且通过一个民主政府付诸实施，这样才可能对权力、财富和其他资源进行彻底、公平的再分配。

类似地，当众逼迫式劝募把对它的需求刚性建立在社会已经感知到的需要之上。政府就像传统的民主理论认为的那样已经变得力量太过渺小，而且太过妥协，因此不能有效地处置社会的人道需要。我们需要的是大量有爱心、高效率的个人和组织（如企业）通过自愿捐赠来注入资源。然而，在这种自愿表面的背后潜藏着“把钱交出来，不然的话，哼!”这种态度，而这种态度把税收的形象还原为现代一种适当的给钱方式。

如果我们能注意到贵格会学者和管理者托马斯·杰文斯（Thomas Jeavons）最近作为贵格会非常年会秘书长在大会报告中提出的观点，那么就会发现刚性施与观也许并不是什么新的东西。杰文斯在报告中写道：“钱的问题其实就是奉献和忠诚问题。”杰文斯把圣经语录“你的财宝在哪里，你的心就在哪里”解释成“如果你想知道某人真正关心什么，那么就看他怎么花钱，或者怎么用时间”（Jeavons，1998：2）。

当然，有人可能会争辩，传统的基督教由于致力于模糊爱自己和爱他人之间的区别,因此也把很多事情搞混淆了。无论钱的来源和给钱的动机是什么,虔诚不能管饱肚子。而鲍威尔将军则声称,虔诚的响应不但不够,而且还不能把烫手的山芋由政府扔给教会、企业和个人捐赠者。确实,这些都是棘手的问题,一些值得某些人流汗的问题。

处在十字路口的非营利组织管理教育

现在,领导美国新兴的非营利组织管理教育中心的教育精英们每十年要在加利福尼亚州召开一次会议。这些中心的领导人第一次是在1986年,后来又在1996年召开会议就他们的工作交换意见,并且对他们的工作论文进行研讨。

我们应该明白的第一件事,就是非营利组织管理教育正在发展。纳奥米·威什(Naomi Wish)和罗塞纳·米拉贝拉(Roseanne Mirabella)报告称,他们研究发现美国有102所大学和学院开设了非营利组织管理研究生课程,另有46所大学和学院开设了非营利组织管理的本科生课程。

非营利组织管理教育不但正在发展,而且还在变革。1986年的非营利组织管理教育大会绽放了很多花朵。会议组织者迈克尔·奥尼尔(Michael O'Neill)和丹尼斯·杨(Dennis Young)在这次会议材料《如何开展非营利组织管理者教育》(Educating Managers of Nonprofit Organizations)中表示,在企业和公共机构管理研究领域可能出现了一个独立的研究分支,并且有可能循着其他专业研究的发展轨迹发展。

1986年的会议达成了一个共识:一种"三阶段"课程可以满足这个领域的需要。第一阶段可包括兼顾企业和公共机构管理的一般管理课程;第二阶段可开设非营利部门历史、传统和构成等的课程;第三阶段教授该领域很多专门化的特殊技能,如艺术、社会服务、倡导宣传等课程。笔者和伽柏·赫基耶西(Gabor Hegyesi,匈牙利非营利组织教育领域的著名教育家)为国际第三部门研究学会(International Society for Third Sector Research)完成的研究证明了这种课程设计模式对于国际非营利组织管理教育的吸引力。

不过,职业教育远不止选择课程。就像伊利诺伊州大学斯图亚特·纳格尔(Stuart Nagel)教授针对非营利部门管理教育政策研究存在的问题指出的那样,非营利组织管理教育应该注重选择教育的学位层次(学士、硕士还是博士学位),并且强调内容或者方法、学科或者跨学科、教学或者科研、组织层次(国际性、全国性、区域性或者地方性)以及意识形态(开明或保守)。

对于大学来说,这些选择最终应该由系主任和系里负责课程设置的老师来做出。1996年的会议被说成是敦促重新思考该领域课程设置方法的特具挑战性的重要会议。这个领域的一位重要人物、约翰斯·霍普金斯大学的莱斯特·萨拉蒙在他的讲话中表示,把非营利组织管理作为一门独立课程的想法可能已经过时。

萨拉蒙继续表示,就我们所了解的三个部门(政府、企业和非营利组织)而言,它们之间的基本关系是一种相互依存的关系,而不是彼此独立的关系。由于个人会从企业跳槽到政府部门再到非营利部门，然后又从非营利部门回到政府部门再回到企业，因此，职业发展路径往往是跨越部门边界的。资金流动或者捐赠模式导致资金能自由地从私人工资流向税收和非营利组织（萨拉蒙所说的“第三方政府”），或者由企业利润流向慈善捐赠，或者从工资流向慈善捐赠或变成税收扣除。

萨拉蒙继续说道，大社会的情况应该也适用于这个领域的大学教育计划。单列的非营利组织管理教育计划无法反映机构生活中的相互依存现实，因此应该在课程设置和培养目标方面向着多部门改革。萨拉蒙在自豪地说到他供职的大学的“职业公民”研究生教育计划时呼吁教育者把三部门相互依存性作为非营利组织管理教育计划的核心重点。

位于新泽西州纽瓦克（Newark）市的罗格斯大学公共管理系教授玛丽亚·约瑟芬·卡尼诺（Maria Josefa Canino）和她的助手尤金妮亚·R. 埃克尔斯（Eugenia R. Echols）提交 1996 年大会的论文，是这届大会收到的最值得注意的论文之一。卡尼诺教授长期担任新泽西州“拉丁裔事务”（Latino Affairs）的领导工作，而埃克尔斯女士是一名在读研究生，她在演讲会上充满活力的表现赢得了与会者的长时间鼓掌。她们俩谈到了她们系在考虑发展新的非营利组织研究生培养计划时面临的挑战。

她们明白，这个培养计划应该考虑新泽西州拉丁裔居民组织的需要，而不是挂牌开设谁都能参加的课程。不过，她们做了一些别的事情，一些就像她们俩的论文报告令人耳目一新的事情：她们深入第三部门基层进行调查，并且向拉丁裔居民组织的管理人员了解他们希望和需要罗格斯大学做些什么。

这些管理人员的回答，至少可以说十分有趣。首先，他们自己几乎都不需要更高的学历。接受我们调查的管理人员 1/4 有文科学士学位，一半以上有硕士学位，20%有博士学位。其次，他们希望学校能够提供技术援助和培训，而不是为他们设置获得另一种学位的课程。当被问到纽瓦克罗格斯大学如何能为他们社区基层组织的生存和发展做点贡献时，他们先是回答希望派毕业实习生参加他们的项目（占67%）并举办短期常规培训项目（67%），然后是希望我们能够提供技术援助（53%），最后才提出了举办夏季培训班（47%）或者硕士班（47%）的要求。

圣路易斯一个教育者和服务提供商联合体做出的广泛的努力也显示了它在任何学校开设学位课程之前进行调查研究的智慧。圣路易斯学区 4 所区域性大学的非营利项目主持人与一组支持提供者（个人和机构咨询顾问以及培训师）、基金会领导人和非营利组织执行理事联手创立了一个旨在提供培训和技术援助的福利服务联合体。这个联合体向非营利社团提供各种不同的服务，包括通过它的 4 所合作大学开设的培训和学位课程、教育券教育项目、继续教育模块、技术援助培训以及面向个人或者组织的咨询服务。

非营利组织管理教育在自己的持续发展过程中不断遇到挑战，非营利世界的最主要归化者已经开始抢占学校、公共卫生、社会工作和宗教等领域。因此，非营利组织管理教育需要走出非营利部门的底部去寻找自己的学生和合法性。如果非营利组织管理教育只是模仿企业和公共管理教育项目，那么就有被其项目主办学校的中心工作所边缘化的风险；如果非营利组织管理教育开设自己的学位课程（通常是非营利组织硕士学位），那么就要冒被认为没有有“贵族气派”的工商管理硕士学位“有价值”的风险。但在任何情况下都存在学位课程适应非营利部门学生感兴趣的特定领域。对管理层关切的重视胜过对理事会关切的重视，对社区基层组织的关注转向了规模更大的非营利组织获得更好资助的关心，所有这些也许已经在这新开设的课程中得到了体现。[3]

从协作到兼并再到收购

作为商业式运行组织，非营利组织被迫越来越多地思考协作、兼并和收购问题。社会工作教育者斯蒂芬·韦纳特（Stephen Wernet）和他的夫人兼同事护理教育者桑德拉·琼斯（Sandra Jones）研究了非营利组织寻求密切彼此关系的途径。他们先是发现了协作这个话题，然后讲述了兼并的观点，最后介绍了几个接管和收购案例。

韦纳特和琼斯详细考察了一个无名小镇两个机构之间的关系，一个是地位稳固的被他们俩称为“家庭服务组织”（Family Service Organization，FSO）的社会服务提供机构；另一个是成立不久、不太知名但成长迅速的组织“药物滥用防治组织”（Substance Abuse Treatment Organization，SATO）。

家庭服务组织有一个声誉良好、充满活力的理事会，但要面对变化不定的税收环境，并且高度依赖外部筹款，而它所要依靠的外部筹款来源（无论是第三方筹款来源还是联合劝募会）都变得越来越不可靠。

药物滥用防治组织自20世纪70年代初成立以来，一直能够稳定发展自己的服务，并且已经成为一个每年有好几百万资金来源的组织。它就像一辆加满油的汽车，能在目标扩张区域实施药物滥用防治和教育计划方面有效地展开竞争。

这两机构的主管作为同行经常能在社区伙伴关系和战略协作（尽管比较有限）方面联手开展工作。家庭服务组织的主管部分是从减轻自己管理负担的愿望出发，首先提出了探讨两个组织合并的建议，他还为自己剩下的职业生涯定下了更加直接地从事临床服务的职业目标。

这两个机构的理事会很快就看到了他们两个组织之间的战略适配，并且立刻成立了一个合并委员会。就像韦纳特和琼斯讲述的那样，“对那个较大的组织来说，兼并可以通过增加家庭临床治疗服务来提供实现其战略计划一个方面的手段；对于那个规模较小的组织来说，合并提供了保证更稳定的收入来源以及扩展其业务基础的手段”（Wernet and Jones，1992：374）。

但从组织结构上看，这两个组织的合并并不一定能够实现稳定的适配。家庭服务组织采取传统的发展取向，目的就在于为一个特定区域已经明确确定的目标群体提供服务。而药物滥用防治组织这边采取一种更加大胆的企业观，打算在服务种类和服务范围两个方面实现拓展。但不管怎样，这两个组织协商通过了一项合并计划。

根据合并计划的规定，药物滥用防治组织的主管出任新组织的首席执行官，而家庭服务组织的主管在新组织中负责管理一个独立部门(实际上就是前家庭服务组织)。合并委员会家庭服务组织这一方的成员只是勉强同意根据合并各方财务实力确定的比例减少他们在新组织理事会中的席位。家庭服务组织这边只是逐步意识到作为合并开始的行动很快就变成了收购。

在总结他们俩的研究时，韦纳特和琼斯解释说，协作是一个连续统。在它的极端形式——并购——中，协作涉及创建新的组织以及对原来独立的组织资源进行充分的组合。在程度比较有限的并购形式中，两个合并组织仍保留自己的自主权，但也许会把一些资源贡献给“合并后的企业”。朝着这个方向不断深入的步骤也许是合作、协作、合并和收购。

协作朝着这个方向每前进一步，都会导致非营利组织要面对新的挑战。有研究表明，成功的协作是一个多步骤过程：

1. 协作始于一种“如果两个或以上组织携手并进，世界就会变得更加美好”的愿景，通常是某个有理想的领导人的愿景。

2. 愿景要经受“心理实验”的检验，以确保它尊重潜在合作者的领地和自主权意识。

3. 然后要与潜在的协作组织分享协作创意，并且邀请潜在协作方共同探讨可联手创造什么样的协作方式。

4. 创建一个协作团队以便更加明确地界定协作联营的界限和程度。

5. 通过发展互补角色和富有成效的联合方法来推进协作过程。

6. 每个协作伙伴要定期检查协作进展情况，以保证协作目标的实现和本组织的完整性得到尊重。

在这种游戏中始终存在这样一种可能性：协作也许会走上一条最终演化为接管和收购的不归之路。这种可能性会引发最严重的害怕参与协作过程的恐惧心理。害怕丧失控制权和组织身份的恐惧心理导致很多非营利组织管理者对于协作总是胆战心惊。此外，有必要指出，协作探索最终会导致怎样的结果，绝不会从一开始就一目了然。

协作过程中可能出现以下这些不可预测的因素：

1. 组织主管可能(私下里，或者只让理事会中他信任的少数理事和同事知道)想减轻自己的管理负担，并且希望由另一个更有进取心、活力的领导团队最终收购自己供职的组织。

2. 受命参加协作团队的管理人员可能会扮演“跨边界者”，发展对协作事业使命的忠诚，从而背弃了他们先前对雇用他们的组织做出的承诺。

3. 随着协作过程的深入，某一方(或者任何一方)的协作伙伴可能会发现，不断变化的环境或者外部力量已经导致潜在的并购更加可取。

鉴于存在以上各种不可预测的因素，最好也许是把并购作为协作的可能结果之一。有时，并购对于失去组织身份和自主权的组织最为有利。毕竟，并购好像并不必然意味着一个独立的非营利组织的消失，也不可能是一个原来独立的组织免于消失。最重要的是应该明白，组织的生死、“求爱结合”已经成为当代非营利世界不可避免的现实。

某些非营利组织人人都是实业家

我们曾以讨论“社会创业”这个当今热门话题的方式结束了本书的第六章。本章已经考察了一些创造性、富有见地地管理非营利组织的案例和方法。这些章节中的每一个案例及其点评已经表明了平衡愿景与现实、使命与底线的重要性。非营利组织的主管既要有领导力又应该掌握管理技能，而危险也许就在于：在当今这个经济不确定时期，管理技能被放在了首位。

下面，我们来考察美国中西部一所重要大学市区校区招聘一名讲席教授的流程。这个岗位要求应聘者履行教学和管理两方面的职责，管理职责就是跟踪监督几个公关中心和研究所。

读者也许一上来就已经发现，严格地讲，这并不是一个非营利部门的工作岗位。毕竟，大学是一个公共机构。然而，快速浏览这所大学的预算，就能发现这种观点的局限性。公立大学作为典型的非营利机构，主要有三个资金来源，而且每个资金来源的金额基本相同。是的，这所大学由州特许创立，但只有 1/3 的资金来源于州财政。学费和其他收费以及政府和外部慈善来源赋予这所州立大学另外 2/3 的资金。更确切地说，这所州立大学已经成了一个“公共关系”机构，它的管理任务也非常像典型的非营利组织。

这个讲席教授职位的应聘者要参加一次初选面试。面试前先被要求思考三个问题。请读者记住应聘岗位是讲席教授。以下是面试要回答的问题：

1. 应聘者的社区协作愿景；
2. 应聘者对大幅度增加捐赠和合同有什么想法；
3. 应聘者如何动员全系力量多开展多学科研究。

问题 1 与领导能力有关，要求阐明如何寻求共同的愿景、使命和伙伴关系；问题 2 与资源动员有关，需要把愿景转化为通常是漫长、不可预测的外部资金筹措；而问题 3 则与一种为把相对独立的服务承包商纳入一些不同的组织服务矩阵所需的管理技能有关。

领导、资源动员和管理技能已经成为当代专业人士——无论是被非营利组织、大学、教会、政府机构还是企业雇用——必须掌握的基本技能。当然，以上这些不同性质的组织之间仍存在传统和使命方面的差别，但它们都需要这三种基本技能。我们生活在一个组织社会，如果我们要在这种社会中有所发展甚或生存下来，那么就越来越需要显示我们在协作领导、商业化资源开发和有效的组织管理方面掌握的技能。我们大家至少是在一定程度上都真的已经成为实业家。我们很多人确实在第三部门的组织环境中从事我们的事业。

第八章　从何时开始非营利组织的业务变得越来越商业化

据说，罗纳德·里根总统偏爱的白宫前总统卡尔文·柯立芝(Calvin Coolidge)说过“美国的事务就是商务”。就如我们在上一章中已经知道的那样，特别是在过去的20年里，非营利组织已经不得不变得越来越商业化，它们创立了营利性子公司，并且赚取了越来越多的无关联收入。越来越多的人担心：非营利部门会不会成为太多的基本上就是像免税企业那样运行的组织的藏身之地？

本章主要关注非营利组织在医疗卫生和教育领域扮演的角色。对于这些非常重要的社会机构来说，营利和非营利有哪些区别呢？

进军营利部门：医院收购案例

美国的医疗卫生事业日益被置于正经的营利医院的控制之下，这种趋势在医院领域已经变得特别明显。莱斯特·萨拉蒙(1997：30—31)指出，1980～1989年间，美国营利医院增加了28%，但医院的总数却在继续减少。仅1994年就有31家非营利医院被企业收购，而1995年被企业收购的非营利医院又增加到了59家。到了1996年，全美已经有15%的社区医院被置于投资者拥有的营利企业的控制之下。

财经记者罗伯特·库特纳(Robert Kuttner)解释说，这个变化过程是全美几乎任何被认为可交易物品私有化运动的一个组成部分。库特纳在他对这场全国性私有化运动的研究《样样可卖》(*Everything for Sale*)中用一大章的篇幅讨论了“市场与医疗”问题。

库特纳(1997：126)指出，投资者拥有的连锁医院正在“爆炸式增长”，这通常是“企业家掀起并购狂潮的结果。历史上，营利医院都归地方所有，而今归非当地公司所有”。在库特纳(1997：126)看来，典型的收购模式是这样的：“一个像哥伦比亚/美国医院公司(Columbia/HCA)这样的医疗保健连锁集团(成立于1988年，目前拥有346家医院)凭借投资者的资本和他们在金融市场上的购买能力打进了一个医院有多余床位的社区，并且向在苦苦挣扎的非营利医院发出了令它们无法拒绝的收购要约。这个连锁医院集团还向城镇官员许诺他们的免税医疗机构将被改造成创造税收的医疗机构。这个集团常会收买关键的托管人和其他关键的医院管理人。一旦某家医院被‘盯上’，那么被收购几乎是早晚的事。剩下的问题就是谁来购买、按什么条件购买和由谁获利。医院被收购以后，就能实现斯巴达式的成本节约——‘裁员’，增加工作时间，缩减留职人员的薪水，关闭或者削减被认为不必要的设施。”

对于库特纳来说，这个医院私有化过程的重要问题就是允许市场做出让少数人致富但导致广大医疗保健服务提供者和消费者受穷的决策。社区在这个过程中损失的是一种“代表着捐助人好几十年捐赠——包括慈善捐赠、地方政府以放弃财产税的形式提供的补贴以及医生为了社区公益而接受的略低于市价的收费——的资产价值……在完善的普通法原则下，一家为很多用途筹款的慈善机构不能随便把自己的资产转用于新的用途，慈善机构的主管也不能随便利用机构的资产来牟取私利。但在一家营利机构收购一家非营利机构时，恰恰就出现了把非营利机构资产挪作他用的问题”。

库特纳认为，把社区基层非营利医院改造成由连锁集团收购的营利实体的做法违背了非营利组织必须遵守的基本法律规范：不分配约束。这个约束条件能够保证：如果非营利组织关门歇业，它的资产不能转化为个人财产，而是要转让给其他非营利组织。库特纳指出，有些医院的“非营利转为营利”（以下简称“非转营”）就是试图通过“把资产转移给名义上非营利但严格受营利母公司控制的基金会来规避法律约束”。

在过去的30年里一直管理着菲尼克斯圣路加公益健康信托（Phoenix's St. Luke's Charitable Health Trust）的“非转营”基金会主管罗杰·休斯（Roger Hughes）极力反对库特纳的观点。休斯解释道，他主管的基金会就是在1995年大约以1.2亿美元的价格把非营利的圣路加医疗系统卖给营利的奥德纳公司[Ord-Na，现在归泰尼特医疗保健公司（Tenet Healthcare Corp.）所有]后创建的。

“在偿还了6 000万美元的债务以后，我们就用剩下的6 000万美元和圣路加非营利医院基金会的约1 300万美元创建了一个公益健康信托，圣路加非营利医院基金会就成了这个公益健康信托的筹款工具。3年后，7 300万美元就变成了1.1亿美元，其中大约有800万美元通过一个内容广泛的资助计划回馈给了社区。

“这种‘非转营’背后的理念和目的简单而又明确：如果一家有着为社区服务悠久历史的非营利医院被允许把自己的资产卖给一个私人业主，因此而能够在一个拥挤的市场上更加有效地展开竞争，那么，这些通过为了‘更大的公益’而免税营运多年获得的公有资产产权必须通过这样的资产出售收益来永久化，这样公益才能既不减少也不受损害，最好还能有所增加。

“在过去的两年里，我大约把30%的补助金用于直接医疗服务/公益医疗，另外30%的补助金用于增建和扩建贫穷人口医疗卫生基础设施项目，大约20%的补助金用于职业卫生教育计划，另外20%用于特定公共卫生问题的公共教育和宣传（Comment to ARNOVA-L，e-mail list of the Association for Research on Non-profit Organization and Voluntary Action，1998）。”

休斯还指出，“在这个社区的很多居民看来，这种‘非转营’对于每个人来说都是一种双赢。公益健康信托用它的资金能做远比一家完全聚焦于医疗服务和穷人保健的、单打独斗的非营利医院多的事”。他还表示，重要的问题——施舍和战略性公益何者更好——是由收购状况提出的。“免税资金投资于直接医疗服务与用于寻找改进直接医疗服务制度和公共政策的途径何者更好?”

关于医院收购者能够轻而易举地规避非营利组织必须遵守的基本法律规定——不分配约束——的辩论是一场非常重要的辩论。一方面，库特纳的观点表明样样都能卖，只有那部分受保护禁止私有化的第三部门是任何企业家都不能设法从中牟利的服务部门。就如莱斯特·萨拉蒙(1997:31)所指出的那样，也许，我们能够像一位作者最近在《新英格兰医学杂志》(*New England Journal of Medicine*)撰文指出的那样，毫不牵强地认为“非营利医疗计划是一种过时的产品”。

尽管医院私有化存在明显的风险，但其他非营利组织和医院问题专家觉得完全没有理由担心医院私有化对有关社区福利的影响。1998 年 7 月 26 日《费城调查报》援引了宾夕法尼亚大学马克·保利(Mark Pauly)关于医院私有化对相关社区的影响的论述:“非营利医院与营利医院之间其实几乎找不到丁点值得关注的区别。”而著名的普林斯顿卫生问题专家乌维·任赫德(Uwe Reinhardt)在同一篇文章中补充说，“非营利医院与营利医院总是互相激烈争吵”“我本人真的不认为营利医院会导致情况发生很大的变化”。

美国第二大营利性连锁医院泰纳特医疗保健公司在美国 18 个州拥有 123 家医院。在截至今年 6 月 30 日的会计年度里，泰纳特创收 99 亿美元，并为自己实现了 5.4 亿美元的利润。泰纳特正着手用“女施主”的“魅力”收购一家非营利医院，并且提供了一份“与小区捆绑在一起的合同”，一份运用志愿主义措辞、避开任何资本主义贪婪的宣言:

- 泰纳特认识到了自己作为社区成员肩负的重要责任:作为医疗保健服务的提供者、医院的所有人，作为医疗保健服务供应链上的一环与其他医疗保健服务提供者进行合作。
- 泰纳特将根据最高的商业标准和职业操守开展营运活动，并且教育自己的员工以医疗保健业最高的道德规范和行业守则要求自己。
- 泰纳特承诺自己收购的医院或者自己麾下的加盟医院将不间断地践行公益医疗政策。
- 泰纳特相信当地医生和社区成员能够管理好他们的医院，并且希望医院董事会保证为满足他们服务的社区的特定需要提供量身定制的服务。
- 泰纳特深知，只有首先服务好病人，才能够服务好自己的股东。泰纳特没有支付股利，而是选择把净利润再投资于自己麾下的医院和服务，以便公司和社区都能长期受惠于他们提供的尽可能好的医疗保健服务。
- 泰纳特承诺在它有医院的每个社区与其他医疗保健服务提供者开展合作，通过支持、推出和维持具体的项目来协助满足弱势群体的需要。
- 泰纳特在它服务的每个社区都履行了自己做出的承诺，并且表示欢迎检察长或者有关当局监督它履行承诺的情况，并且对可能存在的问题进行充分的曝光。

● 泰纳特还郑重表示，它将在商界带头倡导对弱势群体的医疗卫生需要做出积极的回应。

库特纳(1997:131)值得关注地提出了以下观点：营利机构总想让人觉得它们是传统的志愿机构。他还表示非营利组织却越来越像掠夺成性的资本家："在这种企业化的环境下，非营利机构发现自己的表现越来越像营利机构——不愿接诊成本高、难度大的病例，限制高成本的研究和教学工作，为扩大市场份额大做广告，把康复医疗事业构想成成本中心或者利润中心，创立与自己原先的使命精神相悖的合资机构。此外，非营利组织对营利机构的防御性模仿导致大型连锁集团认为非营利组织真的与营利机构没有多大的区别。那么，哥伦比亚/美国医院公司这个医疗保健连锁集团为什么还要在它的公关宣传材料中反复设问非营利组织应该享受特殊待遇呢？"[1]

泰纳特在它1998年收购费城阿勒格尼(Allegheny)连锁医院一案中以一种报复的心态回击了库特纳。由于这家非营利连锁医院陷入了破产困境，于是突击用捐款来支付不适当的花销，替高管优先偿还贷款，突然向员工宣布医院面临困境，总的来说，它的表现既虚伪又令人失望，就像当地一家正在"歇业大甩卖"的东方地毯商店。在菲尼克斯，"非转营"基金会主管休斯表示，"虽然圣加路的泰纳特连锁医院继续作为连锁医院系统在运行，但他们因兼并了几家能为营利医院盈利的非营利连锁医院而要面对巨大的市场压力——不客气地说，这就是目的：'没有利润，就没有使命'，就像'好爸爸'说的那样"(Comment to ARNOVA-L)。

那么，对于非营利部门来说，这些问题意味着什么呢？按美元计，医疗卫生服务支出要占到非营利部门总支出的56%(Salamon，1992:24)，而医院支出要占到医疗卫生服务支出的40%(同前:59)。随着越来越多的医院脱离非营利部门，它们既放弃了作为非营利组织的大量存在，又因此而威胁到它们自愿服务社区的结构性基础。

营利医院是赚到了利润，但社区支持医疗卫生服务的悠久传统和医疗卫生事业应该关爱有需要的人的观念却分别失去了重要的法律基础和支撑架构，而那些新成立的"'非转营'基金会"的理事会也没能证明自己独立于新老医院所有人和经理人的企业化控制。

高等教育是否远远落在了后面

就如我们在考察医疗领域营利心态和手段的发展时所看到的那样，非营利实体未来有可能遭遇使命和规模的双重损失。教育这个非营利部门的第二大构成领域(教育领域的支出要占到非营利部门总支出的26%)也遇到了同样的问题。营利机构也已经进驻教育领域，如惠特尔集团(Whittle Group)在中等教育领域开办了合资学校，营利的菲尼克斯大学和众多企业培训机构也已经打入高等教育领域。在教育领域，收费(教育机构通常把它们的收费称为"学费")的持续增加有可能导致教育机构失去它们本来也许有的唯有非营利机构才有的质量。

目前，收费很高的文科学院每年要向接受其服务的学生收取 30 000 多美元，斯沃斯莫尔学院(Swarthmore College)就是这样一所文科学院。斯沃斯莫尔学院解释说，它提供一年服务的实际成本差不多要达到 50 000 美元[关于这个数字的来源，请参阅斯沃斯莫尔学院毕业生彼得·帕赛尔(Peter Passell)发表在 1994 年 7 月 29 日《纽约时报》上的文章《一所学院的标价：为什么如此之低，为什么又那么高？》(One College's Price Tag：Why So Low, and So High?)]。斯沃斯莫尔学院还以它在招生过程中不问学生的家境而感到自豪，它试图按照它自己的资助规则来满足它招收的学生的全部需要。这句话的意思就是低收入(年收入 20 000～30 000美元的)家庭要用不到 15%的收入为孩子缴学费，年收入在 50 000～90 000 美元之间的家庭可能要把多至 18%的收入用于支付孩子上大学的费用，而收入在 10 万美元以上的家庭孩子上大学的缴费要占到家庭收入的 25%。不过，学生缴费占家庭收入的比例从 14 万美元的家庭收入开始下降；而且一直下降到最高的家庭收入水平。(截至 1997～1998 学年，还)没有一个学生的缴费超过 29 800 美元的标价。家庭收入在 30 000 美元或以上的学生上这个学院的缴费少于其家庭收入的 10%，这个比例还低于家庭收入只有 5 000 美元的学生缴费占其家庭收入的比例。

这种收费方式的净效应是高收入家庭的学生不但缴费占家庭收入的百分率比最贫困的家庭小，而且还能享受每个入学学生都能享受的差不多 20 000 美元的“隐性奖学金”。这种隐性奖学金之所以存在，是因为收费标价低于学院提供服务的估计成本。这份同时送给富裕和贫困家庭孩子的礼物是学院通过劝募筹集到的，并且也是慈善捐献的产物，如最近一位名叫尤金·朗(Eugene Lang)的男性校友捐献的用途不限的捐款，这笔捐款足够斯沃斯莫尔学院向全院学生发放一年的隐性奖学金。

研究非营利学院的经济学者为所谓的有钱的“杀价收购者”——那些认为中高收入家庭能以优质非营利服务 1/3 的价格购买高质量公立大学服务的人士——放弃收购私立学院而感到惋惜，现在已经成为一种时尚。这些改革主张者担心，家境富裕的学生被“挤出”州立大学的“自然选民”队伍：家庭收入太低无力负担非营利学校收费的聪明学生。

与此同时，州立高等院校已经迅速提高了它们的学费，因为它们知道提高学费仍能留住自己的大部分学生，并且希望因继续招收低收入家庭孩子而仍能获得联邦政府资助。这些高等院校正在大力推行“荣誉课程”(专门为优秀学生开设的课程。——译者注)和“优秀学生奖学金”计划，目的就是要从它们的非营利竞争对手那里夺走聪明的学生。它们希望能够通过提供政治地位来减少其向公众募集资金的需要，从而防范也会对中低收入家庭学生造成直接影响的筹资不足危机的发生。

这种策略的净效应就是触发了程度远远超过已经十分复杂的非营利组织定价问题的高等教育财务危机。就像政策分析师莱斯特·萨拉蒙在他最近完成的对卡明斯基金会的研究《如何坚持中间路线》(*Holding the Center*，1997)中所指出的那样，为了吸引和留住服务对象和顾客而展开的经济斗争在医疗卫生、社会工作和教育领域正愈演愈烈，而非营利组织正在输掉其中的很多回合：萨拉蒙表示，1977～1992 年日托和居家护理等服务业的新增就业有 70％或以上发生在营利机构。[2]

在美国高等教育资金来源混乱的现状下进行的任何改革都难免产生负面效应，其中就有涉及富人价格敏感性的问题。如果宾夕法尼亚大学或者布朗大学(Brown University)继续每年只收取 30 000 美元的学费，而哈佛大学和斯沃斯莫尔学院把收费提高到了 50 000 美元，那么会出现什么情况呢？最优秀、聪明的学生是否会流向收费较低的学校呢？很可能不会，或者说，至少现在弗吉尼亚大学和威斯康星大学不太可能从常青藤盟校挖走生源。只要家长们继续相信自己的孩子在大学深造期间能与精英的后代接触交往有利于孩子成长，那么，他们的孩子就会继续为进入这些主要是非营利的被认定为“精英”和“有竞争力的”学校的大学深造而努力。

其次，也有人担心，高收费可能会导致有钱的家长或者家长已经承担了高学费的校友日后不愿慷慨捐钱给学校。换句话说，在捐赠人给人以他们买到了便宜货的感觉的情况下，是否还会存在大笔捐赠的可能性呢？[詹姆士·米切纳(James Michener)和尤金·朗最近所做的慈善捐献使人又想起了这个问题——但是，他们俩在斯沃斯莫尔学院读书时都很贫穷。现在，他们俩让人重新想起了那些让他俩上这所学校成为可能的人的慷慨捐赠。]家长的捐赠可能会有所减少，但富有、深爱母校的校友的捐赠大幅度减少的情况不太可能会发生。

提高收费可允许精英学校向其中低收入服务对象提供更加慷慨的资助，并且迫使二流学校模仿，向没有被精英学校录取的学生收取名目繁多的费用。

作为市场的医疗卫生和高等教育领域

就如前面的讨论所显示的那样，高等教育如同医院服务已经陷入了很多市场陷阱。“高等院校与任何营利机构一样极力甚至无耻地推销它们的产品”。举例来说，那天，《纽约时报》报道了像奥本大学(Auburn University)、明尼苏达大学(Minnesota University)和宾夕法尼亚州立大学这样的政府资助大学正在电视上做漂亮的广告，并且在报道中用了上面这句话。[3] 难道就有人希望非营利“私立”院校在这方面远远落在后面？举例来说，斯沃斯莫尔学院大做广告宣传自己在一家全国性新闻杂志公布的排名中名列第一，但斯沃斯莫尔学院的很多教职员工私下里并没有把这家杂志看作美国或者全球声誉良好的新闻来源。

随着医疗卫生和高等教育日趋企业化，并且履行越来越多的企业职能，有人也许想知道这种转型会对这样的院校教学两方面产生哪些不同的影响。至于医院由公立、非营利转型为营利，是否在哪些重要的方面产生了值得关注的影响？或者说，就像拉尔夫·克雷默试问的那样，我们还能继续从每种机构——公立、营利或者非营利——提供的“布丁”中找到能证明它们各自性质的证据吗？

毫无疑问，目前很多精英院校提供的一种有价值的商品就是录用少数种族背景特别是非裔学生，尤其是城市贫民区出来的学生。记者罗恩·萨斯坎德(Ron

Suskind)讲述的塞德里克·詹宁斯(Cedric Jennings)从华盛顿贫民区走进布朗大学的故事描述了这种“商品”的价值。詹宁斯先生是一名非常值得关注和有抱负的青年,虽然他的学业能力测验(SAT)只得了960分,比他那一届的平均录取分数线整整低了400分,但他还是被布朗大学提前录取。[4]

如此非同寻常的社会流动性,非营利院校要比公立院校容易提供,但这并不是公立院校不设法向家境贫困的学生提供类似的教育优惠的理由。慈善捐款增加了非营利院校的资金来源,因此允许它们从少数种族入学申请者中挑选优秀分子,而公立院校的低收费也提供了某种持续不变的优惠待遇。毫无疑问,营利院校会给予有人种/种族背景的入学申请者更多的表面好处。

随着市场原则在公立、非营利和营利院校各自不同的管理和服务提供结构中扎下根来,这些不同性质的院校之间的差别将会不断缩小。创建作为“利润中心”的部门和研究中心在各种性质的大学已经蔚然成风,因此,即使获得捐助最多的院校对学费和其他收费的依赖也显而易见。当然,不同性质院校的董事会还是执行有所不同的董事任命条件,因此,营利院校较难利用慈善基金会来“洗清”它们接受的捐献。然而,正是由于最近几年公立和私立院校之间的区别在逐步缩小,因此,它们之间的边界肯定会继续加速模糊。

社会第三空间的发现

随着医疗卫生和教育事业越来越变得由市场驱动,慈善支持、非营利组织治理、服务市场和国家照顾不周的人群以及不分配约束下的资产保护等传统有可能相应丢失。非营利部门的观察者越来越多地开始正视三个部门之间的边界变化造成的影响。

城市研究所(Urban Institute)非营利组织与慈善研究中心(Center on Nonprofits and Philanthropy)主任伊丽莎白·鲍里斯(Elizabeth Boris)比较敏锐地注意到了这个问题。鲍里斯指出,“企业和政府机构提供的服务常常类似于非营利组织提供的服务。结果,药物滥用防治计划、护幼保健中心和医院等方面的非营利、营利和政府服务几乎没有什么区别。虽然有越来越多人开始担心医院由非营利转为营利对社区会产生的潜在影响,但几乎还没有能够证明这种影响的研究文献”(Boris,1998:2—3)。

长期在彼得·多布金·霍尔所说的“非营利产业”工作的鲍里斯在社会三部门的“重叠之处”发现了一些“积极的影响”:“例如,非营利组织可以创建营利性分支机构,这样就能在某个项目上赚取利润,并把这些利润用来补贴其他服务项目。如果划得来,非营利组织也可以向企业购买服务,例如,现在有很多院校向学生提供商业性餐饮服务。”

鲍里斯用一种在还没有像眼下这样担心非营利“部门”的作用前经常用于志愿行动的评论结束她关于三部门边界关系的研究:“这些不断变化的边界有可能引发创新并且提供解决问题的新机会。譬如说,有时,非营利部门为政府和企业满足某些社会服务需要开辟了道路。要不是非营利组织为它们开辟道路，政府和企业有可能根本就不知道有这些需要存在。”她还举了艾滋病防治的例子。

就她认识到了政府、非营利和企业服务之间常常存在的有限区别这一点而言，她的论点是重要的，但最重要的或许是服务质量，而不是服务提供者的性质。这就是社会福利学者拉尔夫·克雷默在他为阿斯彭研究所(Aspen Institute)撰写的工作论文《21 世纪的非营利组织：将成为一个重要部门?》(Nonprofit Organization in the 21st Century：Will Sector Matter?)中提出的观点。

克雷默在他漫长、卓越的职业生涯中完成的最有意义的研究详细阐述了政府与非营利组织特别是在服务承包方面发生关系的方式。[5] 克雷默(1998：1)在这篇为阿斯彭研究所撰写的工作论文中区分了两种在过去 25 年里非营利部门快速成长过程中出现的服务承包观：“其中居于支配地位的观点强调第三部门合作伙伴与政府在社会服务提供、文化艺术以及作为民间社团建设的主要力量和倡导者等方面进行的快速制度化建设；另一种观点对把第三部门作为一种企业化模式来利用的做法表示怀疑，但发现了政府、市场经济和非营利组织之间边界日趋模糊和趋同的趋势。”

克雷默回顾了许多政治和社会经济学、组织生态学、新制度学派和混合体制等领域的理论，最后断言“服务提供方式可能要比资金来源更加重要。因此，强调组织所有权或者企业化运作的重要性可能会导致注意力偏离社会政策目标以及机会、效率和质量等价值观”。

一个统计意义上很大的非营利、第三或者独立部门的概念在它被“发明”的过程中很有吸引力，但是，这个概念中有一点“绿野仙踪”(Wizard of Oz)的味道，就像这个部门的“大亨”——医院、保险协会、学校和宗教机构——并不承认自己属于一个与众不同的第三部门。这些机构保留了自己的专业网络、教育细分市场和专门的机构身份。

非营利部门的发明者就这样陷入了一种两难困境：他们应该继续披露这个负隅顽抗的中心的真相，还是恢复使用由规模较小的社会服务组织、社区组织和社会行动团体构成的规模较小但更加集中的“志愿部门”这个传统概念呢?

这些重要的领域最符合志愿和公益原则，并且能最明显地提供国家和市场都不能提供的东西。而且，它们也是哲学家富兰克林·加穆威尔(Franklin Gamwell，1984)在追寻第三部门“目的优先”部分时试图识别的领域：社会能体现第三部门精神的方方面面。这些都是对于社会来说至关重要且与众不同的机构，它们可以被认为位于社会连接严格意义上的企业、政府和家庭空间的地带。

社会理论家和行动主义者哈里·博伊特(Harry Boyte)(Evans and Boyte，1992：17—18)把这个连接地带称为社会的“自由空间”——“社会成员能够建立新的自尊、更加深入和自信的群体认同，掌握公关技能以及合作和公民道德价值观的地方。简单地说，自由空间就是私人生活与普通公民可有尊严、有憧憬、独立行为的大机构之间的连接地带。那里主要有一些具有相对开放和参与性特点的自愿结成的社团——很多宗教组织、俱乐部、自助和互助会以及很多其他社区生活基层团体”。

博伊特倾向于把自由空间视为虽然不是单一但主要由规模较小、较不正规、笔者所说的第三部门组织构成。但是，不仅仅这些组织和发生在笔者所说的非正规部门——不但是家人和亲属系统，而且也是小区和社区内部成员许多有组织非正式集会的场所——的活动之间存在一些边界模糊性，而且在家庭与大机构之间还存在各种不同的关心政府结构有时也关心企业结构，规模不大但起到媒介作用的改革团体和公民团体及网络。我们现在正在探讨的这种空间越来越多地采取很多不同场所的形式存在，这些不同的场所因为在社会其他部门“之间”占据的位置，而不是它们属于某个部门的身份而受到了特别的关注。[6]

德国学者阿达尔贝特·埃弗斯(Adalbert Evers)根据维克多·佩斯托夫(见本书第二章)对社会空间的描述预想：第三部门在当今社会中占据着一个特别重要的公共空间。他先是考察了这个位于一个由市场、国家和非正规组织等基本机构构成的三角形内的空间，然后又说第三部门组织与其他每种不同形式的组织一起扮演了不同的经济、社会和政治“中介”角色。

埃弗斯(Evers,1995:160—161)的第三部门愿景具有很强的空间性，他强调指出，第三部门涉及很多不同的行动和组织——其中有很多还包含“资源和动因协同组合”的混搭、“相互交织在一起的不同资源和相互关联的不同区域”。第三部门并不是一个与其他主要机构之间存在明显边界的部门，而是“在把国家、市场和非正规部门作为一个三角形张力场基础来构想时存在于它们之间的开放空间”。

博伊特和埃弗斯认为他们想像的空间位于由企业、政府、非营利组织以及家庭、亲属群体和社区提供的制度结构之间和之内，而且可能对于确保现代社会健康具有至关重要的意义。这个社会领域并不是一个严重科层化的大第三部门的产物，最好应该把它看作现代社会的一个“第三空间”，而不是企业和经济利益大行其道的空间或者政府权威和机构高高在上的官僚化空间，当然也不是大多数成员践行其最重要人际关系的家庭的社会空间。第三空间是一个介于社会特大组织与家庭生活小岛之间的场所，一个联络、网络化和沟通的场所，一个体现现代生活把个人与影响他们日常生活的更大系统联系在一起的场所。

在各种不同的第三空间中，如在埃比尼泽浸礼会教堂(Ebenezer Baptist Church)地下室这个第三空间里，马丁·路德·金(Martin Luther King)重新集结了在罗莎·帕克斯(Rosa Parks)被捕后成为一场伟大运动中坚的力量；又如在幻灯剧场(Magic Lantern Theater)这个第三空间里，一个名叫瓦茨拉夫·哈维尔(Vaclav Havel)的有前科的犯人与他的志同道合者碰头策划了一场几个月后让他成了总统府主人的和平革命；再如在一个名叫“国际笔会”(International Association of Poets, Playwrights,Editors,Essayists and Novelists,PEN)的第三空间里，会员作家们勇敢地谴责伊朗统治者对萨尔曼·拉什迪(Salman Rushdie)发出追杀令。还有，先是在(宾夕法尼亚州)上达比(Upper Darby)第69大街终点站对面的第三空间，后来是在一个政府办的流浪汉收容所的餐厅里，特拉华县(Delaware County)的公民在过去的10年里每天晚上在自家厨房为饱受饥饿煎熬、无家可归的“邻居”准备了 30 000 多份晚餐。

“第三空间”这个概念表明，第三部门可能首先不是关于组织性质的——是非营利组织，而不是企业或者政府。当然了，这个人类活动领域的特别贡献就在于组织和精神的某种特定结合。

对于第三部门来说，精神可能才是第一性的。如果某种人类行动被注入了志愿精神，那么就能在任何一类组织——非营利机构、企业、政府或者家庭——中发生。这样的“志愿行动”可以体现那些选择做社区组织志愿者或者老板行贿或非法行为揭露者的企业人的特点；这样的“志愿行动”也能反映献身于构建公民与国家之间新型社会契约关系的民选官员的特点；这样的“志愿行动”甚至还能体现一个在关系紧张时期有离开家庭想法的母亲或者父亲决定作为家庭生活依靠和未来行为榜样仍留在配偶和孩子身边的特点。

志愿行动包括个人和组织的志愿行动，是一股已经被视为能够恢复社会活力的力量。第三空间就是我们能够发现志愿行动的地方，它也许就是我们在任何时候碰巧就在那里采取志愿行动的地方。

我们肯定需要找到与被营利机构控制的医疗卫生产业以及被营利方式和心态控制的教育产业打交道的方法。与这两个产业打交道的方法也许就是：与我们一起在第三空间探索您的目标和计划！了解您的服务对象和顾客、公民及邻居需要并希望您做些什么！

我们在把基本上是非自愿、非营利性科层制机构从第三部门剔除之后剩下的仍然是一个广阔、重要的领域，一个个人在任何职业或者机构里以及具体的宗教、艺术、社会服务和公民组织价值观的支配下的行为表现领域。罗杰·罗曼把这个领域称为“共同”领域。本书剩下的章节将主要关注这个领域——社会第三空间——及其对人类体验的重要意义。

第四篇

论文化与第三空间之间的边界

第九章　如何确定模糊不清的传统

美国人有时会被说成是无论用时间还是金钱计算全球付出最多的。但是，参与、志愿行动和慈善传统在一个个人和文化利己主义时代受到了围追堵截，第三部门以各种令人困惑的方式卷入了我们这个时代的“文化战争”。这一章主要论述学校在发展社会积极行为模式方面可发挥的关键作用，而本篇的其他各章将考察宗教和社区发展的作用。

教育如何为民间社团建设服务

任何社会机构都不会比学校面对更多、更加严厉的“主子”。无论是小区附近的小学、学区高中还是州立大学，教育机构天天要面对学生、教师、家长，纳税人和学费支付人以及普通相关公民常常是相互冲突的期望。

学校要教学生读书写字，掌握职场所需的不断变化的知识和技能，并且向学生灌输一整套他们的长辈未必苟同的价值观。学校还被要求不分阶层、性别、种族、宗教或者人种，公平对待每一个学生。套用吉尔伯特(Gilbert)和沙利文(Sullivan)的老话来说，教书匠常常命里注定不是“幸运的人”。

由于最近几年重新发现了一个最早由约翰·杜威及其追随者发现的传统，教育机构已经开始承担教育为民主政治和民间社团服务的任务。这在大学就意味着“服务型学习”和“体验式教育”等领域的课程和教育计划开发工作，而在中学就意味着在设置课程时安排学生参加不同社区服务项目和活动的机会。

服务型学习运动的支持者们声称，这种运动提出的教育主张是把我们的社会改造成更加民主、公平和更具经济机会的社会的重要行动建议之一。这些行动被认为既为学生提供了一个客观地看待世界的现实起点，也为他们提供了开始探索其他很多为应对未来要面对的许多挑战所必需的手段。

服务型学习的支持者们认为，学校有能力把很多专业技能和知识纳入“教育与民间社团合作倡议”(Partnering Initiative on Education and Civil Society)所说的“公民教育”。学校这个向青年一代传授社会文化的基础机构被赋予了在确保社会具有民主特点方面发挥主要作用的重要责任。

如何重新吸引青少年

课程开发与督导协会(Association for Supervision and Curriculum Development,ASCD)这个“教育与民间社团合作倡议”的主要执行机构发布了涉及面很广的白皮书。这本白皮书明确而又睿智地介绍了美国“公民教育”的情况,先是指出了美国民主参与方面出现的明显倒退,并且援引罗伯特·普特南的研究,证明了“从参加公众集会到为某个政党工作”很多公共参与形式的倒退(Robelen,1998:2)。全国性的学生能力测试也表明:学生对政府机构如何工作的理解水平也在下降;目前只有27%的高校新生关心时政,而1966年这个百分比高达58%。

课程开发与督导协会的白皮书表示学校并不是唯一负有民主建设责任的社会机构,并且援引了约翰·杜威很有影响的观点来支持学校在这方面应该发挥重要作用的论点:

“我们已经忘记,我们每代人每一年、每一天都应该把民主体现在活生生的人际关系和各种形式的社会机构中。由于忘记了这……因此,我们一直没能创建一种应该是民主忠诚卫士的学校。”[1]

课程开发与督导协会的白皮书明确了积极公民不可或缺的各种不同“民主生活能力”,其中包括“尊重、同情、诚实、正直、宽容、信任、相信正义、对自己和他人负责、合作和爱国”(p. 2)。这些为有效的民主参与所必需的民主生活能力还需要一整套支撑通常所说的“品格教育”的群体参与技能作为补充。课程开发与督导协会副总干事戴安娜·贝雷斯(Diane Berreth)[2] 表示品格教育超越了课程范畴:“这种教育不但要在课堂上推行,而且还要在运动场上、公共汽车里、运动计划中、学科制定规划中得到体现。”课程开发与督导协会的白皮书还指出,品格教育可以“包括冲突解决方法传授、合作学习实践、在课程中安排价值观教育以及开设民主课堂”(p. 3)。

把服务安排进课程是一种在很多不同方面都可能遇到的挑战,而且也日益成为一种学校必须直接面对的挑战。在一个1997年4月接受全美教育统计中心(National Center for Education Statistics)调查、由8 000名学生组成的全国性样本中,有一半以上的被调查者报告称,他们在过去的一年里参加过社区服务;而在回答参加过社务服务的学生中,有一半表示他们参加的是安排在课程中的服务(Robelen,1998:4)。

课程开发与督导协会的白皮书还列举了各州在服务型学习、品格教育和公民教育方面采纳的不同政策:“马里兰州毕业生要按规定参加社区服务,有10个学区允许给参加社区服务活动的学生计学分,而另一些州也鼓励学生参加这样的服务。有很多州已经立法或正在考虑立法强制或者鼓励推行品格教育和公民教育。(p. 6)”

这种趋势还在不断发展。1998年6月,费城教育委员会表决通过了要求公立学校全部 213 000 名学生参加社区服务工作。在费城,从 2002 年开始,四年级、八年级或者十二年级的学生如果没有按规定完成社区服务计划就不能毕业。在芝加哥,高中二年级学生要按规定参加 40 小时的服务,如果不能按规定完成任务就不能毕业。在路易斯维尔,高中生的毕业条件之一就是在校期间要按规定完成 30 小时的服务。

课程开发与督导协会的白皮书检讨了左派和右派各种批评服务型学习的观点。在右派方面,切斯特·芬恩(Chester Finn)和格雷格·瓦努雷克(Gregg Vanourek)认为这样的计划只会使我们分散对学校基本教育计划的注意力:"我们的学校已经承担了传授基本技能和知识的核心使命,现在又要把时间、精力和资金挪用到非教学问题上。"[3] 在左派方面,罗格斯大学政治理论学者、大学水平强制公民教育的倡导者本杰明·巴伯(Benjamin Barber)认为,这样的计划只有在使用"公民语言",而不是"慈善语言"的语境下才能证明它的合理性。[4]

从务实的中间派的角度出发,全美健康与社会福利志愿组织(National Voluntary Health & Social Welfare Organization)全国代表大会执行主席戈顿·雷利(Gordon Raley)不无担心地表示,"在这些事情还没有最后确定之前,我们也许能劝住青少年别像我们鼓励的那样参加志愿活动"。雷利补充道:"也许我们应该重新考虑强制推行这种计划的问题。根据我们对青少年的了解,很可能应该阻止他们参加志愿活动,而他们也可能会陆续退出这类活动。"(Dundjerski and Gray, 1998:32)

课程开发与督导协会效仿宾夕法尼亚大学艾拉·哈克威(Ira Harkavy)领衔的社区合作研究中心,在报告中呼吁无论服务型学习课程如何发展,我们都应该致力于民主和社区建设。哈克威领衔的社区合作研究中心与费城学区紧密合作,在宾州西费城附近发展了一批"社区学校"。哈克威在 20 世纪 80 年代末就与两个志同道合的历史学者李·本森(Lee Benson)和谢尔顿·哈克尼(Sheldon Hackney,正好时任宾州大学校长)合作开始了这项行动,现在宾州大学各院系总共开设了 70 多种具有学术基础的社区服务课程,其中很多社区服务课程由宾州大学最有声望、最著名的系开设。[5] 宾州大学在周边社区已经开展了数百个独立的校级项目。[6]

如何发展公民教育

有些组织为了明晰和推进公民教育目标,采取了一些全国性的行动。全美公民复兴委员会(National Commission on Civic Renewal),一个由佐治亚州前民主党参议员山姆·纳恩(Sam Nunn)和前教育部长威廉·班尼特(William Bennett)主持的两党联席委员会,在 1998 年对学校这方面的工作提出了四点建议:[7]

- 学校应该重新安排学生的校内生活,通过让学生在保持教室和校舍清洁以及遵守课堂和学校纪律方面承担更多的责任来提高他们个人和社会责任感等基本的公民素质。
- 每所学校都应该根据建国文献——《独立宣言》(*Declaration of Independ-*

ence)、《联邦党人文集》(*Federalist Papers*)、《美国宪法》和其他有关我们国家政治和社会历史的重要著作——开展与学生年龄相符的严肃的公民知识和技能教育。

● 只要可能,公民教育就应该包括定期读报和讨论,因为读报的习惯已经被证明能够增强公民成年后的知情和参与意识。

● 每个州都应该要求全体学生证明自己已经掌握基本的公民知识和概念,并且要把这个要求作为高中毕业的一个条件。

我们可以听到学生家长对这些建议的反映——"把自己的房间打扫干净,快去读报",也有家长表示全美公民复兴委员会"没能就高中生必须参加社区服务达成一致"。但不管怎样,全美公民复兴委员会报告称已经对"用心把精心设计的社区工作与课堂思考联系起来的方式能够提高学生公民教育的效果"以及"能让学生有机会直接与各级政府接触的公民教育项目的积极影响"留下了深刻的印象,并且呼吁"更多的学校与各级政府建立联系"。全美公民复兴委员会还呼吁制定公民教育计划(Civic Education Project),以推进他们提出的建议的贯彻执行。

在全美公民复兴委员会发布报告前两年,已经有60个教育与社区基层组织结成了一个没能引起全美公民复兴委员会注意的联盟。这个名叫"教育与民间社团合作倡议"(Partnership Initiative on Education and Civil Society)的联盟是由政策分析师杰里米·里弗金和国民服务公司副总裁苏珊·斯特劳德(Susan Stroud)发起的,目的是要确定在当今生活中开展公民教育的依据。教育与民间社团合作倡议联盟发表的《教育与民间社团宣言》(Declaration on Education and Civil Society)一上来就安排了以下这段序文:

"从工业时代到信息时代的转变正在改变我们的文明。我们已经开始了广泛的经济、社会和政治变革。随着我们步入信息时代,我们正面对重新确定美国教育发展方向这个名副其实的挑战。因此,青少年应该做好准备去迎接全新的全球经济、政府面临的新现实和多元文化世界的新挑战。我们必须牢记,市场的优势和民主政府的效率归根到底要取决于200多年来作为民间社团基础的民主与共享原则。民间社团是我国人民的精神源泉。让下一代为终生致力于民间社团建设做好准备是我国的教育工作者和社区面临的最重要的挑战之一。我们的中小学校、高等院校和社区组织可以通过推进建立学校与社区之间无缝对接的网络,在培育美国公民价值观方面发挥关键的作用。"

教育与民间社团合作倡议联盟的"行动号召书"与全美公民复兴委员会的行动宣言相比,不但意义更加深远,而且内容也更加详细。就像全美公民复兴委员会一样,教育与民间社团合作倡议联盟在它提出的一整套建议中也把第三部门,而不是政府作为公民教育基地来关注:

● 通过把服务型学习作为教育体验不可分割的组成部分,增加青少年和成年人与小区和社区组织一起参加有意义的服务的机会。

● 通过把服务型学习、品格教育和公民教育整合在一起,并且在课堂上合并开展这三种教育,鼓励学生思考品格发展和负责任地加入民间社团这两个问题。

● 把民间社团的历史遗产和价值观引入内容广泛的课程和社区计划。

● 通过让学生设计自己的学习体验，把民主和共享价值观扩展到课堂。

● 在社区组织、社会团体、企业、中小学校、高等院校之间建立更加直接的联系。

● 确保教职员工、学生和家长以及社区组织对于大、中、小学的政策制定有真正的发言权。

● 竭尽全力保证为实现以上目标所必需的人力、财力和社区资源供给。

教育与民间社团合作倡议联盟提出的建议把重点放在了社区，适用于从幼儿园到大学各个层次的教育机构，不但以提高学生能力为目的，而且还有资源意识；而全美公民复兴委员会提出的建议更加依赖政府，以大学前教育机构为主要对象，以成人为中心，并且缺乏资源意识。这两个机构提出的建议反映了两种不同的观点，而这两种观点在未来几年谁能占据上风这还得看这两个机构以及它们在慈善和公共事务领域不同支持者可能引发的公开对话的质量。但是，这两种观点存在实质性的分歧，而它们相互竞争的结果对于公民教育的未来至关重要。

如何形成公民教育计划

由于学校教师、行政管理人员和领导人以及学生和家长都要面对公民教育的未来，因此，那些导致教育与民间社团合作倡议联盟和全美公民复兴委员会意见分歧的问题，连同公民教育项目中几乎每天都在出现的其他问题都必须得到解决。公民教育作为一场能够改造学校和社会的社会运动，已经被堂而皇之地推上了教育改革的舞台。但请记住，在教育和社会政策的史册中以前已经有过这方面希望破灭的记载。

各级学校应该把服务型学习放在学校课程核心位置的意识形成于学生兴趣几乎没有超越个人发财和成功梦想的“唯我十年”（指过分追求个人幸福与满足的 20 世纪 70 年代。——译者注）以后的 20 世纪 80 年代。就像那么多的“大趋势”那样，这个大趋势几乎同时出现在了美国很多州。一个由 12 所大学校长组成的团体在 1985 年创立了“校园联盟”（Campus Compact）这个自诩目前有 225 所高校参加的组织。第二个高校联盟组织“校外机会联盟”（Campus Outreach Opportunity League，COOL）吸引了 206 所高校领导人参加了该联盟举行的 1989 年大会。

罗格斯大学校长爱德华·J. 布罗斯坦恩（Edward J. Bloustein）1988 年的著名毕业典礼演说充满了“教育存在某些问题、服务型学习可以解决这些问题”的感觉：

“对个人利益和物质利益赤裸裸的追求是一个不靠谱到令人失望的个人满足感来源，是对民族国家的公民精神理想的彻底扭曲，而且也是对我们所处的全球化背景做出的迟钝到危险地步的反应……

“付出和索取一样都是美好生活的一部分……高中教育已经要求教师在培养学生共享和关爱的美德方面做出了重要贡献，但本人建议我们作为教师应该做得更多。我建议，我们要把社区服务看作通识教育组成部分的学习体验的必要成分……

我呼吁，我们应该考虑……把为别人服务作为取得文科本科学位的一个必要条件。”

布罗斯坦恩转而解释说，有一部分学生可能“不愿”接受这样的条件，但这样的条件应该被作为一种满足“社会和文化素养”课程要求的方式。他以下面关于服务型学习的热情倡议结束了他的演讲：“在我们这个国家和我们这所大学里，我们必须重新把关爱别人获得的满足感看作关爱我们自己所获得的满足感。我们必须重新认识公民责任意识问题，并且把公民责任意识作为一种自我解放的技能来传授。我相信，在寻找以利他主义来调整个人主义的途径的过程中，我们将获得更大的个人满足感，并且能够更加和谐地与这个日益动荡、变得越来越异构的世界相处。”[8]

如何发展公民教育计划也许能在罗格斯大学卡姆登分校的市区校园里找到例证。1988 年，选修笔者开设的城市研究课程“城市社会沟通”的学生通过努力在担任附近青少年资源中心(Juvenile Resource Center)陷入困境的高中生“辅导员”的过程中学会了与这些青少年沟通。在整整 10 年时间里，卡姆登分校这个现在被称为卡姆登公民教育伙伴(Associates in Citizen Education，ACE)的计划是一个每年有几百个学生参加的实习计划，并且被作为语文、历史学、政治学和心理学等不同院系课程的一个组成部分。通常，学生在实习期的前三周要接受一般沟通与群体沟通技巧培训，然后在实习期剩下的时间里每天在一个社区组织提供 5 小时或者更多时间的服务。常规的课堂教学安排有关于服务意义的演讲、讨论和思考。学生要根据详细记录自己在整个实习期里的体验的日记撰写期末论文，并且要在论文中把实习体验与阅读课程指定的阅读材料和其他课程的课堂学习学到的知识结合起来。

无论是在罗格斯大学还是其他大学，把志愿服务作为核心内容纳入大学课程并不是一件容易的事。许多教师、学生和行政管理人员仍认为，唯一有效的学习方式就是课堂学习，而社区服务只是一种“装饰”。况且，现在很多学生的日程表总是安排得满满的——修其他课程，兼职甚至全职打工，还要履行各种的家庭义务。

卡姆登公民教育伙伴计划是由罗格斯大学卡姆登分校教授代表会议于 1988 年决定制定的，而且先于该大学实行的“公民教育与社区领导”计划。卡姆登校区教授代表会议一致认为，他们的学校有义务开设涉及社区体验教育的课程供学生选择，但必须确保这样的参与仍基于每个学生自己的自愿选择。

卡姆登公民教育伙伴计划在给学生创造为校园周边城市社区服务的机会的同时，又能让学生取得学分。学校很多院系开设的课程把社区实习与课堂教学结合在一起，学生可在常规的课堂教学课上思考和讨论问题，并且保证有充足的时间有效地完成实习任务。卡姆登公民教育伙伴计划允许实习学生通过与社区伙伴合作的方式参与项目的领导和管理工作，并且有助于学生利用接受教育的机会来解决紧迫的社会问题。

卡姆登公民教育伙伴计划开发了一个同时为在校完成社区服务的学生和社区项目合作伙伴服务的基础设施。学生被选为“领导助理”，并且在学校充当项目规划和开发的领导角色。同时，罗格斯大学卡姆登校区城市研究与社区发展系推出了罗格斯城市扫盲合作(Rutgers Urban Literacy Partnership)项目。从1991年开始,每年大约有60个罗格斯大学的学生报名参加这个项目,教卡姆登不识字的居民识字,有时也去经过选择的中学里给学生当辅导员。

卡姆登公民教育伙伴计划就像美国其他高校数以百计的类似计划一样,在实施过程中遇到了很多有待彻底解决的两难问题。其中包括:

● 学校通过推行这样的计划会在倡导活动中发挥什么作用?或者说,它们的社区工作是否仅局限于单一的服务功能?美国宪法第一修正案禁止公立学校或者大学的课堂教学活动直接为促进宗教机构发展和政治候选人竞选服务。但经验表明,学生从事的直接服务活动常常是一些他们偏爱的活动,也就是那种组织为他们准备的最常规的社区服务工作。

● 各级学校应该如何抵制政治压力来追求生产性服务?学校行政管理人员也许对可能存在的政治压力极其敏感。几年前,罗格斯大学一位院长没有接受我向她提出的学校应该成为"安置无家可归者的倡导者"的建议,理由是这个校区的学生大部分来自于市郊社区,学校可能会遇到与同一些社区领导打交道的政治尴尬。

● 应该让学生自愿选择还是强迫他们参加服务计划?罗格斯大学同仁本杰明·巴伯这位著名的政治理论学者极力主张把参加"公民和服务型学习"实习作为取得学位的一个条件。

笔者坚持参加这种项目应该自愿的立场,并且基于理念和务实两个方面的理由进行了争辩。

从理念上讲,笔者认为,根据"强制自愿"的原则推行服务计划,不但"强制自愿"存在修饰上的矛盾问题,而且更重要的是,应该认识到民主政体本身就赋予公民不参加的权利。而巴伯则认为,教育者在规定课程要求时应该适当扮演成人的角色,要求学生接受公民教育就像要求他们按规定掌握语文或者数学知识。(在笔者开始觉得这个论点有它的魅力时,本人的行政谨慎心又占据了主导地位,笔者又开始想到对每一个在校商科和医疗技术专业的新生开展公民教育和安排相关实习会遇到的困难。)

结束语:如何通过学做公民来学习公民的权利和义务

前总统乔治·布什曾经把参加公共服务说成青少年履行"公民契约"的一种重要方式。各级学校的公民教育责任在很大程度上就是让青少年在社会上适应积极公民和社会参与者的成人角色,目前为实现这个目标而做出的努力把重点放在了构建新的公民和社会契约上。

就如我们在这一章里已经看到的那样,美国的各级学校越来越倾向于把民间社团行为方式教育安排在课程里。通过这样的课程安排以及后续的课堂思考,学生可以学到为在当今这个多面世界做合格的公民、劳动者和社会成员所必需的很多社会交往技能。

最近召开的相关研讨会体现了社会在未来几年面临的挑战的严重性。[9] 向这次研讨会提交论文的与会者有1名教师、2名经济学家和1位著名的政策分析师。教师斯坦·卡普(Stan Karp)注意到他的学生中存在阶层和人种不平等问题;经济学家理查德·默南(Richard Murnane)和弗兰克·利伟(Frank Levy)认为,在过去的几十年里,大学毕业生在维系他们在经济中的角色方面要好于中学毕业生,未来几年,雇主在雇用高薪雇员时仍将比较挑剔;而政策分析师杰里米·里弗金则表示,在全球范围内,芯片业将持续减少雇员人数,从而有可能导致贫困加剧或者闲暇时间增加。

那么,学生、教育者和公民应该如何应对贫困、教育不公平和技术错位的三重挑战呢?与会的政策分析师呼吁我们要在这个政府和企业不断裁员导致社区志愿活动已经成为一种生存技能而不是时尚装饰的世界上认识到第三部门组织的作用在扩大。与会的两位经济学家则呼吁每个中学毕业生都应该掌握基本的生存技能,从而导致很多雇主因每个应聘职位都有更多的称职求职者前来应聘而感到为难。与会的教师警示称,如果想要进行必要的政治、经济和文化变革,那么,除了学校以外还必须有其他机构参与。

如果美国的未来需要积极、有效的公民力量来捍卫全体公民的工作权利和挣得体面收入的权利,那么,公民似乎应该通过学校和社区学会如何动员第三部门极其丰富的资源。只有这样,提交论文的教师对于公平的关注才会引起重视,经济学家所说的掌握基本技能的中学毕业生才可能找到好的工作,而政策分析师对第三部门公民行动力量的信任也会得到回报。

当代公民和服务教育运动导致民主政治要接受个人日常选择和行动的检验。本书的以下两章将考察民主政治在以信仰为本的组织、高等院校和居民社区等不同民间社团背景下要接受检验的过程。

第十章　论当代信仰和慈善的希望

对城市教会作用的重新发现催生了一些描述城市牧师承诺和他们为满足高风险儿童和群体社会需要而仍在举行的圣会的充满希望的研究文献。一些全国性的委员会标榜这样的努力才是唯一值得称赞的慈善支持，同时也出现了一些认同以信仰为基础的地方志愿运动威力的研究(Cnaan，1999)。

以信仰为基础的非营利组织的进入

笔者先来讲个适合我们主题的故事：笔者曾与一些同事应邀参加了一个评定非营利部门最有影响力人士的专家小组。在笔者要推荐一个大多数美国人都熟悉其音容笑貌的牧师之前，被提名者都没有得到很高的评价。笔者要推荐的这个人是杰西·杰克逊(Jesse Jackson)甚或法拉克汗(Farrakhan)牧师，但笔者被告知"可他并不是非营利组织管理者。他是一个牧师"。

亲爱的读者，笔者要让您明白一个鲜为人知的事实：牧师是非营利组织的管理者，教会就是非营利组织，而我们马上就会明白称它们为"基于信仰的组织"或者"宗教团体"更确切的组织正在迅速占据美国民间社团的重要位置。

贵格会牧师、学者托马斯·H. 杰文斯在他有关基督教服务机构的研究(1994)中指出，这些机构既被灌输了它们各自宗教传统的价值观，又分担了其他志愿组织发展和管理面临的种种挑战。杰文斯归纳出了领导和管理这些组织的人士必须重视的 10 个基本要点：使命、接受和提供服务、手段与目的、仆人、管家、尽职、关爱、创建和维护基督教组织、诚信和领导力。

杰文斯(1994：223)认为，这些基本要点又可进一步归纳为两个要求：

"首先，这些组织必须牢记耶稣发出的给饥饿者饭吃、帮助有需要者、关爱有病者和做好受托资源管家的呼唤，必须根据自己的使命和天职尽可能高效地提供所需的服务。其次，这些组织要牢记《新约全书》中提到的另一个呼唤——与世人分享上帝之爱的呼唤，并且必须以这样一种方式来运行：把服务作为上帝之爱的生动证据。"

在杰文斯看来，宗教组织"可以并应该被视为美国慈善和自愿结社传统不可分割的一部分"(1994：39)，并且确实包含其他形式的志愿和非营利组织诞生和发展的初始“社会空间”(1994:37)。“这个论点的实质就是宗教团体——常常是‘反叛既有国教的边缘化信仰宗派和倡导者’——为自己规定了自愿结社的权利，并且又把自愿结社的权利转移给其他慈善和价值观表达组织”(Jeavons，1994:37)。

统计数据也显示了宗教组织在非营利部门占据的中心地位：美国人一半以上的慈善捐赠被用于供养宗教组织。但是，教会组织普遍被美国志愿运动研究学者所忽视，有时仅仅是由于美国宪法第一修正案与国内税收局规定之间存在一些未经考证的巧合而被视为“非营利部门”的一种存在。

最近三份关于美国第三部门状况的报告驳斥了这种传统的假设。美国议会(American Assembly)、民间社团委员会(Council on Civil Society)和全美公民复兴委员会都注意到了宗教团体在美国人生活中发挥着越来越重要的作用。

美国议会的报告是由一些1998年在洛杉矶盖蒂艺术中心(Getty Center)开会的第三部门组织领导人负责起草的。这份报告是这样说的：“非营利部门中的宗教团体应该更普遍地被认定为慈善行动的主角，尤其是它们动员个人捐赠和参加志愿行动以及在地方创建社团的作用更加应该得到承认。”(American Assembly，1998:23)

全美公民复兴委员会是一个由前参议员山姆·纳恩和前教育部长威廉·本尼特共同主持的团体。该委员会在它最近发布的报告中援引了乔治·华盛顿告别演说中的一段话：“在所有导致政治昌盛的安排和习惯中，宗教和道德是最重要的支撑……我们应当提醒自己不要沉湎于没有宗教也能维系道德的假象中。”[1]

然而，还是要数民间社团委员会最彻底地支持扩大宗教团体的作用。[2] 美国民间社团委员会是美国价值观学会(Institute for American Values)的下属机构，由24个全国性的领袖人物组成，还有一些著名公共知识分子参加。该委员会的核心关切就是细化它所说的“可传播的道德真谛”。据该委员会说，这种道德真谛是“存在的，并且可惠及每一个有理智、善意的人”(Council on Civil Society，1998:12—13)。

民间社团委员会提到了能找到道德真谛的地方，但并没有对相关内容进行充分的细化。我们被告知道德真谛并不关涉“表现型个人主义”，但要求把“人类作为习惯群居的内在社会人”来理解，并且“只有通过这样的连通性……才能趋近于真正的自我实现”(1998:13—16)。而且，道德真谛可以被适当地注入一种“道德经济”——就如市场在生产道德上可疑的消费品和创造需求的过程中受到了适当的限制。

我们被告知，道德真谛最简明的表述就是“刻在我们硬币上的‘我们信仰上帝’”。但是，“除非宗教团体和宗教机构能够发挥主导作用，否则，一种共同的道德生活……就不可能重获复兴，因为充满活力的宗教团体对于识别和传播道德真谛可谓是生死攸关”(1998:12，21)。

民间社团委员会一个名叫唐·E. 艾伯利的委员细说了宗教在“公民共和主义”思想中似乎发挥的“主导作用”。他在把宗教认定为“第一政治制度”时把亚历克西斯·德·托克维尔作为自己的知识前辈(1998:192)。之所以会产生这种观点，是因为宗教与自由是“携手并进”的，宗教能“培养为维护共和制度所必需的克制、勤勉和安宁的习惯。换句话说，宗教是一种广受欢迎的促成民间社团和范畴更加宽泛的文化的影响源”(Eberly，1998：193)。

艾伯利的建议具有双重意义：首先，赋予“信教公民更大的言论和参与自由”；其次，承认“宗教信仰在形塑我们的文化和联盟方面已经发挥了关键的建设性作用，并且仍作为一种社会复兴力量存在，尽管社会和政界都有人企图分裂这股力量。艾伯利建议的这第一重意义提出了政教分开的棘手问题；而第二重意义，在艾伯利本人看来更加重要，“关系到在承认多元主义的前提下是否应该欢迎宗教在民间社团非强制领域发挥更大作用的问题”(1998：193)。

民间社团委员会在他提出的 41 条建议中有 5 条是针对宗教的，这也是它非常重视“宗教团体”的另一个明证。民间社团委员会建议说，教会应该：(1)认识到自己在社会中发挥的关键作用；(2)巩固家庭关系；(3)劝告企业不要太过注重物质；(4)积极参与反贫困计划；(5)为争取政府合同而与其他非营利组织展开公平竞争。

1998 年 6 月 1 日那一期的《新闻周刊》在它的封面故事《上帝大战黑帮》(God vs. Gangs)中发出了基于信仰的非营利组织实际已经出现的信号。《新闻周刊》在这个封面故事中提问说：“打击刑事犯罪最热的创意是什么？”它的回答是“宗教力量”。这期《新闻周刊》的封面人物尤金·里弗斯(Eugene Rivers)牧师，据说作为马萨诸塞州多切斯特(Dorchester)艾拉·J. 贝克之家(Ella J. Baker House)主管免除了他的基地对团伙毒贩的严厉管教。里弗斯用他的神职来减少我们国家最可怕的贫民区暴力犯罪，并且好像取得了成功。警察、教师和社会工作者在宗教取代单亲孩子的父亲和愤愤不平的邻居承担监护和关心责任的这一转向中全都发挥了作用。这部分非营利部门从未闲着，而是一年 365 天、一周 7 天、一天 24 小时地忙碌着。

政治学者约翰·狄于里奥(John DiIulio)已经成了学术界和公共知识界支持宗教团体在改善市中心贫民区儿童生活方面发挥作用的代表。狄于里奥直接得出了以下结论：

“根据 4 年的研究和直接观察结果，我认为(改善市中心贫民区儿童未来的)一个必要条件就是有市中心贫民区以外青少年和社区居民参加的基督教会、犹太教会、伊斯兰教会和其他以信仰为基础的草根组织的支持。

“支持市中心贫民区教堂就意味着在街道层面帮助那些不只是口头上而且在日常工作中爱护儿童的神职人员和志愿者坚持下去。这就意味着‘激励’城市宗教团体信众去发现并满足城市最贫困居民的基本需要，也意味着帮助那些每天都——按照信德经、望德经和爱德经——伸手帮助无辜的孩子、没有文化的青少年、怀孕少女和缓刑青年的人……还意味着与那些受宗教意识激励、运用精神语言但主要是为了‘不去教堂做礼拜’的孩子工作的人站在一起。这些宗教的见证人并没有把神职、改变信仰或者入教作为进入他们殿堂和受到他们服务——受到他们有时严厉但无条件爱——的条件”(1998：7)。

狄于里奥承认“宗教机构单独不能治愈美国的社会和公民病”，但确信基于信仰的行动能够“改变生活、振兴社区、减少贫困、防止暴力、改进教育并且产生其他符合道德规范的结果”的经验证据在不断增加(1998:7)。规模较小的城市事工或者通过市中心贫困区就近可用的手段来满足“精神+”需要的“祝福站”能够非常有效地取得这些希望获得的结果。《新闻周刊》载文指出，“为了感化和改造市中心贫困区的青少年，无论是开明人士还是保守分子，都已经开始按照‘拯救受毒品诱惑和黑帮文化毒害的青少年的唯一途径就是与唯一兼顾心灵寄语和肉体存在的机构——教会——’的观点寻求缔结一种几乎不太可能结成的联盟”。

狄于里奥补充说：“我举双手赞成。”(1998:7)

如何评价基于信仰的运动的政策与实践

很多年来，学术界对艾伯利和狄于里奥的批评变得越来越礼貌、恭敬。以前，他们可能先以指出相关作者保守倾向的方式来开始他们的评论，然后确定偏离某种观点的特别令人震惊的例子。但是，艾伯利和狄于里奥越来越倾向于通过站在开明和保守的立场上进行论证的方式来支持他们自己的观点。同时，他们的研究赢得了知识界的尊敬，因此，学术界批评他们的语气也变得比较温和。

例如，宾夕法尼亚大学最近主要为研讨狄于里奥研究成果举行了一次为期三天的会议。会上，主要评论者在发言时从语气和内容两方面都体现了他们对被评论者的尊敬。社会学经典著作《街头浪子》(*Streetwise*)的作者、人种学者伊利亚·安德森(Elijah Anderson)表示，导致贫困社区日趋衰落的结构性经济因素是如此的严重，以至于既需要改进政策、教育服务和增加就业，也需要增加宗教的影响。贫困问题专家凯瑟琳·埃丁(Kathryn Edin)[3] 回忆了她和人类学家劳拉·莱恩(Laura Lein)在两个得到联邦基金资助的宗教非营利组织里完成的参与性观察，描述了宗教团体在努力遵循政府补助使用指南的情况下提供服务所遇到的矛盾。而底特律研究获奖作品《城市危机的根源》(*The Origins of the Urban Crisis*)的作者、历史学家托马斯·萨格鲁(Thomas Sugrue)提醒说，目前的趋势似乎是在非常需要社会变革的时候过分关注了社会控制和社会服务。

狄于里奥(1988)在回答这每一个评论者时承认了他们的主要观点的正确性，并且表示很多机构必将成功地开展工作，但需要对合作方式做一些微调，必须同时提供并推进“服务与正义”。

从政策的角度看，狄于里奥本人支持执行最先由美国众议院于1996年作为福利改革立法的一部分通过的所谓“慈善选择条款”。他解释说，“这项条款鼓励各州利用宗教团体来向贫困者提供服务，并且在保护宗教组织的宗教完整性和特点的同时允许它们与其他服务提供者平等地获得政府合同、担保和资助”。狄于里奥认为，只要遵守以下规则：(1)基于信仰的服务并不是镇上唯一的服务；(2)服务对非教友一视同仁；(3)项目必须按“世俗目标”来推介，政府的资金就可以直接拨给宗教团体，而不只是拨给它们的世俗服务部门。

佩珀代因大学(Pepperdine University)政治学家斯蒂芬·蒙斯马(Stephen Monsma)注意到了常常与联邦拨款捆绑在一起的附带条件限制了宗教组织影响力和功能的作用范围,并且试图通过提出这个问题来支持慈善选择的主张。他支持一种被他称为“积极中立”的主张。这种主张建基于以下五个基本原则(1996: 174—177):

1. 保护“宗教非营利组织的宗教自治权”;

2. 坚持宪法规定的“活动自由和不专设机构条款”;

3. 政府“对各种宗教信仰保持中立——并且在有信仰与无信仰之间也保持中立”;

4. 尊重“历史和已有实践”;

5. 保护“公平的秩序”和“整个社会”。

积极中立说就如蒙斯马所阐述的那样,旨在保护宗教非营利组织在追求自己限制雇用教友及提供宗教和世俗混搭服务这些自治愿望的同时获得政府资金的权利。[4] 根据积极中立说,只有以下三个条件可附加于政府资助:(1)政府资助不可用于“主要属于来世性质的活动和项目”;(2)“政府资金不得拨给散布仇恨和不容异说或者以其他方式破坏民间社团基本架构的非营利组织”;(3)“受款组织必须愿意接受某些有限的审查和许可标准”(Monsma,1996:180—182)。蒙斯马补充说,这些条件应该适用于所有的政府拨款,无论是拨给宗教组织的政府拨款还是拨给世俗组织的政府拨款。

还有一种更加直接支持“慈善选择”的观点。这种观点认为,家庭、学校、企业和政府在美国城市低收入少数种族居住区都遭遇了失败,它们之间的合作非常不幸地没能满足贫民区居民的需要;因此,为了给宗教组织有力应对社会危机留出空间,就应该不管美国宪法第一修正案所关心的问题。前面提到的三个组织中有两个组织(民间社团委员会和全美公民复兴委员会)的报告以及像不断提出这项立法议案的密苏里州共和党参议员约翰·阿什富思(John Ashforth)这样的国会领导人都在呼吁支持“慈善选择”。

有些反对慈善选择的人支持一种与蒙斯马提出的第一条原则比较相符的立场,即尊重“历史和已有实践”。蒙斯马(1996:110)提出了他对这种立场的主张:“就如上一章的考察结果所显示的那样,几乎所有宗教的基层组织都有很大一部分的预算收入来源于政府。它们这样做并没有遇到明显的问题和约束。这种筹款方法——虽然有粗制滥造和缺乏计划性之嫌,但还是起到了作用。那么,为什么要去打破现状,并且冒险去颠覆美国公民自由联盟(American Civil Liberties Union)和美国政教分离联合会(Americans United for the Separation of Church and State)以及美国天主教会议(United States Catholic Conference)和全美福音派联合会(National Association of Evangelicals)都感到满意的做法呢?”

这种传统的方法有可能在维持宪法规定的政教分离,尤其是中小学教育方面的政教分离之同时增加对有效维权的贫民区宗教团体的慈善捐赠。美国政教分离联合会这个全国性的政教分离倡导组织之所以呼吁反对“慈善选择”立法,不但是因为这种立法会模糊政教分离的界限,而且还因为这种立法允许受到政府资助的宗教组织在它们的雇用实践中实行区别对待,并且侵犯计划受益人的宗教信仰自由。就如蒙斯马指出的那样,有许多其他非营利组织支持美国政教分离联合会的这个立场,其中包括浸信会公共事务联合委员会(Baptist Joint Committee on Public Affairs)、全美立法朋友会(Friends Committee on National Legislation)、犹太教公共事务委员会(Jewish Council for Public Affairs)、基督复临安息日教友大会(General Conference of Seventh-Day Adventists)和全美教育联合会(National Education Association)。

还有第三种方法可以用来处理政府与宗教组织之间的关系,而且,这种方法甚至比维持现行的有条件资助制度更加切实可行。这种方法要求宗教修行者在接受任何来源的资助之前先回答一些确实非常难答的问题。其中最主要的问题是由马克思在 150 年前提出的:宗教信仰在多大程度上能够分散个人和群体对日常生活真正重要的东西的注意?(换句话说,宗教真能成为"人民的鸦片"吗?)已故社会哲学家泽里格·哈里斯(Zellig Harris)在他的《资本主义社会改造》(*The Transformation of Capitalist Society*)一书中更加直接地提出了这个问题:"道德辩解对人们的教化和人们对它的认识能够增强人们的行为倾向,但这只是为控制别人而进行的自我辩解"(p. 55)。

围绕慈善选择展开的复杂、有趣的政策辩论再次提出了倡导、筹款和合作动力等的政策问题。我们在前面的章节里已经介绍过当今政府与非营利组织之间爆发的边界战的特点。虽然 20 世纪 60 年代宗教引发的公民权利运动关注的是社会变革倡导问题,而不是社会服务提供问题,但是,90 年代务实的牧师们选择把自己的关注焦点放在直接满足他们感觉到的贫民区青少年的需要上。虽然过去的保守派试图减少政府对社会项目的拨款,但是,像蒙斯马和狄于里奥这样的新保守分子却设法增加政府对宗教组织的资助;虽然宗教服务组织获得了越来越多的政府资助,但现在保守分子却设法解除原先捆绑在政府资助上的许多附加条件,从而导致了以下这种可能性:用这种来源的资金支持一些神圣与世俗相结合并且由部分因信仰关系而被雇用的管理人员管理的项目。

关于慈善选择的辩论以一种奇特的方式反映了那场围绕伊斯托克在 20 世纪 90 年代中期提出的修正案展开的争论。伊斯托克的批评者们认为,伊斯托克试图通过拒绝向那些把其任何非政府资金用于倡议和游说的组织提供资金的方式从进步组织那里抽走政府资金。另一方面,慈善选择的支持者们似乎一心想增加对宗教非营利组织的资助,而开明人士则认为,如果这些组织按照自己的标准雇用管理人员并付酬,那么,即便是全部用自己的资金来支付薪酬,也不应该获得资助。无论是在伊斯托克修正案一例中的保守分子还是慈善选择例子中的开明人士,都想从那些不愿遵守所谓的可接受合作重要准则的组织那里撤走政府资金。

无论这些辩论的最终结果如何,不管接受公共资金资助的非营利组织最终被赋予多大的自治权,"谁来倡导变革"这个问题将仍然存在。本章最后一节要回答的就是这个问题。

谁来倡导变革？谁为正义说话？

从倡导组织到服务组织的整个第三部门有时就像是经历了一场无情的运动。最近一期的《费城调查报》载文给我们讲述了同一个老故事。[5] 一个引起直接行动而出名的志愿组织觉得自己处在聚焦于提供服务的巨大压力之下。这个组织 70 年前成员人数多达数百万，而今天全国的成员人数已经减少到区区数千。但是，他们仍需要构建社会资本，因此，“他们向穷人分发食品篮子，抗议倾倒有毒废弃物，清除高速公路上的垃圾，并且帮助一个身材矮小的老太太摆脱困境”。虽然独立部门呼吁全体公民每周提供 5 小时志愿服务的号召只得到了微弱的响应，但是这个团体号召它的成员“每周花 1 小时陪伴某个老人”。

这是第三部门的哪个堡垒？为什么不是其他堡垒，而正好是宾夕法尼亚州美国三 K 党骑士(Pennsylvania American Knights of the Ku Klux Klan)。有人要问：接下来要攻克哪个堡垒？是装在白色大蝴蝶结包里的感恩节火鸡？

任何组织由从事倡导活动到提供服务的转型，都没有第三部门从采取反贫困行动转变为向需要者提供食品的组织的转型那么明显。社会学者珍妮特·波彭迪克(Janet Poppendieck)在她的一本证据充分、颇有影响的书中描述了向“饥饿者”提供食品成为很多志愿者和志愿行动机构一个重大关切的过程。面对由州和联邦削减福利计划导致一些美国人生活受到影响的现实，这些志愿行动计划为了努力满足新的福利实践没能满足的最明显的人类需要而获得了巨大的发展。

就如一个应急食品提供者在评论波彭迪克的观点时指出的那样，与这个观点联系在一起的问题就是“如意算盘没有打对”。食品券计划截止到 1996 年每年减少支出 40 亿美元，但每年通过第二收成(Second Harvest)食品银行分发出去的食品总价值达到了 10 亿美元。波彭迪克断定(1998：298)，“要不是食品，没人会想到已经捉襟见肘的慈善网络居然能够再次奇迹般地弥补这个无底洞，而应急食品运动的领导人们一直在那么明确无误地表达着自己的观点”。

对于社会学者波彭迪克来说，以志愿供给取代失败的食品和收入支持计划的努力难免要遭遇“七宗罪”：来源不足、不合需要、营养不足、供给不稳定、难以获得、工作低效和有损尊严。最后，尽管“哥林多前书(First Corinthians)的名言被渲染成‘如今常存的信德、望德和爱德三者中最伟大的是爱德’”，但波彭迪克(1998：230—231)还是援引人类学者玛丽·道格拉斯(Mary Douglas)的话说：“虽然我们把慈善作为基督的一个美德来赞美，但我们也知道它会伤人。”

波彭迪克(1998：268—274)引用文献证明了志愿组织在把注意力集中到服务提供而不是倡导活动上感受到的压力。这些组织的理事会成员通常都比较保守，不愿批评我们这个时代的新保守势力；如果从事倡导活动不利于发现生活拮据的人，那么，时间和精力约束会对从事倡导活动产生不利的影响；捐赠人宁愿从“人道”而不是“结构”的角度去看待这个问题；而志愿者“往往对直接提供服务要比对从事倡导活动表现出更大的热情”。这些压力引发了一个颇具挑战性的悖论：向需要食品的人提供服务就能吸引到资源，而代理人的终极使命让这种服务变为多余。由于大家都知道某人给一个饥饿但知道感恩的人吃了一顿饭，因此，撇开使命不谈，说一句"欢迎你再次光临"还是讨人喜欢的。然而，开展这项活动的目的当然不是要再次看到前来吃饭的人，而是希望他们以后不再需要这种善行。

向需要者提供食品所涉及的最残酷悖论就是，这种善行本身有助于一个更大的系统的发展，这个系统就是波彭迪克所说的"应急食品供给系统"：

> "美国农业部利用这个系统来减少令人为难的剩余农产品积累。企业利用它来处理非标准或者没人问津的产品，保护员工的士气，并且还能节约倾倒费用，当然还可用它来节税；名人们用它来争取公开露面的机会；大学和医院以及食堂餐厅用它来消化剩余饭菜；私立学校用它来进行道德教育，而公立学校则用它来培养学生的公民责任意识；基督教会用它来为自己最不重要的教友表达它的关爱，犹太教会用它来信守包括请穷人吃饭在内的契约……对于法院、环保组织、刑事监禁所、青年服务机构和普通个人，也可以依此类推。波彭迪克(1998:294)用一种听起来有点刺耳的讽刺口吻评论说：'如果我们不饿的话，就不一定能够发明这个系统'。"

有人可能想把我们社会的这架反饥饿机器叫作"后意识形态情结"。其实，在接受一项研究调查的71家食品银行中，只有4家把它们多达2%的预算用于游说(Bread for the World Institute, Cited in Poppendieck, 1998: 271)。就像伊丽莎白·鲍里斯在她那覆盖全部免税组织活动的研究中发现的那样，倡导活动在第三部门组织的生活中只起到很小的作用：

- 只有5.5%的非营利组织可被归入使命和计划与"倡导活动"有关；
- 这些组织往往是非营利部门中规模较小而不是较大的组织；
- 在所有的慈善和教育组织中，不足1/1 000(0.1%)的总支出直接用于游说。

鲍里斯的研究表明，非营利组织的"唱诗班"在进行社会或者立法变革倡导时"唱得非常糟糕"，声音太轻。难怪波彭迪克在她的书的结尾部分呼吁美国的食品银行和食品供应站在一场旨在消除贫困的运动中必须相互支持，根据前文(本书第八章)介绍的哈里斯·博伊特的"自由空间"研究，就是要在一个"把自己由慈善组织改造成合作努力组织"的过程中改革自己的结构和计划。她(1998:317)最后表示，"在我提出的最乐观方案中，我设想把我们的厨房和食品储藏室变成自由空间——我们不是作为捐赠者和受赠者以加重隔阂的方式，而是作为邻里和平等的公民以扩大社会交往的方式，跨越社会阶层、人种和种族隔阂的聚会以及互动的地方"。这种把第三空间视为能够提升人类各种需要的场所的观点，就是一种认为我们必须能够处置我们可凭借工作和所有权索取的资源的观点。下一章将着重讨论这些主题。

第十一章 社会创业与工作终结

现代政治经济生态有一个非常令人不安的方面，那就是政府与企业不再扮演在一代人的时间之前曾经扮演的几乎是雇用全体劳动力和提供全部个人所得的雇主的角色。那么，我们应该如何学会在一个似乎只有越来越少的人能够享受到稳定的高薪就业机会的权利和特权的世界上生活呢？这一章就专门探讨一些与这有关和其他一些棘手的问题。

经济分析师杰里米·里弗金在其《工作的终结：全球劳动力的减少与后市场时代的曙光》(*The End of Work: The Decline of the Global Labor Force and the Dawn of the Post-Market Era*，1995)中已经论述过未来工作的问题。这本书的大部分篇幅都用来谈论工作问题和解释近几年工作越来越难找的原因。里弗金援引文献证明了自动化和微信息处理技术带来的新技术革命影响。这场革命提供了一种在从冗长的时间工作中解放出来以及日趋严重的雇用不足和雇用过度型社会分化之间的选择。

里弗金认为，我们正处在一个做错误选择的过程中，而我们的子孙后代将面对任何形式的稳定就业机会日趋减少的未来。虽然那些拥有技术创新专利的人正在发财，但是，大多数中产阶级成员正目睹自己的收入在逐渐减少，他们能做的任何工作都受到了威胁，而经济基础又不足以确保他们过上舒适的退休生活。

为了在一个正面临工作终结的社会里达到维持就业水平的目的，里弗金(1995：256—267)建议雇主们在政策制定者们的指导下，采取行动把传统的每周工作时间减少到30小时，雇主可因此而享受免税待遇，并且用我们这个时代技术革命创造的生产率收益来回报雇员。在里弗金的方案中，第三部门将作为有价值工作的提供者发挥重要的作用。

显而易见，这些问题已经在现代国家公民的心目中占据了重要的位置，就像1996年共和党总统候选人帕特里克·布坎南(Patrick Buchanan)在新罕布什尔州参加初选活动时指出的那样。在里弗金看来，虽然企业仍构成现代经济的主体部分，但正匆匆退出它们习惯的提供大量就业机会的角色。兼职、合同工、临时工和劳务外包等用工方式正变得越来越流行，就很能说明问题。里弗金认为，未来几年只有占总数20%最能干的社会成员还能指望达到类似于被充分雇用的状况，很多社会成员都将成为现在已有人说的“没有工作的智力出卖者”。

在企业收回之前的雇用承诺的同时，它们的第一部门伙伴政府也在做同样的事情。联邦系统各级事实上的税收冻结确保了政府在册人数——无论是雇员还是福利、医疗卫生和退休计划受益者——的减少。

与此同时，第三部门和第四部门（家庭、亲戚和社区）本来就不可能脱离企业和政府的支持，现在又是雪上加霜。家庭的解体随着就业不足而加剧，但时间和金钱慈善捐赠却在社会机构服务对象的需要增加的时候正面临减少的威胁。

在社会"合唱团"的主旋律仍然那么不和谐的时候，教育给出了答案——掌握使用电脑的技能，并且为许多工作变化做好准备！然而，在美国大学毕业率不断提高，并且接近40%的时候，全体私人和公共雇主提供的好工作却在不断减少。就业越来越像一种抢椅子游戏，但投入游戏的椅子每年都在减少。

这种新达尔文主义观，尽管对于社会有钱有势的人来说多么有吸引力，但却忽视了通常认为是由亨利·福特（Henry Ford）发现的美国资本主义的基本规律：在大批量生产经济中，消费者与供应商同等重要。福特在他的工厂里维持了就业，部分是为了确保他的工人能够成为他们生产的汽车的买主。同样，安泰保险公司的执行官约翰·法勒（John Filer）从未停止提醒他的听众：一个混乱的社会不可能维系保险业的生存。

在未来充满挑战的几年里，即使最有能力兼做多种工作的劳动者能够幸存下来，他们也养不活全社会的成员，甚或还养不活自己的家人。在一个像美国这样的社会里，由于它的高"内战可能性"[就像政治学者奥斯汀·兰尼（Austin Ranney）曾经指出的那样]，因此，如果只有很少的人有钱，只有少数人能够获得适当的劳动报酬，而大多数人为了能挣到最低工资或者差不多是最低工资生存下去而争得你死我活，那么，等待着这个社会的只能是灾难。面对一个这样的未来，今天每个机构的领导人必须联袂为那些力图承担成年公民责任的社会成员拓展就业途径。

为了在一个遭遇工作终结的社会里实现持续就业的目标，里弗金（1995：256—267）已经建议把发展第三部门作为增加就业的一个抓手。具体而言，他建议，第三部门组织应该在以下公共和慈善政策的支持下扩大自己解决就业问题的作用：（1）"对社区服务工作支付社会福利工资"；（2）"为志愿工作支付影子工资"。克林顿和多尔这两位1996年总统候选人在他们的竞选声明中也提到了类似的问题。

为应对工作终结，很多人提出了不同的第三部门政策方案。里弗金建议"给社区服务支付社会福利工资"[1]，推行志愿行动税收减免制度[2]，并且限制每周工作时间[3]。克林顿和多尔都建议教会增加雇用管理人员。新泽西州通过颁布法律禁止修建自助加油站来要求加油站雇用员工，甘斯（Gans）提出了类似的方案以及工作普遍分享制。[4] 而埃德加和珍·卡恩（Edgar and Jean Cahn）提出了一种"时间美元"制度。根据这种制度，社区成员可以把他们提供的志愿服务储存起来，日后可提取所储存的"时间美元"来享受别人提供的志愿服务。[5]

工作终结问题开始得到缓解：布雷顿角岛的例子

一个关注边界问题的岛屿总会发生一些事情。即使在某一处或者某两处修建桥梁或者渡口把岛屿和大陆连接起来，岛屿区位的特殊性也要求把岛屿作为一个独立的实体来考察。

位于加拿大新斯科舍(Nova Scotia)省大西洋海岸大陆尽头的布雷顿角岛(Cape Breton Island)就是北美洲遥远的岛屿中的这样一个岛屿。布雷顿角岛是一个偏僻、充满野趣、风景秀丽的不发达地区。布雷顿角岛大约长 110 英里、宽 90 英里，全岛就靠一条建于 1955 年的堤道与新斯科舍省大陆连接。布雷顿角岛 1991 年拥有居民 161 686 人，几乎要比 1976 年的居民人口少 10 000 人。

布雷顿角岛工作终结的快速到来加速了居民人口的减少。格特鲁德·安妮·麦金泰尔(Gertrude Anne MacIntyre，1995:18—19)重墨描述了这个过程："到了 1993 年，布雷顿角岛的总失业率接近 23%，就业人口只有 46 000 人，而 1987、1988、1989 和 1992 年岛上的就业人口分别是 67 000、55 000、53 000 和 50 000 人。布雷顿角岛的高失业率可归因于岛上资源产业的衰退……煤炭开采和钢铁生产这两个岛上的主要产业从第二次世界大战爆发以来就开始衰退。目前，岛上的煤矿雇用员工 3 000 人，而钢厂只雇用员工 600 人。布雷顿角岛的渔业就如同加拿大其他大西洋沿岸省份一样已经萎缩了不少，而林业也受到了从环保到政府限制等不同因素的威胁。"

布雷顿角岛上的居民长期以来早已习惯了就业市场的恶化，而且在历史上已经运用"退出"和"进言"来做出反应[赫希曼(Hirschman)所介绍的经典选择]。退出有 3 个选项：移民到"波士顿诸州"(在加拿大英语中，是指美国新英格兰诸州，尤其是指缅因州和马萨诸塞州。——译者注)、"背井离乡"去多伦多或者学会靠福利救济过日子。随着时间的推移，每种退出选项都已经变得更加不确定，但又都深深地嵌入了布雷顿角岛的文化。正如一名观察员所指出的那样，"在过去的 75 年里，经济崩溃这头恶狼频频光顾这里，以至于这里的很多居民干脆就认为，羊不会真的长期处在灾难之中"(John deRoche, Blair Riley, and Gerald Smith, quoted in MacIntyre，1995:21)。

进言传统上是一种工会积极分子采取的激进立场。按照麦金泰尔的说法，布雷顿角岛在整个 20 世纪里就是劳资纠纷的频发之地。直到 1992 年，一家破了产的绳索公司因劳方的反对而无法实施把设备卖给一家美国公司的计划。"当地居民封锁了工厂，并且阻止新厂主搬迁机器设备。新斯科舍省政府及时以比卖价高出 35 万美元的价格从美国买家那里回购了这批机器设备"(MacIntyre，1995:14)。尽管这次劳方采取的直接行动取得了意外的胜利，但工作岗位仍在减少，而"由政府补助支撑的新的合资企业并没有创造预期数量的替代性工作岗位"(MacIntyre，1995:14)。暴力和犯罪据说正随着就业机会和居民人口的减少而逆势增加。

如何面对工作终结问题：大学学院的作用

20 世纪 90 年代中期，一个新的行为主体登上了布雷顿角岛社区经济发展的舞台，在全岛范围内开展了多种形式的公共部门、私人部门与志愿组织合作。这个行为主体就是具体由充满活力的新院长杰奎琳·塞耶·斯科特(Jacquelyn Thayer Scott)代表的地方“大学学院”。斯科特出生在美国堪萨斯州,先在加拿大的公关领域成功地开始了自己的职业生涯,后来在久负盛名的多伦多大学担任继续教育部主任。在中年获得科罗拉多大学非营利组织管理博士学位后,她于1993年在加拿大师资力量最薄弱的高等教育机构之一的布雷顿角大学学院谋得了院长职位。

斯科特担任院长的布雷顿角大学学院创建于1974年,是由圣方济·沙文略大学(St. Francis Xavier University)悉尼校区和新斯科舍东方技术学院(Nova Scotia Eastern Institute of Technology)这两个已有机构合并而成。这所新创建的高等教育机构置身于新斯科舍省人口不足百万但已有12所大学和20多所社区学院的高等教育环境中(Scott,1998)。这所大学学院到了20世纪90年代中已经创下了20年资金不足和管理不善的记录——学院就坐落在一个偏僻、海风凌厉、被企业团团包围的校园里。一本加拿大新闻杂志据说是这样描绘布雷顿角大学学院的校园的:具有“郊区被遗弃轻工业园区的所有魅力”。

在英美的教育传统中,“大学学院”是指规模很大的大学里的小型文科学院。斯科特在布雷顿角大学学院这只老瓶中装入了新酒,并且开始把她的大学学院说成是“社区需要”,赠地大学传统,文科学院反思、批判和民族传统以及社区学院注重实践应用特点相结合的产物。

在面对一种已经习惯了抗议和默许周而复始的文化时,斯科特试图让她的师生相信,世界已经发生了变化,他们也必须与世界一起变化。她在一次详细介绍自己在布雷顿角大学学院经历的演讲中表示:“我们遇到的最大挑战就是最基本的挑战:调整我们的学习观,并且使它与我们所了解的自然世界(如由于量子力学和复杂性理论)和我们从近几年的人脑研究成果中了解到的知识相适应。也就是说,我们必须使我们的学习——无论是课堂学习还是互联网连线学习——更加模块化、多感官互动和聚焦问题。我们提供的学习必须更加紧密地与学习者和我们所属的社区的体验和预期联系在一起。如果我们要满足学习者的需要,那么就得进一步打破旧式分学科学习和序贯学习的边界。不这样做,结果肯定是我们中间只有那些基础最好、最有天赋的人才可能完好无损地幸存下来,而且主要是因为我们在出卖社会关系网络,而不是一种高等教育关系。”(Scott,1998:4—5)

斯科特还解释说,当今的大学学院:(1)应该面向社区;(2)注重多学科和跨学科视角;(3)重视发展学生作为社区成员的作用;(4)应该采取学习的整体观,既要重视理论和概念学习,又要注重把它们应用于工作场所、家庭和社区;(5)要特别强调“知识创造的二次迭代——应用于人类问题的解决”。

斯科特在上任做布雷顿角大学学院院长时就决心把这看作为实现“使公共政策适应私人市场”这个长期目标而提供知识指导、适当的空间,并且发展“跨部门学习”。她在星期五安排建设资金来源,下星期一就可以动员,而她的团队整个周末都和当地的一名热心建筑师在一起设计一幢最终要连接校园各种外围建筑物,但又是校园主体建筑的大楼。新大楼的标价最终达到了1 800万美元,而建设成本则全部是靠后来的资助和补贴来支付的。

在新校园的空间里，布雷顿角大学学院着手与企业、公共机构和非营利组织发展了许多不同的合作项目。1993～1998 年间发展的主要合作项目包括：

1. 与企业布雷顿角公司(Enterprise Cape Breton Corporation，联邦区域经济发展机构)签署了一份旨在促进十多项大学—企业合作项目的谅解备忘录。

2. 与布雷顿角县区域经济发展局(Cape Breton County Regional Economic Development Authority)合办了一个合作项目，这个项目还有新斯科舍省经济发展部、地区自治体和前述企业布雷顿角公司参与。

3. 与海峡地区学校理事会联袂开展培训和经济发展活动。

4. 与中学和一些全国性的行业协会合作开展汽车维修、环保技术和旅游酒店服务培训及产业扶持活动。

5. 成立了一个文化与遗产咨询顾问组，每月与本地文化产业企业碰头一次。

6. 在地方政府、学校董事会和非营利组织各方的协调下，宣布布雷顿角开展“智能地区”建设活动，并且与中央政府商谈认可这项活动。

7. 与米克马克(Mi'qmaq)原住民社区签订了一系列合同，旨在开设专门的定期课程，把米克马克研究发展成一个学科，最终创建米克马克学院。

8. 与多个城市的市政府、原住民和非营利组织开展合作，以促进布拉斯·多尔河流域管理委员会(Bras d'Or Watershed Management Commission)的创立，制定布雷顿角岛引人注目的内陆咸水海卫生和利用计划。

9. 推进技术咨询顾问组的成立，技术咨询顾问组每月牵头邀请 150 名企业家、学者、政府官员和其他相关人士开会讨论岛内技术驱动型产业的发展问题。

由布雷顿角社会企业家发展的合作伙伴关系独创性和威力惊人，特别是对于那些习惯于典型高等教育机构工作的胆小和离群索居的人来说。例如，在与企业布雷顿角公司的合作过程中，在该公司主管职位空缺期间，布雷顿角大学学院成功地建议由该学院的行政部门来辅助该公司的新主管。在政府负责这项任命的部长前来与布雷顿角大学学院院长一起宣布这项决定时，他们不但坦承了可能发生的利益冲突，而且还宣布这项决定是经过慎重考虑的，因为当事双方的组织分享了“共同目的和目标的重叠区域”(Scott，1998：8)。

技术咨询顾问组召开的会议充满活力，并且被证明是促进布雷顿角岛多媒体产业发展的决定性力量。以前，布雷顿角岛上根本就没有多媒体企业。到了 1998 年，岛上的多媒体企业已经发展到了 60 多家。此外，在多个企业迁出布雷顿角岛的案例中，创始企业家都能用心做到给当地经济留下与被取消职位一样多的工作岗位。企业技术中心在校园里的开张为孵化高技术企业提供了空间，并且向在孵高技术企业提供经营和技术支持服务，并且进一步巩固了学院、政府和私人部门之间风险资本资源共享的关系。

布雷顿角大学学院在布雷顿角的开发模式被进一步推广应用于学员所有和经营企业的创立，这些企业的利润因为归学院基金会独家拥有而免税。此外，应用研究活动也得到了认可，并且被用于评定职称和任期，而传统的学术院系也采用了新的多学科架构。布雷顿角大学学院也参与向小学生、曾经历家暴的妇女、谋求独立生活的老人以及本地区住在边远区域通过远程学习增长知识的居民提供直接服务。

布雷顿角大学学院开始获得认可和奖励，其中包括加拿大企业—教育合作卓越奖会议理事会颁发的奖状。这个当今文明利用第三空间促进社区发展的例子在愿景和影响方面堪与像 20 世纪 20 年代芝加哥赫尔馆（Hull House，美国芝加哥的一家福利机构。——译者注）那样有远见卓识的机构或者距离我们更近的 20 世纪 90 年代宾夕法尼亚大学领导人推进社区学校发展的例子相媲美。现在就判断杰奎琳·塞耶·斯科特和她的同事们是否能够扭转布雷顿角的工作终结趋势还为时尚早，但有一点可以肯定，那就是他们已经为实现这个目标做出了富有想象力的巨大努力。其实，一个充满活力的参与性第三空间已经在这个加拿大大西洋沿岸省份处于建设过程中。

某种迥然不同的东西：一个市郊城镇的社会和经济发展

加拿大新斯科舍省的布雷顿角与宾夕法尼亚州的斯沃斯莫尔，不但在地理上距离遥远，而且在社会方面也相去甚远。斯沃斯莫尔是一个环境宜人、绿树成荫的小镇，位于费城西南 11 英里的郊区。斯沃斯莫尔自治镇位于 1681 年威廉·佩恩（William Penn）赠给英国贵格会教徒亨利·马多克（Henry Maddock）和詹姆士·肯纳利（James Kennerly）的土地上，现在大约居住着 6 000 居民。斯沃斯莫尔学院目前有学生 1 300 人，是镇上的主要产业。市郊通勤列车和新建的高速公路方便了小镇与费城市区的交通。小镇围绕着学院（建于 1864 年）并沿着铁路线（1854 年投入运营，在 19 世纪 80 年代得到了延伸）发展。

诗人奥登（Auden）曾在斯沃斯莫尔学院做过一个学期的访问学者，并且因为把小镇说成是一个“环境宜人的地方”而被小镇的居民牢牢记住。斯沃斯莫尔的居民为小镇享有“树城”的称号而感到骄傲，他们居住在很多风格不同、条件舒适的别墅、大楼、宿舍和公寓中。小镇许多规模不大的公园有很多开阔的空地，周边的小道沿着蜿蜒的克拉姆溪（Crum Creek）消失在“学院茫茫的森林”里，不远处的高地矗立着学院的教学楼。

斯沃斯莫尔的居民文化程度很高，有 33%完成了某种形式的研究生学习，都有着不菲的收入，但也不是高得离谱。根据 1990 年的人口普查，家庭平均年收入略低于 55 000 美元。镇上的黑人居民比例从 1930 年的 8.5%下降到了 1990 年的 4.2%，不过，斯沃斯莫尔学院黑人男生人数大幅度增加。在 20 世纪 50 年代末以前，斯沃斯莫尔学院还是一所白人学校。1990 年，学院有 150 个黑人男生在读，另外还有 110 个非裔美国人居住在小镇的非学院区。小镇历史上的黑人居住区鲍顿（Bowdoin）及其周边的几个建筑很不起眼的街区，在 90 年代末经过改造后基本上已经与小镇其他居民区没有什么区别。

斯沃斯莫尔镇最有争议的问题就是学校。镇上原来有一所中学，在 20 世纪 70 年代完成的一次学校合并中关闭，并给了位于克拉姆溪西岸、规模较大的沃灵福德

(Wallingford)学区。公立学校的学生仍可在镇上读完五年级。

镇上的纳税人与政界人士偶然也会发生分歧,但没有教育地方自治问题那么强烈。有一个纳税人组织偶尔有成员表达他们的担心,而小镇的政治格局这些年从传统上由共和党主政转变为常常由民主党主政。但实际上,这两个政党在地方问题上的立场并无二致,而镇长通常由两党投票选举产生。

斯沃斯莫尔学院在斯沃斯莫尔居于优势地位,并且不止在一个方面。学院不但因为它取得的知识成就和实施的教学计划而受到了尊敬,而且还占据着小镇最好的地理位置。学院巨大的中央大楼帕里什·霍尔大楼位于小镇的最高点,绿树成荫的马吉尔步行小道(Magill Walk)从帕里什中央大楼拾级而下,一直通往风景如画的火车站——现在成了威廉·卡姆比(William Cumby,还当着自治镇的镇长)建筑企业总部。在铁路的另一侧,小镇的商业中心就在贯穿小镇的南北通衢切斯特路和通往中心费城的铁路围成的地块上。这是一个没有大门的商业区,四面都有不同的住家街道通过。

20 世纪 90 年代末,斯沃斯莫尔镇商业区的布局已经成为小镇居民关注的焦点。镇议会成立了镇校战略规划委员会(Town-Gown Strategic Planning Committee),而这个委员会很快就成为发泄公民非预期质疑的场所。该委员会自己也要面对很多非常关心镇中心区域开发并且热切希望发表看法的公民。《斯沃斯莫尔人报》(*Swarthmorean*)这家读者面很广的报纸不断收到读者来信,而意见分歧也开始显现。小镇书店老板帕特里克·弗拉尼根(Patrick Flanigan)在他位于镇中心的书店的书讯窗里开辟了一个社区公告栏。

1998 年 1 月,杰出的城市开发商克里斯托弗·莱茵贝尔格(Christopher Leinberger)应战略规划委员会邀请来小镇做演讲。莱茵贝尔格毕业于斯沃斯莫尔学院,还曾担任过该学院理事会理事,他在演讲中描绘了一个陷入困境、面临巨大变革需要或者恶化风险的小镇的形象,按照他的说法就像最近在附近莫顿(Morton)、里德利(Ridley)和兰斯登(Landsdowne)自治镇发生的那样。根据莱茵贝尔格的观察,斯沃斯莫尔并非位于都市发展的“有利象限”上,而费城的西北地区具有这个优势条件,因此,斯沃斯莫尔镇现在的商业租金不可能为小镇的商业区大规模改造筹集到资金。

莱茵贝尔格建议,如果斯沃斯莫尔镇真想提升镇中心区域的档次,那么就应该根据以下思路认真思考中心区域改造问题:

1. 允许餐馆卖酒,这样就可以发展一流餐馆(斯沃斯莫尔作为贵格会的一个历史重镇,从建镇开始就一直禁酒)。

2. 提供住宿,尤其是为学院教职员工家庭和访问学者在当地解决住宿问题(镇上没有旅馆,甚至连床铺和早餐都没有)。

3. 把镇中心的商业区面积扩大 1 倍,以确保“临界规模”(完成这个商业区扩建方案的一个途径就是占用归学院所有、靠近商业区的土地)。

4. 扩建停车场,可采用多层结构的那种(现在镇上的停车场都只有街面一层,而且就局限在镇中心一个很小的区块内)。

莱茵贝尔格的观点很快就遭到了一些在《斯沃斯莫尔人》上发表文章的本镇居民的质疑，其中有宾夕法尼亚大学沃顿商学院退休教授伊斯拉·克伦德尔（Ezra Krendel）。克伦德尔把莱茵贝尔格的偏好说成是“提高商店、餐馆、酒店、咖啡馆和客人夜生活娱乐场所的档次”。克伦德尔表示，为了开发这样一个商业区，很多有钱人必然会被吸引到一个目前显然只是功能性但不高档的区域来。但是，这些人主要是驾车而来。“由此对这个小镇造成的交通问题可能会让我们的孩子和老人面临难以接受的风险，并且导致我们大家降低安全感。这个宏伟的改造方案应该能使切斯特路两边的土地所有人受益，但可能会毁了我们现在的商业界。”

克伦德尔在信末写道，就像本镇的其他居民那样，“享受斯沃斯莫尔学院给我们带来的文化和娱乐便利”在他看来“对于保证我们这个镇的生活质量至关重要”。他继续说道，然而，学院与小镇之间仍然存在“很大”的差别：“如果上星期我听说的是一项认真的规划，并且它的发布者在不断加大宣传力度……那么就会使我相信这个方案会导致我们的小镇大变样，而且即使不会对我们熟悉的斯沃斯莫尔的存在构成威胁，至少也会对我们所熟悉的斯沃斯莫尔的宁静构成威胁。”

在随后的几个星期里，另外几个写读者来信的读者在信中反映了一些类似的问题。有几封读者来信谈到了目前小镇不同商店提供的服务的价值问题，从弗瑞德理发店到玛丽洗衣店。一位本地的教授甚至还替附近的莫顿美言了几句。在一连几代人的时间里，附近的莫顿一直为斯沃斯莫尔学院的学生带来了用健康但含有酒精的饮料满足他们大学生欲望的机会。

斯沃斯莫尔的镇议员、镇战略规划委员会主任丽萨·艾伦（Lisa Aaron）要求大家在讨论时保持一定的克制，并且表示接下来可能要进行市场调查。艾伦在写给《斯沃斯莫尔人》的信中提醒说：“现在什么都还没有发生，什么都没有决定。（什么都没定，根本就不像正在流传的谣言那样，现在没有发生任何变化，或者有任何其他做任何事的官方许可。）根据市场调查的结果，确实，任何情况都可能出现。选择权掌握在我们手中。”

莱茵贝尔格据传是执行这项市场调查的主要候选人，他表示不会参加这个项目的投标。于是，镇上居民的担心开始从最初的峰值水平降低。战略规划委员会便着手聘请一家咨询公司来拟订一份更加全面的小镇发展规划。第二年春天，“城市合作伙伴”（Urban Partners）事务所被选中完成这项任务。镇战略规划委员会随即解散，并且被一个由镇议会任命的 15 个居民组成的委员会取而代之。这个居民委员会被命名为“镇中心区域改造工作小组”（Town Center Task Force）。原先镇战略规划委员会中几个爱吹毛求疵、说话口无遮拦的成员现在成了镇中心区域改造工作小组的成员，其中包括伊斯拉·克伦德尔。

镇中心区域改造工作小组刚开始工作，就有 45 个居民写信表示愿意提供服务，工作小组刚开始工作其曾被怀疑的参与能量就获得了支持。受雇监理改造项目的规划咨询公司通过召开一系列会议对项目实施进行了指导，并且建议最好尽快召集一次“全镇大会”。全镇大会以大会发言开场，发言者说话都比较谨慎，并且都表达了对交通流量增加以及不受欢迎的商业距离住宅太近等问题的担心。但是，随着会议的深入，反映较多与会者共识的观点以一种良好的心情表达出来。例如，在谈到一家旅馆的可能位置时，有一个居民表示如果建一家旅馆，允许它销售酒精饮料——在一个有贵格会传统的镇上是争论的焦点，那么，“来斯沃斯莫尔参观的未来学生家长在了解到自己的孩子将来到这里来读书费用很贵时真的要喝上一壶”，这个镇民继续说道。听了这个镇民的发言，很多与会者表达了“不要建在我家后院”的态度。

在第一次全镇大会召开后的几个星期里，镇中心区域改造工作小组不再处于镇民争论的漩涡中心，而克伦德尔和其他几个经常发表批评意见的镇民则觉得自己也成了改造工作小组的一分子，而不再是可以肆意发表批评意见的局外人。镇民的参与热情回归正常，改造工作小组也发现有关自己想法的报道、到其他相似城镇参观的感观甚至小组做出的初步结论不但在《斯沃斯莫尔人》上占用的篇幅越来越小，而且常常出现在比较次要的版面上。随着一个普遍、强烈关心的时期因合法性和权威性得到公认的组织架构的建立而过去，长期积累的多方参与经验教训也逐渐被淡忘。这些架构并非是严格意义上的政府架构——尽管工作小组是由镇议会任命的，它们正好占据了被民间社团学者认定在家庭、政府和志愿者组织之间有待构建的社会空间。迈克尔·沃尔泽（Michael Walzer，1995：7）把像斯沃斯莫尔镇中心区域改造工作小组这样的群体范畴认定为“人际非强制交往空间以及那个补充这一空间的——因为家庭、信仰、兴趣和意识形态而形成的——关系网络集合”。在新任卫理公会牧师和一位心理医师担任改造工作小组联合组长以后，改造工作小组就有不同职业、居住区、年龄、性别、人种、宗教信仰的居民参加，包括学院和商界的领导人。斯沃斯莫尔镇的实践证明，它能够创建自己的第三空间，并且在自己的第三空间里有所作为。

社会第三空间里的富人和穷人

在斯沃斯莫尔镇和布雷顿角岛的经历中，第三空间最具公民性、参与性、创新性和领导最得法的发展过程明显会对继续减少布雷顿角就业机会和限制斯沃斯莫尔商业收入的经济因素产生不利影响，但这种不利影响的程度就其发展而言仍不确定。事实上，几年前就有一些斯沃斯莫尔的居民把他们自愿参与的重点转移到了附近的切斯特（Chester）城，因为这个城市的贫困和种族歧视已经成了它灾难重重的根源。斯沃斯莫尔学院的退休教授，如原寺院社会工作系主任威尔·理查（Will Richan）和政治学者查尔斯·E. 吉尔伯特，与几个地方教会的积极分子一起，作为文化辅导老师、良师益友和组织发展者为像切斯特城贫民区教会（Chester East Side Ministry）这个基督教长老会组织和其他几个这样的切斯特城教会组织贡献自己的技能。斯沃斯莫尔镇的其他居民和团体，包括一个参加斯沃斯莫尔朋友会（Swarthmore Friends Meeting）的团体与特拉华（Delaware）县的其他教会团体一起定期向聚集在位于费城考布斯小溪（Cobbs Creek）那边的县避难所的有难者提供餐饮。在整个 20 世纪 90 年代，这样的不同小镇基层志愿者活动吸引了越来越多的学龄儿童参加。

布雷顿角的社区发展领导者、牧师和哲学家格雷格·麦克劳德(Greg MacLeod)(MacIntyre,ed.,1998,ch. 2)表示,“现代经济的主要行为主体、那些决定我们社会形态的行为主体,是一些大工商企业”,想要使我们的社会真正发生变化,那么就必须改造这些企业组织,以便实现“本地人掌握多数股权和控制权”。麦克劳德凭借他目前在布雷顿角大学学院担任的教授职位正致力于“社区工商企业管家式管理的制度化工作”。他告诫说,在我们的试点工作中,“我们必须强调,发展经济是为了民众,而民众并非只为了经济才存在”。

西奥多·罗维(Theodore Lowi,1979:28ff.)注意到,志愿者团体无论大小,“大多放弃了固定管理核心的自发性……这样的组织自然拥有潜在的政治力量,但只是偶然会被政治化;在其余时间里,它们只负责管理”。莱斯特·萨拉蒙的研究(1993)表明,只有3%的非营利机构主要从事倡导活动,只有1/5的非营利组织报告自己从未从事过任何倡导活动,而另外4/5的非营利组织称“主要负责管理工作”。然而,如果说应该吸取布雷顿角的教训;斯沃斯莫尔应该改造它的中心区域,并且建设性地影响南面与它毗邻的切斯特城贫民区,那么就应该为了从事倡导活动和开展管理工作而主张社会空间。如果社会创业应该成为一股积极的社会影响力量,那么就应该创造就业机会,并且增进那些被社会权力和不平等的制度抛在后面的社会成员的福祉。

社会第三空间内部的制度建设需要个人和团体去面对、战胜并重建爱德华·卡罗瑟斯(Edward Carothers,1970)所认定的社会“残酷制度”:“残酷的制度不能靠迟到的同情、抽象的善意、多愁善感来得到改善。改善制度需要行动,以便围绕更好的伦理价值观和目的对生活进行社会性重组……除非组织起来采取行动,否则,就不会因为暴露在残酷制度之下而发生任何事情……单打独斗的个人确实不能为纠正或者改善社会状况做很多事。”

处理和潜在地纠正社会的残酷制度,并没有被作为目前所理解的第三部门压倒一切的当务之急。其实,多个近几年发布报告的全国委员会已经注意到了这种对紧迫需要的忽视。我们将在下一章考察这些全国委员会所做的工作。

第五篇

如何寻求意义和正义

第十二章　委员会的第三部门报告

当非营利部门在 20 世纪 70 年代初作为一股引人注目的力量出现在美国社会时，美国成立了一个调查第三部门作用以及它的出现所造成的问题的全国委员会[后来被称为“法勒委员会”(Filer Commission)]。在一个类似的动荡和变革时代里，继续有不同的人呼吁设立第二个法勒委员会或者某种了解第三部门在美国人生活中扮演的角色的类似机构。其实，近来成立了多个代表该领域不同意识形态立场(通常是中间派或者新保守派)的调查委员会。这一章考察不同第三部门调查委员会的调查结果。

法勒委员会

历史学家彼得·多布金·霍尔的研究是关于法勒委员会调查过程的标准研究。法勒委员会的正式名称是慈善与公众需要委员会(Commission on Philanthropy and Public Needs)。该委员会是为了调查造成 20 世纪 60 年代政治动荡的原因而创立的。当时，国会试图通过颁布《1969 年税收改革法案》(Tax Reform Act of 1969)来收紧对基金会活动的约束。正是由约翰·戴维森·洛克菲勒三世(John D. Rockefeller Ⅲ)领导的慈善机构提议与政府建立合作伙伴关系。洛克菲勒的处事方式完全不同于其他实力雄厚的基金会的领导人，他与众议院筹款委员会、财政部官员和其他机构的精英一起创立了不少委员会，最终合并成慈善与公众需要委员会。在任命保险公司执行官约翰·法勒(John Filer)为这个委员会的主任以后，财政部长乔治·舒尔茨(George Shultz)和众议院筹款委员会主席威尔伯·米尔斯(Wilbur Mills)在 1973 年宣布成立“私人慈善与公众需要公民委员会”(Citizens' Commission on Private Philanthropy and Public Needs)。这个委员会的受权包括调查与“整个私人非营利部门”安全和健康有关的问题(Hall，1992：75)。

私人慈善与公众需要公民委员会在财政部分别于 1976 年和 1977 年发布的 6 卷本报告中披露了它的调查结果。霍尔(1992：78)对报告结论做了如下综述：“对免税慈善机构各个方面进行的全面、多学科的调查，描述并分析了非营利组织作为雇主，基本医疗卫生、教育、福利和文化服务来源以及政治生活的重要力量发挥的作用。该委员会的调查还认真考察了影响这些组织安全和健康的监管和税收问题。最重要的是，该委员会的调查赋予至此还只是一个概念的东西以实质性的内容：免税慈善机构构成了一个把美国政治、经济和社会生活连接和凝聚在一起的'部门'。非营利组织这个统一概念作为一个'第三'、'独立'或'非营利'——或者该委员会喜欢的称谓'志愿'——部门的一部分，为创建能够统一表达共同利益的组织奠定了基础。"

就如霍尔(1992:247)指出的那样，"相对而言"，法勒委员会是"要完成雄心勃勃的显然是开放性的研究计划的代表机构。我们无法预测它会得出怎样的调查结论"。这个委员会饶有兴趣并且以常常是令人惊讶的耐心注意到了一个在罗伯特·鲍威尔领导下代表慈善受捐人利益创建的"受捐人团体"(Donee Group)的投入。不过，这个团体大部分成员追求的一个重要目标——创建一个"'常设的全国非营利部门委员会'以收集这个部门的收入来源和资源数据、探讨并建议提供捐赠和从事非营利活动的方式方法，为公众讨论影响非营利部门问题搭建一个论坛，研究非营利部门与政府的关系，并且作为监察机构采取行动保护非营利部门的利益——在实现过程中遭到了左派和右派势力的阻挠。

保守派坚持认为，这些职能应该由一个本身非营利的机构来履行，而以"受赠人团体"为主导的左派开明人士则担心，"这样一个机构很快就会被规模更大、组织更精良的利益集团所俘虏"。在卡特总统新任命的财政部长"迈克尔·布卢门撒尔(Michael Blumenthal)对这样一个机构有能力同时代表公众利益和捍卫私人利益表示怀疑"的时候，政治中间派做出了最后的致命一击。

法勒留下的遗产可以在这样一个机构在"创造非营利部门"(霍尔语)和创建两个从它的运行过程中剥离出来的重要组织方面发挥的作用中找到。这两个重要组织，一个是为了代表非营利组织共同利益而创建的"独立部门"，另一个是通过代表那些被剥夺慈善决策权利的公民继续执行"受赠人团体"倡导议程的全美响应慈善委员会。"独立部门"证明了在约束 20 世纪 80 年代里根政府和 90 年代国会共和党多数派限制非营利组织从事倡导活动方面的研究力量；而全美响应慈善委员会则决定继续充当象征活力和智慧的代言人，并且断言慈善有义务支持"为低收入者、少数人种和种族群体、妇女以及其他受歧视和谋求环境安全的公民寻求正义的组织"。[1]

设立第二个"法勒委员会"的可能性

在法勒委员会发布第一份报告 20 年后，印第安纳大学慈善研究中心这个因法勒而引人注目的非营利部门学术代表机构，邀请慈善界一些有影响的人物举行了一次会议研讨法勒委员会的调查报告，并且探讨了今天组建这样的委员会进行调查的可能性。

到这次会议结束时，有两个问题得到了澄清。首先，这个部门要想恢复服务和倡导活动可靠提供者的公共形象，还有大量的工作要做；其次，这次会议没有把设立第二个法勒委员会作为实现以上目标的手段。

围坐在 12 张“八仙桌”旁的与会者——在安排座位时充分考虑了精心挑选的代表捐赠人、基金会管理人、社团领导人和学者的被邀请者们均匀分布的问题——报告了他们的讨论结果以后，设立第二个法勒委员会的想法显然没有影响它自己的“选民”。5 张桌子的与会者表示一致反对，4 张桌子反对与赞成各占一半，3 张桌子做出了“赞成，但……”这种不温不热的反应。

在总结会议发言时出现了一面倒的状况。只有 2 个老兵募捐者赞成设立第二个法勒委员会，他俩希望再次响应劝募，就像 25 年前虽然主要来自单个募捐者但给法勒委员会带来 200 万美元的那种劝募。发言一个接着一个，逐渐达成了一种共识：非营利部门必须通过自己已有的组织为自己说话，而且说话的声音要响亮有力。

在（福特基金会的）迈克尔·塞泽尔（Michael Seltzer）、[联合学会（Union Institute）的]马克·罗森满（Mark Rosenman）、[美国家庭服务协会（Family Service America）的]彼得·戈尔德贝尔格（Peter Goldberg）、（“独立部门”的）萨拉·梅伦德斯（Sara Melendez）、（全美响应慈善委员会的）鲍勃·博斯维尔（Bob Bothwell）和（耶鲁大学的）约翰·西蒙（John Simon）先后发表主旨讲话以后，法勒委员会六个高级顾问之一的亚当·雅莫林斯基（Adam Yarmolinsky）宣读了大会闭幕辞，对大会做了如下总结：我们并没有处在一种“前法勒”形势中。现在，第三部门需要为自己说话。“请听我们说”，他表示：“我们和我们想要帮助的人都遇到了很大的麻烦。”

已经为第三部门认定的挑战确实令人震惊：在面对即将发生的财富转移时，捐赠却在减少；而在面对无处不在的不信任和令人发指的腐败时，追责和监管又失灵了；随着非营利组织日益商业化，税收政策也越来越不确定；新右派对第三部门从事倡导活动提出了质疑，他们反映了牺牲宪法第一修正案的意愿以及民间社团运动在利己主义面前节节败退的社会中青年参与的必要性。

面对其中的一些挑战，社会参与者已经挺身而出。在副总裁弗吉尼亚·霍奇金森（Virginia Hodgkinson）发表了措辞强烈的大会发言以后，“独立部门”的梅伦德斯发言说到了她的组织承诺开展全国性的问题认定和公民教育活动；全美响应慈善委员会的鲍斯威尔提醒大家注意他的组织必须凭借前不久公布的有关纽特纪元基金会（Foundation in the Newt Era）的报告来迎接“非营利战争”；耶鲁大学的西蒙提醒与会者注意一个快速反应的“白皮书”系列可能产生的威力；而劝募人乔治·布雷克莱（George Brakeley）则讲到了像全美全面劝募主管协会（National Society of Fund Raising Executives，NSFRE）这样的组织可以编制并发布“慈善指数”，并且介绍了这种“慈善指数”的用途。

最后，有朝一日应该由华盛顿这个第三部门服务组织的总部，而不是纽约这个企业财富和基金会的所在地来发布这个“慈善指数”。鉴于像“独立部门”和全美响应慈善委员会这样的组织被认为现在已经准备在一个像组建第一个法勒委员会时那样动荡的过程中承担这个责任，有朝一日应该能够请回法勒委员会。这次大会的组织者已经明确提出并试图阐明当前的实际问题，而不是要求第三部门在一个冰冷、难免充满争议的过程中等待资金、任命和组建新的调查委员会。

委员会还会出现:(1)右翼的声音

虽然到目前为止还没有组建第二个法勒委员会,但这并不意味着以后就不会再组建委员会。1997 年和 1998 年美国公众听说了 4 个互不相关的委员会机构。这 4 个机构都有自己的发起人以及自己这方面的志愿和非营利组织角色。每个机构都由一些杰出的领导人担任要职,他们是从最近或者暂时辞去公职的人员中甄选出来的。

密尔沃基的林德和哈里·布莱德利基金会(Lynde and Harry Bradley Foundation)花费 100 万美元成立了自己的委员会并为自己募集资金,这个委员会名叫“全美慈善与公民复兴委员会”(National Commission on Philanthropy and Civic Renewl)。这个委员会由田纳西州前州长、营利性教育项目开发者、长期以来一直有希望成为美国总统候选人的拉马尔·亚历山大主持。

这个委员会传递出来的核心信息就是要把传统上共和党对政府和基金会的怀疑与对可能温暖了 20 世纪 60 年代激进分子心的社区基层组织力量的信任整合在一起。具体而言,主要有以下四点:

1. 必须把更多的捐赠高效率地直接用来让最需要它们的人受益;

2. 很多最有效的慈善机构都是立足地方并独立于政府;

3. 捐赠人收到了争取成为“公民企业家”,战略性地参与到他们支持的组织中去的忠告;

4. 慈善组织往往过分关注研究和理论问题,但不能就紧迫的问题提供简单直接的解决方法。

在以上四点中,前两点是常识性的,几乎没有什么独到之处;而第三和第四点却富有想象力地对传统右翼对“开明”的大基金会和进步社区的社会变革要求的不信任进行了重新包装。

布莱德利—亚历山大委员会一心要把自己的工作做得比以上四个简单的主张更好,并且旗帜鲜明地表达了反对克林顿—戈尔政府的很多核心政策的观点:美国志愿队、政府—非营利组织合作、学校开展的服务型学习以及克林顿在 1997 年总统峰会上所说的“大公民观”(big citizenship)。布莱德利—亚历山大委员会在它提出的一个重要观点中提到了几个有关它这方面工作的问题(Van Til,1997b):“为了政治利用自己的一些简单观察结果,该委员会决定自行解决一些令人不快的问题。例如,为什么要采用代价昂贵的基金会发起型委员会这种方式委托别人去搞两次调查,写了 19 篇论文,编了一份全国相关组织的介绍资料,直到这时才觉得基金会做了‘太多的研究’?在不知道用什么来替代的情况下,为什么要说‘大公民观’的坏话?用‘小公民观’,用软弱的民主来替代?明明知道一个有价值的组织的宗旨和成就早已被任何了解它的人所理解,为什么还要说应该认真评价这个组织推出的项目?”

布莱德利—亚历山大委员会为有意作为慈善捐赠人提供服务的个人规定了一

种要求相当高的行事规则。这样的个人被告知最好成为“公民企业家”,“为接受捐赠和生活其他方面的高要求做好准备”。捐赠人必须学会像“激光那样”专注于“实际结果”。他或者她必须不再满足于以一种“偶然、无计划和非策略”的方式捐赠,但必须把效率作为决定捐赠与否的主要评判标准(NCPCR,1997:ch. 6)。

随着捐赠者通过学习变得讲究策略起来,他们被告知在进行任何捐赠之前先要做好十项检验。布莱德利—亚历山大委员会告诫说,“对待捐赠就要像对待长期投资那样认真”。捐赠人被告知在决定捐赠之前必须确定劝募组织是否立足本地开展业务(全国性劝募组织被认为不能充分接近需要帮助的人),而受赠人也必须被证明具有一定的“创业精神”或者“企业家精神”。

进一步的检验要求受赠组织“严格要求”帮助自己的人。着装规范、务必出席等要求都是好的标志。此外,受赠组织必须表明自己在一个“否则就会混乱”的社会里提供了“宁静、有序和持久存在的庇护所”。最后,受赠组织还必须“被人关注”,必须证明自己“几乎或者完全”不依赖政府的资助,并且应该给人以有能力完成自己使命的印象(pp. 75—76)。

布莱德利—亚历山大委员会建议进行的检验复杂、模糊,对于捐赠人来说难以付诸实施。而且,有些检验很难令人信服。非营利组织主管可以组织展示说明会来吸引一次性捐赠者,尤其是如果他们平时能“严格要求”自己的员工和顾客。而要争取到竞争激烈的政府资助,通常被视为是对富有成效的工作的奖励,而不是行为可疑的标志。

该委员会对“社会需要只能通过提供服务来予以满足”观点的坚持甚至更具争议性。他们警告那些设法铲除问题“根源”的志愿团体,并且呼吁筹款人应该注重处理问题的“症状”。[2] 该委员会试图通过只关注对问题症状的处理来把倡导、抗议和社会变革活动——以及企业和政府为面对提供工作、收入和医疗卫生服务等方面要求的相关努力——作为不适当的付出目标来摒弃。

最后,布莱德利—亚历山大委员会错过了引入超越传统意识形态分歧的新思想,它谈到了宗教组织解决贫民区问题的作用,但只字未提为解决这些问题的公共资助话题。它详细罗列了以社区为基础的组织有效集资的技术要求,但又只字未提广泛发展社区基金会指导个人向以社区为基础的组织捐赠的问题。

布莱德利—亚历山大委员会显示了它的劝募基金“民主资本主义”思想的局限性,它的这份报告公开反对政府、基金会和已有的非营利组织。该委员会几乎把所有的变革希望都寄托在企业、企业主和地方服务组织身上,因此,他们的观点极大地限制了本可用来完成把社会建设得更好这一任务的制度工具的作用。

委员会还会出现:(2)中间派的呼声

1998 年又发布了三份关于慈善和非营利部门的委员会报告。每份报告都代表了一种中间立场,它们试图把开明派和保守派的观点整合成一种有关第三部门在千年之交的作用的大家都能接受的愿景。

这些报告是团队努力——设法用不同的方式来表达一种有关参与、信任、交往和道德信仰社会作用的新共识——的结果。有时,如"美国议会"的报告,只经过报告起草团队的审核——"也没人要求他们在报告上签名"(American Assemley, 1998:5)。在"民间社团"的报告中,有两整页被用来复制报告起草团队成员的签名,这倒是令人想起了《独立宣言》。[印第安纳州共和党参议员丹·寇茨借这个机会用一支特别粗的笔签下了他的名字。]全美公民复兴委员会在报告未列出了其全体成员的姓名,并且确认了一个他们没有达成一致的问题——择校权问题。

(1)"美国议会"从许多方面看都是一个穷人的第二法勒委员会。"美国议会"由印第安纳大学慈善研究中心即将卸任的主任沃伦·伊尔齐曼(Warren Ilchman)创建,它从在洛杉矶新开张的盖蒂博物馆参加多天会议的第三部门有影响人士中挑选了报告起草团队。有一些赞助商应邀参加了会议,其中包括迪士尼的约翰·库克(John Cooke)和麦克阿瑟基金会的阿黛尔·西蒙斯(Adele Simmons);参加会议的非营利组织主管有从"城市年"(City Year)的艾伦·哈泽伊(Alan Khazei)到女孩公司(Girls Inc.)的伊莎贝尔·斯图尔特(Isabel Stewart);研究第三部门的不同学科学者,大多是印第安纳大学的教师,也参加了会议。伊尔齐曼以及杜克大学经济学者查尔斯·克洛特菲尔特(Charles Clotfelter)和印第安纳大学前校长托马斯·埃尔利希(Thomas Ehrlich)为会议的召开起到了主要作用。

这份报告的核心内容就是,未来将是慈善/非营利界的大好时光,而对于社会则是一个困难时期:"挑战就在于利用机会构建尽可能大的优势。"(p. 7)社会由于不平等加剧,人口压力的出现,伴随着全球化、技术错位和价值观蜕变的不确定性加剧而遇到了麻烦;而慈善则因为财富增加以及捐赠和支出增加的潜力而迎来了发展的机会。报告最后提出了一长串相对比较平常的有关提高慈善绩效和责任的建议(如"慈善和非营利组织必须努力提高营运效率")。

(2)民间社团委员会更加倚重公共知识分子来构建它的报告起草团队,这个团队的成员包括《信任》(*Trust*)的作者弗朗西斯·福山(Francis Fukuyama)、《自由的目的》(*Liberal Purposes*)的作者威廉·盖尔斯顿(William Galston)、《人种问题》(*Race Matters*)的作者科尔内·韦斯特(Cornet West)、政治学者詹姆斯·Q.威尔逊(James Q. Wilson)和民意调查专家丹尼尔·扬克洛维奇(Daniel Yankelovich)。参议员寇茨代表的保守势力的参加正好被开明的康涅狄格州民主党参议员约瑟夫·雷伯曼(Joseph Lieberman)的参加所平衡。

对于这个团队来说,"民间社团"包括家庭、社区和街坊邻里、宗教团体、公民志愿组织、文艺团体、地方政府、教育机构、企业相关机构以及媒体。为了从各个方面复兴美国社会,这个团队提出了35条非常简洁的建议。其中只有两条与通常定义的第三部门有关:参议员寇茨老生常谈的应让捐钱给反贫困非营利组织的捐赠人享受500美元税收抵免的建议;要求在青少年组织内部更应强调"体育精神和公平竞争的建议"。

(3)全美公民复兴委员会由前参议员山姆·纳恩和前教育部长威廉·班尼特共同主持,成员包括许多全国性协会的领导人[有联合劝募会的赵小兰(Elaine

Chao)和自助运动积极分子罗伯特·伍德森(Robert Woodson)]以及人数相当多的基金会领导人[从即将离任的洛克菲勒基金会主任彼得·戈德马克(Peter Goldmark)到波士顿社区基金会领导人安娜·弗斯·琼斯(Anna Faith Jones)和布莱德利基金会的迈克尔·乔伊斯(Michael Joyce)]。

马里兰大学的威廉·盖尔斯顿这个重量级的社团运动智囊和克林顿总统的前国内事务顾问扮演了关键的幕僚角色。[4] 虽然非营利组织与志愿行动研究学会终身奖获得者阿米塔伊·艾奇奥尼(Amitai Etzioni)和弗吉尼亚·霍奇金森,以及像莱斯特·萨拉蒙、布拉特·普特南、卡瑟琳·麦卡锡(Kathleen McCarthy)和斯蒂芬·特拉格布·史密斯(Steven Rathgeb Smith)这样的非营利组织与志愿行动研究学会主要成员都在该委员会的不同顾问小组任职,但没有一个与第三部门研究有关的学者在这个委员会任职。

这个委员会很可能是因为它发布的全美公民健康指数(Index of National Civic Health)而变得非常出名。这个指数从20世纪60年代的125急剧下降到了目前的略高于80。这个指数由5个分量组成,每个分量的权重是20%。这5个分量分别是:(1)集会和其他活动政治分量;(2)信任他人和相信联邦政府;(3)会员资格(包括实际会员、慈善捐赠和参与当地活动);(4)安全分量(包括青年凶杀案犯罪率、犯罪恐惧感、调查所报告的犯罪率);(5)家庭分量(包括离婚率和非婚生育率)。

该委员会还采用了一种所谓的"好消息—坏消息"法,即同时报告好消息和坏消息。例如,好消息包括"一场号召公民同舟共济解决社区问题的新运动正在酝酿之中"(National Commission on Civic Renewal,1998:9)。坏消息就是"我们中间有太多的人已经变得消极、冷漠""对我们做出基本道德和公民判断、与我的邻居一起做社区工作以及发挥重要作用的能力缺乏信心"(p. 6)。

关于公民复兴,这个委员会给出的回答是重新认识"公民自由"的思想,并且要勇于"献身",而不要一味地依赖"专家意见"。对于道德重建,这个委员会没有"民间社团委员会"乐观。全美公民复兴委员会注意到:"公民复兴并不要求道德完美";虽然公民复兴要有一定的道德基础,"但并不需要任何特别的宗教信仰。我们需要的基础应该是我们共有的宪法信仰——《独立宣言》提出的道德准则以及宪法序言中提出的共同目标"(p. 12)。

这些报告中谈到的很多问题,如宗教组织在第三部门作用的扩大、志愿和非营利组织在"民间社团"(从家庭到社区再到工会)其他居民关系中的相对重要性、"道德真谛"在社会信任构建中的位置、社会文明与民间社团(如果有的话)两者之间的关系,值得关心现代生活中公民和志愿行动的人士加以关注。

全美公民复兴委员会作答的语气通常比较温和,政治倾向居中,并且比较侧重于道德重建而不是制度改革。它们倾向于接受政治和经济权力以及与政治和经济权力相关的财富、收入和所有权不平等的现状——尽管"美国议会"也为这个问题的"紧迫性"加剧而担心。但总体而言,全美公民复兴委员会回答传递的主要信息是:在推进美国传统的"信任、奉献"的价值观和共同目标(American Assembley,1998:27)的同时,我们需要的是更加积极的公民,"在与别人自由交往的过程中做好自己的事情”(National Commission on Civic Renewal,1998:20),并且表现出一种“勇于牺牲和敢于承担责任的道德观念”(Council on Civil Society,1998:26)。这种观点是否比基于信仰的地方主义保守愿景更有助益,肯定仍是一个有待讨论的问题。除非审视某种第三立场——某个进步的委员会(可能还没有成立或者还没有发布它的报告)就第三部门可能采取的立场,否则,对于这个问题的讨论不可能富有成效。

缺少左派的呼声

虽然美国的右派和中间派都已经忙着提出各自的振兴民间社团的愿景,但美国的左派仍不可思议地保持沉默。在某种程度上,这种沉默反映了共和党政客设法给它贴上“开明”标签的羞愧感,而在更大程度上反映了许多知识分子关于政治民主与经济资本主义难解难分的主观臆断。进步愿景缺失的另一种解释就是捐赠者尤其是基金会领导人保持沉默的能力,他们有以受赠者能够感受到的方式像做出捐献那样传递思想的能力。由于以上种种原因,关于第三部门的进步思想往往被局限在一些规模较小的智库以及许多迥然不同、资金来源相当不足、立足于社区的组织。

一种关于第三部门的进步愿景应该认识到经济的结构性控制对政治、社会和社区生活的影响,应该能够确定一个公民平等建立在收入、财富不平等认识基础上的民主政体和控制权可以压倒“一人一票”政治制度的影响,并且在一种认为捐赠和志愿行动既可用来压迫弱势个人也可用来解放弱势个人的认识基础上看待第三部门。

一种关于第三部门的进步愿景不应该宣扬“民主资本主义”的信条,但应该能够剖析传统观念试图在以上两种制度概念之间构建的意义不明的关联性,应该能够检验在有财运和勇气、成功的人士加剧国内外穷人和绝望者日益增多这一悲剧的方式方法,应该能够更加全面地理解现代生活经常出现的诸如“股市因失业增加的消息而逆势上扬”此类的主要新闻标题。

经济学家格雷格(Greg)和保罗·戴维森(Paul Davidson)在他俩的社会经济学研究(1988)中分析了一些保守经济学家的格言“‘6%左右的自然失业率’为维护劳动纪律和遏制通货膨胀率令人不安地上涨所必需”。他们设问:我们大家为什么要投身于一种不文明的经济,并且允许自己额手称庆自己的好运,而这恰恰就会直接导致别人受苦遭殃?

美国社会中的极右势力极力试图让我们其他人相信,我们需要穷人和失业者受苦受难才能维系我们自己的舒适生活;只要我们给他们些许救济,就可以心安理得地维持这种不平等日益加剧的状况。例如,布莱德利—亚历山大委员会在为处理社会问题的症状,而不是根除造成社会问题的“根源”歌功颂德时,好像是在说创建一支幸福、守纪律的穷人队伍就是我们能够争取的最好结果。

由民间社团委员会最好地代表的“道德中间派”提到了“道德经济”。“道德经济”的意思就是在市场提供道德价值可疑的商品和服务时就必须对市场加以限制。“我们只举几个明显的例子”，民间社团委员会(1998:16)表示。它先提到了“广告商越来越粗鲁地利用色情来推销产品”，接着又说到了“有些人在面对‘我们中间最成功者与最落魄者之间’新出现的令人震惊的不平等现象时表现出来的自鸣得意”，最后还谈到了“我们把别人有时甚至也把自己首先作为在市场上购买身份的消费对象来处理”的倾向。民间社团委员会最后断言，市场体制的这些基本缺陷“并不能免除道德复兴的必要性”。

就如美国议会一样，民间社团委员会也在讲一种已经在现代生活中日益趋同的话语。笔者把这种现象称为“现世马克思主义”(Secular Marxism)。从用经济制度造成的后果来描述与经济制度相关的严重问题的角度看，现世马克思主义与古典马克思主义有相似之处，但从它回避这些问题应该由经济体制的任何结构性因素造成这个结论的角度看又不同于古典马克思主义。现世马克思主义讲述了富人与穷人“收入差别”方面的问题或者“过度消费”问题，并且聚焦于价值观而不是经济体制本身来进行阐释。他们没有选择探讨造成不平等的基本因素无论如何都可以在控制像资本、劳动力、财富和财产这样的物质资源的过程中找到的问题。

美国的右派并不赞同现世马克思主义，他们的观点就是现代社会仍有穷人存在，有些穷人应该得到帮助；富裕和境况好的人在数量和慷慨程度上都有所增加。布莱德利—亚历山大委员会明确亮出了这种立场：“我国是全球最富有、最慷慨的国家，任何其他一个国家的个人、社团、基金会、企业和其他私人慈善机构都不可能把那么多的钱财捐赠给如此广泛多样的有价值的事业和组织。但是，在所有这些值得赞美的活动和使命中，帮助穷人和有需要的人始终有其特殊的地位。对于很多美国人来说，这就是慈善的本质”(National Commission on Phylantrhropy and Civic Renewal，1998:11)。

长期以来，右翼慈善机构努力想让美国人相信，资本主义没有任何过错；只要政府不过分干预，人人都会为这个非常美好的世界变得更加美好而做出更多的贡献。布莱德利—亚历山大委员会在报告中是这样说的：“今天有太多的捐赠者旨在改善穷人生活状况的私人慷慨被滥用或者用错了地方。美国人的慷慨和善意与他们捐赠有需要的人所取得的实际效果之间的差异是全美慈善与公民复兴委员会关心的核心问题。”

有大量资金支持向公众兜售“我们所需要的一切就是更好地把握慈善的方向”的观点。全美响应慈善委员会在其报告《建议制定公共政策议程：保守基金会的策略性慈善》(Moving a Public Policy Agenda: The Strategic Philanthropy of Coservatives Foundations，Covington，1997)中详细介绍了它有条不紊地开展的活动。全美响应慈善委员会发现有十多个保守基金会有计划、有步骤地资助那些不但为“民主资本主义”思想辩护，而且还设法把这些思想“市场化”(仿佛这些思想就是新款冰箱或者汽车)的政策问题专家。

对于进步人士来说，美国极右势力发起的挑战就是：他们应该如何实际回应这场由资金来源充足的右派发起的结果没有把握、方法过于简单化、营销手段高明的研究闪电战？或者，他们是否真的应该认真开展研究和分析，并且动员更多的公民与他们一起参与到一个认真寻找并解决问题的过程中去？如果他们做出了选择，是否有人会支持他们的这项工作？

全美响应慈善委员会很好地提出了以下这个难以解决的问题："开明、进步的非营利界遇到了一种截然不同的筹资动力。他们往往被要求低调处理他们的政策承诺，以便确保基金会的支持"(p. 47)。全美响应慈善委员会报告称，右翼政策的发展目前在筹资数量上正吸引着 4 倍于进步机构的资金；而被该委员会认定为右翼的政策杂志得到的赞助要 10 倍于进步媒体。

一个温和与进步基金会联盟认真关注了全美响应慈善委员会的报告，种种迹象表明，那些认为有必要反击极右基金会宣传闪电战和它们花钱雇用知识分子推销员的人士被寄予厚望。或许，是应该设立一个机构专门负责研究如何建设名副其实的民间社团和经济的相关政策。

在这样一次行动中，了解第三部门的有能力的智囊应该直接面对第三部门各方面的政策问题——如评估第三部门—政府合作关系、受赠组织的优势、第三部门缓解工作和福利危机的作用以及实现志愿者捐赠与领薪雇员之间的平衡等问题。这些都是美国人作为公民、捐赠人、志愿者、纳税人和雇员每天都要遇到的问题。

随着第三部门根据自己的权利作为一个政策领域的出现，重要的是应该要用独立、清晰的思维来思考问题、形成观点、发表评论和白皮书，并且在全国性媒体上发布相关报告。这样一个任务可能需要杰出的智囊和作者的介入、杰出领导人的奉献，而且还要动员高效率的组织。

虽然当今美国那么多的公共话语是那么的不和谐甚至愚蠢，但现在看来有必要开辟一条有效的途径可以让我们从公平竞争的角度去认真思考社会第三部门的作用，让不同的观点自由发展、碰撞并且接受公平的评价。下一章试图为这样的过程构建一个模型，并且考察我们的主要思想家半个世纪以来关于在一个社会、经济、政治和文化不文明程度日益加剧的时代找到民间社团成长途径的重要意义的思想。

第十三章 民间社团与避免癫狂

如果个人和团体的志愿行动应该被视为真正重要的行动，那么必然会对个人和社会质量产生明显的影响。如果志愿行动不能对个人和社会生活产生明显的影响，那么，结论肯定是：第三部门的行动虽然是实实在在的，但相对而言并不十分重要，只不过是一种处于社会真正重要部门边缘的点缀。

直到最近，第三部门受到的一般待遇证实了这种普遍流传的第三部门边缘观。我们来举一个非常有说服力的例子：《纽约时报》总是例行公事式地派负责社会新闻的记者去采访有关志愿行动和第三部门的报道；一二流大学几乎对这个领域的工作不闻不问，但大量开设及颁发企业与政府管理的课程和学位；中小学开设了大量的公民和社会学习课程，但几乎不给学生任何通过社区服务和公民教育工作实践进行学习的机会；即使在家庭生活中，接触不同形式的社会组织和了解它们重大问题的机会也随着电视和其他形式的大众娱乐活动的出现而减少。

在这个把第三部门对于美国人生活的作用边缘化的长期趋势中，20 世纪 90 年代，讨论志愿组织和非营利组织的书籍第一次出现在了美国主要书店的书架上。以下图书不但销量大，而且得到了广泛评论：《社区精神》(*The Spirit of Community*，Amitai Etzioni，1993)、《护教运动与麦当劳世界》(*Jihad vs. McWorld*，*Benjamin Barber*，1995)、《工作的终结》(Jeremy Rifkin，1995)、《信任》(*Trust*，Francis Fukuyama，1995)、《言论自由与平等》(*Voice and Equality*，*Sidney* Verba et al.，1995)和《样样可卖》(Robert Kuttner，1997)。1998 年又有两本相关书籍出版：巴伯的《一个给我们留下的地方：如何建设民间社团，让民主更强势》以及唐·E. 艾伯利的《美利坚的希望：民间社团与美国文化的复兴》。以上这张书单在 2000 年又增加了我们期待已久的哈佛大学罗伯特·普特南的大作《独自打保龄球：美国的非公民化》(*Bowling Alone：Civic Disengagement in America*)。这本书的前面几篇短文引起了媒体、政策制定者以及一些类似的有影响人士的广泛而持续的关注。

对于关心我们社会的未来和我们社会所处的全球环境的公民来说，不可能有比艾奇奥尼、巴伯、里弗金、福山、威尔巴(Verba)、库特纳、艾伯利和普特南等学者共同关心的问题更加重要的问题了。原因就是，不但他们写的书重要，而且这些作者都是美国的一流学者。

1. 美国社会学学会(American Sociological Society)前会长艾奇奥尼阐明了他和他的同事发起的新"社团运动"——一场主要基于第三部门行动和组织潜在贡献

的运动——的名称和信念。之前，艾奇奥尼已经详细论述了一种被他有力、令人信服地称为“积极社会”的社会形态(1968)。

2. 美国杰出的民主理论研究者巴伯介绍了两股破坏民主和公民生活的社会势力——被他称为“麦当劳世界”的资本垄断控制权以及被他称为“护教运动”的集体癫狂和群体种族主义——崛起的情况。他在后来出版的一本书中直接论述了民间社团问题(1998)。

3. 就如我们在前面的章节中所看到的那样，卓越的社会活动家和作家里弗金讲解了一个即将到来的由单项技术创新成果——微芯片——非同寻常的扩散引发的领薪员工分布危机。

4. 福山因从事“历史终结”研究而在知识界赢得了很高的知名度，他详细论述了政治、社会、文化和人际关系等方面遭遇的日益严重的信任丧失。

5. 哈佛大学知名政治学者威尔巴与他的同伴凯·勒曼·施罗茨曼(Kay Lehman Schlozman)和亨利·E. 布雷迪(Henry E. Brady)一起探索了他们所说的“公民志愿主义”在美国社会的存在与缺席问题。

6. 知名财经记者库特纳详细论述了美国人生活的“商品化”问题，并且指出了铲除威胁我们当代民主的财富和权力势力并“振兴民间社团”的重要意义。

7. 最初作为一个受到美国前教育部长威廉·班尼特保护的新保守分子而出名的艾伯利，扩大了自己的组织和知识范畴，吸收了许多有关民间社团在美国人生活中的作用的传统开明观念(1998)。

8. 哈佛大学的另一位政治学者普特南论述意大利参与问题的著作已经成为一本社会科学的经典之作。他把他自己所说的“公民美利坚的离奇消失”说成是一个社会沉溺于无处不在的电视荧屏上忽隐忽现的形象而导致的复杂结果。

艾奇奥尼提醒我们权利和义务都很重要；福山告诉我们社会资本是经济增长的一个先决条件；里弗金明确呼吁把服务作为就业来对待；巴伯告诫我们要警惕企业兼并和种族排斥狂热；威尔巴把宗教视为公民参与的一种保障；库特纳援引文献证明了私有制的威力和控制力；艾伯利提醒我们非营利组织往往不能解决贫困和需要问题；普特南警告称真正的社会交往正日益受到家族主义和大众文化的危害；而当今读者则都被灌输了许多证明我们需要一个充满活力、结构合理的第三部门的颇具说服力的论点。

埃里希·弗洛姆与现代癫狂的根源

就像当今任何一个社会现实分析者一样，艾奇奥尼、巴伯、里弗金、福山、威尔巴、库特纳、艾伯利和普特南也是站在上一辈社会理论家的肩膀上试图说明他们对社会现实的理解。在这上一辈的知识巨人中有西格蒙德·弗洛伊德(Sigmund Freud)，他在其经典研究《文明及其缺憾》(*Civilization and Its Discontents*)中提出了社会和社会成员个人都可被视为心理有病。弗洛伊德写到了“社会”和“集体”神经衰弱症，并且预见到了“文明社区病理学”的研究发展。

弗洛伊德的知识后代、心理分析师埃里希·弗洛姆(Erich Fromm)还试图在他1955年出版的书《健全的社会》(*The Sane Society*)中推进弗洛伊德预见到的研究。弗洛姆认为，这方面的研究源自于对“心理健康”这个术语的定义，“这个术语必须从人类社会应该按照人的需要进行调整的角度来定义”(p. 72)。弗洛姆的心理健康定义可表述为“通过摆脱氏族乱伦和土地关系，通过构建一种基于作为权力主体和行为主体的自我体验的认同感，通过掌控我们内外部的现实世界，也就是通过发展客观性和理性构建的爱和创造的能力”(p. 69)。

弗洛姆着手考察了“多少有点遭到忽视的社会致病作用”(p. 77)。他先是设问“我们的社会需要哪种人”，然后回答说：“我们的社会需要能够在大群体中好相处的人，希望消费多多益善的人以及品味可标准化、容易被影响和预期的人。我们的社会需要觉得自己自由和独立，不受制于任何权威、准则或良心——但愿意被控制，做所希望做的事并且能够毫无摩擦地适应社会这台机器的人。”(p. 110)

弗洛姆这本书之所以值得关注，不但因为他愿意承认20世纪美国这样的当今西方社会患上了癫狂症，而且还因为他的论点也可被许多同样研究我们这个时代社会危机的社会批评家作为样板。这些社会批评家一次又一次地重复演奏着弗洛姆差不多在半个世纪前创作的这首社会危机和重建交响乐。笔者邀请本书的读者在本章展示这些主旋律现代版的脚注中聆听弗洛姆首创的基本曲调的回声。

弗洛姆注意到，我们这些生活在现代工业—城市社会中的人都有很多明显不符合他下的心理健康定义的特征。我们已经丧失了从事社会各主要部门生产性活动的能力。

在家庭和社区生活中：

1. 我们认为“每种欲望都必须立刻得到满足”，并且还认为“每种愿望都必然会如愿以偿”(p. 164)。此外，我们发现自己不能区分“幸福”和“娱乐”(p. 201)。[1]

2. 我们不能作为“积极的权力和财富持有人”来进行自我体验(p. 124)。[2]

3. 我们要“像两个相互利用的抽象物、两台有生命的机器那样”与别人发生关系(p. 139)。[3]

4. 我们注定要孤独地生活，不能与某个伙伴维持亲密的关系，因为我们无力构建一种能够根据“对方表达的需要”调整我们行为的合作关系(p. 199)。[4]

5. 我们只能作为“被动并被异化”的消费者(p. 136)来采取行动，我们消费物品只不过是为了“拥有它们”(p. 132)，并且被“对它们的性质和来源一无所知”的产品团团包围(p. 134)。[5]

在工作场所，我们也丧失了从事生产性活动的能力。弗洛姆发现，在工作场所：

1. 我们被我们所从事的工作和我们通过自己的工作生产的产品所异化(pp. 110—113)。[6]

2. 我们觉得，随着计划者、动作分解者和科学管理者不断地剥夺工人的思想权利和自由活动权利，工作正变得“越来越重复，越来越缺乏思想性”(J. J. Gillespie，引自Frmm，1955：125)。[7]

3. 对于我们能够创造和拥有的东西，我们关注(抽象的)交换价值，而不是(具体的)使用价值(p. 116)。[8]

4. 我们把工作作为“按照原子化管理的节奏跳动的经济原子”来体验(p. 125)，同时又被把我们“作为数字或者物品”来对待的科层化管理者和组织所操纵(p. 126)。[9]

5. 我们只把自己当作“可在市场上被成功雇用的东西”，而不是“主动的行为主体、人力资源的持有者”(p. 142)。[10]

当我们与公共事务和政府活动发生关系时，我们这些生活在现代社会里的人：

1. 就会“在支配我们的各种力量面前”感到无助(p. 137)。[11]

2. 心甘情愿地屈从于一个“无名、无形并且(自身)也被异化了的权威”(p. 152)。[12]

3. 无力表达自己的政治愿望，因为我们“对自己没有任何愿望或者信心”(p. 185)。[13]

4.“利用电视来构建我们的政治人格，就如同我们用电视来为肥皂做广告”(p. 186)。[14]

5. 在政治问题上“被一种深深的无能为力感所占据(但未必能自觉地认识到)”，从而觉得自己越来越缺乏“政治智慧”(p. 191)。[15]

而且，在社会交往方面，我们个人也因受到阻挠而没有找到与我们的同类进行有意义接触的方式。我们：

1. 觉得自己不能与社会问题人的维度发生关系(p. 119)。[16]

2. 有深深的无能为力感，因为“如果我们不能有效地采取行动——我们也就不能富有成效地思考”(p. 191)。[17]

3. 注重“无差别交际能力，但缺乏个性”(性格“开朗”)，并且根据自己和别人谈论我们自己的“问题”的便利性来进行“社会调整”(p. 157)。[18]

4. 接受一种完全世俗化的宗教。在这种宗教中，“我们并不关心生活的意义”“开始确信除了平安度过此生，不遭重大灾难以外别无其他诉求”，并且把信奉上帝视为“理所当然的事情”(p. 176)。[19]

5. 没有能力“毫不恐慌、不过度恐惧地完成忍受不安全感”这个积极的心理任务(p. 196)[20]

社会变革的样板

面对以上种种多得吓人的社会性身心障碍，我们应该做些什么呢？弗洛姆提出了许多建议，包括可在社会各主要部门结构和过程中推行的彻底(“深入到根”，p. 273)变革：“只有通过产业与政治组织、精神和生理、性格结构以及文化活动领域同时进行的变革，才能实现精神健全和心理健康”(p. 271)。换句话说，健康的现代社会需要社会全部四个部门同步的良好运行：“试图彻底推进某个部门，而同时排斥其他部门，结果必然是……某个领域的基本需求只有少数一些人能得到满足，但对于大多数人来说就成了规则和礼仪，并且可用来掩盖其他领域什么变化都没有发生这一事实。毫无疑问，对于整个人类的进步，生活各方面整体前进一步——即便只持续很短的时间——也要比某一单个方面前进 100 步具有更加深远、持久的影响。数千年来'孤立进步'的失败应该是一个有相当说服力的教训"(pp. 272－273)。

因此，无论是纯粹的资本主义解决方法还是纯粹的社会主义解决方法都将被证明不是解决问题的充分方法。"超级资本主义"只会加剧弗洛姆认定的病态，而"集中规划"甚至能比资本主义或者法西斯主义造成更加严格的控制和更加严重的独裁(pp. 277－278)。当然，弗洛姆介绍了一种社会变革的样板，一个很多作者沿用的样板。弗洛姆先是论述了企业部门的改革，并且提出了很多企业部门改革的建议：

1. 工作应该重新组织，承认企业的"技术"和社会方面都是决定体验到工作"意义和魅力"程度的重要因素(p. 299)。[21]

2. 重要的是，企业组织的所有参与者——企业主、雇员和管理者——都要参与"企业内部的管理和决策"(p. 323)。[22]

3."独立的经济存在"建设无可替代(p. 293)。在独立的经济存在中，任何人都能享受"自己的全部劳动果实"，都能"自学成才"，并且"在职业团体内部不断做出共同的努力"(pp. 309－310)。[23]

弗洛姆呼吁政府部门内部应该进行三方面的政策和组织结构改革：

1. 应该确保政府雇员在 2 年内能挣到有保证的收入，以便他们在因自愿辞职另谋职业"或者任何其他个人原因而不能挣钱"时仍能养活自己并且供养家人(p. 336)。[24]

2. 民主政治的治理结构应该在"不超过 500 人的相对较小的群体内进行重组。在这么小的群体中，利害攸关的问题能够得到充分的讨论，每个成员都能表达自己的看法，倾听别人的意见，并且理性地对待不同的观点"(p. 341)。[25]

3. 可以推行一种全民反思来组织政治辩论和记录投票结果。"在我们现在掌握的技术手段的帮助下，很容易把这些短时间内完成的投票的全部结果记录下来"(p. 342)。然后，就能把经过反思过程做出的决策"逐级传送到中央政府。"(p. 343)[26]

弗洛姆建议的第三部门组织结构和工作程序的重大改革包括：

1."杜绝我们的教育制度中存在的理论与实践相脱离的有害现象"，我们的教育制度应该提供大量的成人教育可能性，并且彻底改革中小学教育方法(pp. 345－346)。[27]

2. 支持并推广"集体艺术"创造这种我们"通过富有意义、技能、效率，积极的共享方式，利用我们自己的感官来应对世界的方法"(p. 347)。[28]

3. 欢迎未来几年能出现一种新的"普适性"宗教，一种信奉各大宗教共有的人本主义教化……(并且)强调生活实践而不是教义信仰的宗教(p. 352)。[29]

从社会癫狂到民间社团

从社会癫狂到民间社团的前进道路并不是一条容易铺设和维护的道路，而是一条曲折蜿蜒但方向明确的羊肠小道，因为社会批评家和改革家之间还是就这条道路的总体走向达成了高度惊人的共识。随着民间社团的发现和建设，详细说明志愿和非营利组织在创建民间社团过程中能够并且应该发挥的作用，显得越来越重要。这个任务本身就包含着一个社会创造过程，一个从非营利组织到第三空间的长途跋涉过程。本书的最后一篇将讨论第三空间这个主题。

第六篇

第三空间

第十四章　超越部门神话

20世纪的最后25年见证了美国非营利组织数量和引人注目程度的大幅提升。为了理解非营利组织的快速发展，社会部门研究学者和组织领导人终于越来越多地谈论非营利"部门"崛起的问题。这一章探讨部门概念的未来可行性，并且试图把注意力再度投向非营利领域，以寻求理解非营利部门行动的重要意义，而不是分析组织的重要性。

非营利组织的局限性

在过去25年对社会第三部门的作用表现出来的热情消退以后，学者和专业人士可能都没有注意到非营利组织贡献的很多局限性。正如耶鲁大学法学教授亨利·汉斯曼(Henry Hansmann)在一篇1987年发表的论文中所预测的那样，很多非营利组织终究会选择财务生存能力，而不是坚守自己的使命，这很可能只是个时间问题。而这样的选择必然会对大多数非营利组织享受的多种免税待遇产生影响。汉斯曼(1987b:25)表达了以下观点："非营利部门面对的一个真正重要的问题是未来的待遇问题，不是非营利组织与企业活动无关的待遇问题，而是它们的首要或者'与企业相关的活动'的待遇问题……我们如何为非营利医院、疗养所、医疗卫生机构、出版社和其他各种提供类似企业服务并且与企业竞争的非营利机构享受免税待遇辩解呢？如果我们不能就这个问题给出令人满意的答案——笔者相信，这样的答案不容易找到，那么，这些组织或者机构最终也许会被剥夺免税和其他特权。"

汉斯曼在他的一项更新的"企业所有权"研究(1996:25)中指出，非营利形式只提供了许多组织可以是非投资人所有的方式中的一种。我们也可以通过员工所有制、不同类型的(农业、零售或者批发)合作社、协会或俱乐部、财产共管体或者互助银行或保险公司等的不同形式，以合作互助的方式来组建不同所有权的组织。汉斯曼注意到，这样的生产者拥有型和消费者拥有型企业与非营利组织之间往往只存在很小的差别。他甚至还补充说，"随着所有人控制权的逐渐削弱，这样的有主企业与形式上的无主企业(即非营利组织)之间的区别趋于消失"。与此同时，汉斯曼还注意到，在大部分重要的医疗卫生领域，非营利形式已经变得"越来越过时"。

就如汉斯曼在最近一次采访中告诉笔者的那样，非营利部门迄今仍是一个突出的问题。他表示，大多数非营利高等院校以及大部分公立高校也已经变得与新建的营利大学没有什么区别了，它们也出卖按课程分类的学位。对它们的教育项目的支持已经从供给侧（如学术）转变为需求侧（雇主或者政府发放教育券）支持。一个类似的转变过程已经把非营利的医疗卫生机构改造成了严重依赖第三方公共和保险付款来维持需求的商业机构。

在英国，一个类似的部门转化过程也引起了关注。政策分析师巴里·奈特（Barry Knight）在一份引起争议的报告中指出，他们国家的志愿者组织有很多是"准国家"机构，而由社会管理学者尼古拉斯·迪金（Nicholas Deakin）主持的志愿部门未来独立委员会（Independent Commission on the Future of the Voluntary Sector）注意到，英国的慈善法没有把像"公立"学校、宗教机构和政党相关型智库这样的机构列在"志愿部门"的名下。

就如德国历史学者鲁道夫·鲍尔（Rudolph Bauer）已经简要指出的那样，在资本主义社会中，所有的组织都具有资本主义性质；或者说，几乎所有的组织都具有资本主义性质。当然，各级政府的一个主要职能就是维持经济的日常运行，并且确保利润和就业水平不出现严重下跌。与此同时，非营利组织要像任何企业一样面对严峻的财务底线。虽然很多非营利组织能够用慈善捐赠和受赠的志愿服务时间来补充它们的收费收入，但仍有差不多150个免税组织在像免税企业那样运作，它们与营利部门的竞争对手生产同类产品——工作机会和服务。由这样的"商业性非营利组织"提供的工作机会和服务往往与任何慈善、教育或者其他补偿性社会目的关系不大。正如特里萨·奥登达尔（Teresa Odendahl，1987：16）在她关于捐赠的研究中引用文献证明的那样，"慈善的一个关键动机就是意欲维系对捐款处置权的控制"。

真有非营利部门存在？

在采用非营利部门概念的研究者中，最先采用这个概念的学者是约翰·霍普金斯大学的莱斯特·萨拉蒙。萨拉蒙这个不知疲倦的非营利领域研究者主持过一项涉及13个国家非营利部门的比较研究项目，并且负责为这个重大非营利部门研究项目筹集资金。萨拉蒙和他的伙伴们在源自这个项目的不同出版物中大肆宣传了这种新的社会力量的作用。

关于非营利部门的重要意义，萨拉蒙主要发表了以下重要论断：

1. 社会和经济力量：非营利部门是一股"重要的社会经济力量"，并且"创造了大量且越来越多的就业机会，为回应公众需要承担了重要的责任"（Salamon and Anheier，1994：113）。有一项研究考察的22个国家非营利部门的总体规模相当于一个"产值11 000亿美元的产业"，相当于世界第八大经济体的规模（Salamon，Anheier，et al.，1998：4）。

2. 公民活动：这个部门"显然是一个'公民部门'"（Salamon and Anheier，1994：98）。"事实上，一场名副其实的'全球性结社革命'似乎正在酝酿之中，世界每一个角落都在掀起有组织的私人志愿活动的高潮”(Salamon,Anheier,et al.,1998:2;Salamon,1994)。

3. 政治意义:“非营利部门的崛起也许能够很好地证明是 20 世纪下半叶的一个重要发展,其重要性不亚于 19 世纪下半叶民族国家的崛起。”(Salamon,1994:111)

4. 强大、持久的力量:“事实上……关于第三部门让位的论断应该得到像美国幽默作家马克·吐温(Mark Twain)对他的夭折传闻做出的那种回应。吐温表示‘这些传闻被极大地夸大’”(Salmon and Anheier,1994:23)。但是,“非营利部门仍是现代社会景观中一个‘失落的大洲’,没能引起大多数政策制定者、企业领导人和媒体,甚至非营利部门内部很多人的注意”(Salmon,Anheier,et al.,1998:2)。

有很多论点对以上这些论断进行了反击,有趣的是,这些论点也是由莱斯特·萨拉蒙提出的:

1. 非营利组织正变得越来越“市场化”。萨拉蒙(1995:213)预期,随着非营利部门的发展,“这种发展表现为把志愿部门更大程度地整合进市场经济”。他的研究证明了非营利部门获得了很大的收费和政府合同的支持。总体而言,美国非营利部门 57%的资金来源是收费,30%是政府拨款,而且这两个百分比都在增长(Salmon,Anheier,et al.,1998:11)。此外,非营利部门常主张的“独立性”具有相当的误导性,因为非营利部门已经变得与政府相互依存,最近又变得与企业相互依存(Salamon and Anheier,1997:293)。萨拉蒙(1999:177)表示:“一个被神话赞美其独立性的部门现在必须屈服于为解决紧迫的公共问题而与企业和政府建立紧密的工作关系的需要。”

2. 公民的影响力在很大程度上没有触及一大部分非营利部门。不到 1/6 的非营利部门利用在组织治理和运行方面直接涉及公民的结构来处理公民广泛关心的问题。足足有 82%的非营利组织是医疗卫生机构、中小学校和高等院校以及商业性组织——其中只有很少的机构或者组织有公民积极参与它们的治理或者广泛利用志愿者提供的服务。[1]

3. 非营利部门自身也可能是一个重要的政策偏误、不稳定和困境的贡献者。非营利组织基于不同的意识形态和/或注重实效的视角来审视公共政策问题。就如萨拉蒙(1993)所说的那样,非营利部门与民主政治之间的关系“可能非常成问题”,这种关系取决于政府、营利组织和非营利组织的很多特点:

(1)“凡是国家权力过大,并且威胁到任何自治空间存在的地方,非营利部门可能就是民主政治的一个先决条件。”

(2)“凡是私人团体——无论是建立在经济利益、种族还是其他什么基础上——已经丧失任何真正意义上的共同使命感和‘公民身份’凝聚力的地方,非营利部门有可能成为阻扰民主政治的严重障碍。”

(3)“凡是组织机构回避倡导活动,并且持狭义的角色观的地方,非营利组织有可能变得基本与民主政治无关。”

4. 非营利组织得到不充分并且越来越少的慈善支持。虽然收费差不多要占到非营利组织3/5的资金来源，但慈善捐赠占非营利组织资金来源的比例还在快速下降。萨拉蒙的研究(Salamon and Anheier,1994:61;Salamon,Anheier,et al.,1998:11)显示，这个比例从1990年的19%降低到了1995年的13%，10%通常被认为是非营利组织财务健康的底线。

萨拉蒙(1995:44—48)在他分析现代社会"志愿行动失败"的四个维度——慈善捐赠不足、慈善特殊论、慈善家长作风和慈善业余论——的研究中预期到了慈善支持的减少。关于慈善捐赠不足，萨拉蒙表示"志愿系统作为集体物品提供者遭遇的主要失败就是动员资源不稳定，无法动员充分、可靠的资源来满足发达工业社会应对公共事业问题的需求"。

在较新的研究中，萨拉蒙谈到了"民间社团部门"，而没有采用"非营利部门"概念(Salamon and Anheier,1997)，而他目前在约翰·霍普金斯大学的头衔也变成了"民间社团研究中心"主任。在一篇关于"民间社团部门"的文章中，萨拉蒙表示，如果只把志愿组织和非营利组织视为民间社团部门的成员，"那么此举就会产生把其他部门归入'非公民'状态的负面效应"。更重要的是，这样做忽视了"民间社团部门要依靠其他部门来生存的程度"(Salamon and Anheier,1997:65)。

萨拉蒙在他与长期共事的同事赫尔穆特·安海尔(Helmut Anheier)合写的一篇文章中表示，"真正的'民间社团'很可能是一个由三个多少有点不同但找到了在回应公众需求方面进行合作的途径的部门——政府、企业和非营利部门——组成的社会。如此看来，'民间社团'这个术语并不适合用于某个特定部门，而是适用于三个部门之间的关系，一种以高水平合作和相互支持为主的关系。这就是似乎可以从本人掌握的数据中得出的结论"(Salamon and Anheier,1997:65)。

其他终于发现非营利部门是个含义不明的概念的学者还有彼得·多布金·霍尔、佩里·六(Perri 6)、拉尔夫·克莱默和唐·E. 艾伯利：

1. 霍尔(1992:1)把非营利部门作为一个"新发明的概念"来分析，并且预言"净化后的语言会使得'非营利'和'非营利部门'这两个术语非常适合作为政治和解的基础，但这种语言因它的基本歧义性而导致未来冲突不断"。

2. 英国学者佩里·六在1994年的一篇短文中设问"未来10年是否任何人都会谈论'第三部门'"。佩里·六断定，"部门特殊性主张的削弱也可能反映一个社会福利产业和市场状况已经发生变化并且可能已经产生降低组织形态表现特殊性的真实历史过程"(Perri 6 and Vidal,1994:407)。

3. 克莱默在一篇详尽综述非营利部门和社会福利研究文献的文章(1998)中就21世纪的非营利组织发问："这种组织会变得很重要吗?"

4. 艾伯利(1998:67—69)回顾了萨拉蒙—安海尔的研究发现，强调了非营利组织不重视穷人需要并且不直接把志愿行动用来满足社会服务需要的严重程度。

如何给第三部门瘦身

萨拉蒙(1995:261—264)表示，"纯粹美德"神话和"志愿主义"的神话"缺乏定义和理解当今非营利部门的功能”。那么，为什么不进一步按照相同的逻辑认为每种非营利部门的概念本身都可能就像神话一样是虚构的，应该自负欺骗和功能不全的责任？

我们来思考以下这种论点：虽然非营利部门的概念也许没有实际可用性，但对它的思考难道也不能提高我们关注培育民间社团及其第三空间必要性的注意力？

1. 美国差不多有150万个享受免税待遇的组织，其中有很多免税的非营利组织基本上就像免税企业那样运行，与企业唯一的区别就是它们受制于不分配约束。这个约束条件规定，非营利免税组织在解散时不得把资产分给所有人，而要把它们赠予其他非营利实体。

2. 差不多所有重要的非营利健康相关型实体（如医院、疗养院、家庭医疗保健服务提供者和用品供应商）、大部分“私立”高等院校、部分社会服务机构以及绝大多数有影响的行业和专业组织都属于这些几乎就像免税企业那样运行的组织。

3. 这个免税部门的其他组织有（数量相对较多的）小型健康相关型组织，众多由社区提供资金、宗教色彩浓厚的中小学校，为数众多的反映社区关切并且广泛使用志愿劳动力的社会服务组织，日益多样化、影响力不断增大的教会和其他基于信仰的组织，一些宗旨和目标不同的基金会，（为数相当多、常有宗教背景的）发展组织，各种各样的文化艺术组织（有许多像小企业那样运行）以及一些（通常）规模较小的地方或者全国性公民、倡导和环保组织。

4. 为了便于说明，现在假设非营利社会服务组织和非营利文化艺术组织的营运支出一半是经营性业务支出，另一半是志愿活动支出；并且沿用汉斯曼只有1/5的非营利院校采用不同于企业模式运行的假设。

这样，根据约翰·霍普金斯大学研究人员不同报告提供的数据[2]，我们就能绘制以下几张表格。

表14.1列示了通常所说的美国非营利部门成员组织的营运支出。在表中，这类组织被分为两大类：左侧是可被合理地认为基本上像免税企业那样运行的非营利免税组织，也就是资金来源主要是收费的组织；右侧是以志愿和公民取向的使命和工作流程为特点的非营利组织。

表14.1　　两大类非营利组织的营运支出

组织结构与工作流程基本上与免税企业相同的非营利组织	组织使命和工作流程基本上以志愿和公民取向的非营利组织
医院、疗养院、医疗卫生服务提供者和用品供应商（49%）	
大部分高等院校、其他研究和培训机构	由社区提供资金、带有宗教色彩的中小学校（1%）；1/5的私立院校和研究院所（4%）；教会和其他基于信仰的机构（8%）
通常依靠政府资助和合同提供服务的社会服务/住房开发供给组织（6%）	依靠社区和志愿者资助提供服务的社会服务/住房开发供给组织（6%）
包括行业协会和工会在内的商业和专业组织（5%）	为数很小的专业组织

续表

以收费为资金来源的艺术、文化和娱乐组织(1.5%)	依靠捐赠和政府资助的艺术、文化和娱乐组织(1.5%)
	公民/倡导/环保/国际组织(1%)
	基金会(0.4%)
大类合计:(77.5%)	**大类合计:(21.9%)**

表14.2把表14.1中的数据转换成非营利部门组织雇用的相当于全职员工(包括志愿者)的人数的百分比。表14.2显示,通常所理解的非营利部门有2/3的组织从事基本上与企业或者政府雇主没有区别的活动。[3]

表14.2　　两大类非营利组织雇用员工人数(包括志愿者)

组织结构和工作流程基本上像免税企业的非营利组织	组织使命和工作流程基本上以志愿和公民取向的非营利组织
医院、疗养院、家庭医疗保健服务提供者和用品供应商(31%)	
大部分私立高等院校、其他研究和培养机构(13%)	由社区提供资金、带有宗教色彩的中小学校(1%);私立院校和研究机构(3%)
	教会和其他基于信仰的机构(10%)
通常依靠政府资助和合同提供服务的社会服务/住房开发供给组织(12%)	依靠社区和志愿者资助提供服务的社会服务/住房开发供给组织(12%)
包括行业协会和工会在内的商业和专业组织(3.5%)	为数很小的专业组织
资金来源于收费的艺术、文化和娱乐组织(4%)	依靠捐款和政府资助的艺术、文化和娱乐组织(4%)
	公民/倡导/环保/国际组织(3%)
大类合计:(63.5%)	**大类合计:(33.9%)**

只要展开考虑私人慈善捐赠,我们就能发现表格右边一栏的多样性。

表14.3显示,2/3的捐款流向了非营利部门的非商业组织,而在2/3捐款中有2/3流向了宗教机构。美国每年差不多有1 400亿美元的捐款(其中85%是个人捐款,9%是基金会捐款,6%是企业捐款)有三个去向:1/3流向了基本上以商业方式运作的机构(主要是公立和私立高等院校);1/2流向了宗教机构;1/6流向了公民和志愿取向的组织。[4]

表14.3　　慈善给两大类非营利组织的捐款

组织结构和工作流程基本上像免税企业的非营利组织	组织使命和工作流程基本上以志愿和公民取向的非营利组织
医院、疗养院、家庭医疗保健服务提供者和用品供应商(8%)	

续表

大部分私立高等院校、其他研究和培养机构(9%);公立高等院校(7%)	由社区提供资金、带有宗教色彩的中小学校以及私立院校和研究机构(4%)
	教会和其他基于信仰的机构(48%)
通常依靠政府资助和合同提供服务的社会服务/住房开发供给组织(3.5%)	依靠社区和志愿者资助提供服务的社会服务/住房开发供给组织(3.5%)
包括行业协会和工会在内的商业和专业组织(4%)	为数很小的专业组织
资金来源于收费的艺术、文化和娱乐组织(1.5%)	依靠捐款和政府资助的艺术、文化和娱乐组织(1.5%)
	公民/倡导/环保/国际组织(4.5%)
大类合计:(33%)	**大类合计:(67.5%)**

现在,我们做以下"社会转型",并且给那些选择商业性而放弃使命感的非营利组织开一个退出口子。如果把这些组织直接认定为企业,并且不再让它们享受免税和其他公益待遇,那么,免税待遇就全部留给了那些选择继续保留免税享受资格的非营利组织。

对不同的非营利组织进行深入的考察,就能发现那些不应该免税的非营利组织。约瑟夫·加拉斯基威茨(Joseph Galaskiewicz)最近提出了始终可用来取消这些组织免税资格的检验方法。[5]

1. 组织在多大程度上把对完成使命的追求放在高于对私利的追求?

2. 收入减少时,组织会在多大程度上对服务质量"做手脚"?

3. 组织在多大程度上设法避免无利"倾销",而专门为有支付能力的顾客服务?

4. 组织在多大程度上尊重员工(包括领薪员工和志愿者)的承诺和贡献?

我们也可以考虑采用对医院利用项目诉宾夕法尼亚联邦政府案五点评判标准进行适当修改后获得的几个评判标准(p.35):

5. 组织在多大程度上提出了适当的慈善目标?

6. 组织能在多大程度上捐赠或者免费提供充分的服务?

7. 组织能在多大程度上真正让应该得到慈善帮助的人得到帮助?

8. 组织能在多大程度上减轻政府提供特别项目或者服务的负担?

我们还可以根据本书重点考察过的一些概念增加补充评判标准。指望每个非营利免税组织实现它们的全部目标是不切实际的,但可以证明组织提出的目标应该肯定有助于组织成为我们国家第三空间的中坚:

9. 组织能在多大程度上构建和维护自己的社会资本?

10. 组织能在多大程度上代表某个特定人群发声,从而巩固社会多元化的结构?

11. 组织能在多大程度上通过组织结构和工作流程来推进社群社会的建设,并培育公民的权利和责任意识?

12. 组织能在多大程度上满足其成员的物质需要——增加他们的受雇机会，帮助他们构建一种社会经济，根据公益创业的思路来创建并发展新的风险事业？

如果我们能够制定、优化和执行这些评判标准，那么就能区分两大类非营利部门组织，并且把学校、医院、教会挑选出来。我们就可以把那些被发现基本上是商业性的非营利组织与那些继续发挥志愿或者慈善作用的组织区分开来。这样得到的组织世界就可以是一个更有可能获得承认的第三空间世界。这个组织世界主要由以下几种组织构成：

1. 非营利免税组织：它们目前的使命和实践基本符合组织免税的标准，有资格接受可减免税款的捐献。

2. 非营利非免税组织（包括除了出卖服务而不能证明其他使命的医院、学校，以及大部分非营利会员制、职业和商业组织）：它们除了受到不分配约束之外不能享受任何特别的税收减免待遇。

3. 营利组织。

这样，第三部门根据新的定义就能够缩减成一个比目前小得多的组织世界。目前，第三部门是一个由 150 万个公共服务成员组织拼凑成的大杂烩，包括社交俱乐部、教会、工会、行业协会、服务提供商和政党。因此，一个充满活力、采取生产性行动的第三空间可以取代统计意义上的非营利部门，后者目前包括很多只是偶然与推进人类福祉有关的组织。

这种"统计意义上的非营利部门"由目的、结构和使命千差万别的组织构成，采取了社会"蟑螂汽车旅馆"（Roach Motel）的形式，每个组织都要登记，虽然不是全部都不能但也只有很少能够通过检验。[6] 难道就不能更加明智地从研究和法律两个方面允许那些以履行第三部门使命开始但后来基本上成为商业或者政府机构的组织有一个体面而又稳定的退出第三部门的通道？

剩下的组织就构成了一个真正的第三部门，这个真正的第三部门由履行倡导和服务使命——以及接受手段（在有充裕的志愿和慈善支持的背景下提供匿名服务）提供准则——的组织组成。无论是为会员服务的组织还是为公众服务的组织，都可以继续留在获得特别税收考虑的组织中间，但关键的评判标准可能在于组织实际从事的活动。

那些继续留在瘦身后的第三部门的组织可得益于税收减免突出重点的做法。的确，一个瘦身后的第三部门可以为其捐赠者强烈要求提高捐赠可享受的税收减免程度，因为慈善"税收支出"预算不再考虑像收费医院和私立学校这样的基本上是商业性的机构。

这方面最大的变化可能就是很多高等院校接受的捐赠将不能享受税收减免待遇。现在，这些高等院校根据一种长久以来认为它们毫无疑问应该得到公众支持的传统获得了资助。笔者本人的建议是要求这些组织明白这样的资助不但因为它们提供了被其贴上"教育"标签的服务，而且还要通过上文建议的各项检验才能获得。基本上是商业性的教育机构被认为发挥了重要的公共作用，因此可以获得补充资助，如以教育券和其他需求侧援助的形式提供公共补贴。[7]

一个瘦身后的第三部门只有真正遵循志愿和公民驱动型服务和倡导准则的组织，应该享受公共特权和它必须继续享有的声誉。这样，我们就会更加注重质量，而不是数量，并且适当承认美国 300 年历史形成的一个事实：组织使命和结构会随时间而变化，并且有规律地跨越不同部门的边界。当然，已经到了让组织自由进出美国第三部门这个通常具有活力、常常充满生气、始终在变化的空间的时候了。

第十五章　如何发展民间社团，如何利用第三空间

如果说埃里希·弗洛姆是20世纪最优秀的社会分析家，那么，瓦茨拉夫·哈维尔可以说是20世纪最有先见之明的政治家，他早就预见到志愿行动有助于民间社团建设，并且富有成效地占据社会第三空间。哈维尔因为他写的戏剧集、在他的国家为了争取自由和尊严的斗争中表达的不同政见以及他担任捷克共和国总统期间表现出来的幽默而广为人知，他也是一个嗅觉灵敏的社会思想家，并且通过研究初创了一种影响巨大的第三空间理论。

如何生存在第三空间里

刚满法定成年年龄，瓦茨拉夫·哈维尔就在被他现在称为“后极权”社会的“后二次世界大战”时期捷克斯洛伐克共和国这个压抑但基本上非暴力的社会里成了一个持不同政见的知识分子。虽然既未被允许上大学，也没有接受过社会学教育，但哈维尔还是创建了一种既有影响力又有说服力的志愿主义成其内核的社会理论。

哈维尔在其论文《无权者的权力》(The Power of the Powerless，1990：42－44)中论证了意识形态在极权社会中的作用：“意识形态在政权与人民之间起到了桥梁作用，通过这座桥梁，政权接近了人民，人民也接近了政权。”意识形态创建了“一座在制度与个人之间达成谅解的桥梁”“一座跨越制度目标与生活目的间鸿沟的桥梁”。“在这样一种制度中，每个成员都深受其害，并且惨遭奴役”“上至总理下到蔬果商贩……人人都没有自由，只不过是方式有点不同而已。”

人类精神只有通过“生活在真实中”才能面对一种如此残酷的社会现实。哈维尔(1990：59－60)所说的“生活在真实中”是指“个人或者群体用来反对操纵的任何手段：从知识分子的公开信到工人罢工、从摇滚音乐会到学生游行、从拒绝参加荒唐的选举投票到在某种正式大会上发表公开讲话甚或参加绝食”。

“生活在真实中”意味着个人会认识到社会道德危机的严重性、自己所处的时间和地点偏离心智健全的程度。无论是在西方“自由”社会还是中欧后极权社会，我们都要面对这项任务：“一个人倘若被消费者价值体系所诱惑，自己的身份被大众文明的饰物大杂烩所分裂，并且既没有任何生活秩序根基又对高于个人生存的

任何事情没有丝毫责任感,那么,他就是一个道德沦丧的人。依靠这种道德沦丧立足的制度,会导致道德沦丧加剧。事实上,这种制度就是道德沦丧渗透社会的一种反映”(Havel,1990:62)。

但是,单凭觉悟是不够的,还必须同时发展哈维尔所说的社会“隐秘领域”(p. 66),一个不受政治控制的空间。这个空间包括“从自我教育和对世界的思考经由自由创造和与他人沟通到包括独立的社会自组织要求在内的各式各样、极其丰富的多样化自由公民态度的方方面面”(p. 85)。这个隐秘领域形成了“一个能过上不同生活——一种与其追求的目的和谐无间的生活——的领域”(p. 102),一个开始影响并且改变社会“权力结构”的领域(p. 105)。

在后极权社会里,国家主导型社团在学生和青年组织施加的压力下开始解体,这种情况反映了“社会自组织趋势的真实表达”(p. 108);而西方社会为摆脱大政府和大公司的操纵也需要一个类似的解放过程。事实上,在西方的“民主政体”中,“人民被操纵的方式远远比后极权社会操纵人民使用的粗暴方法更加微妙和精致”(pp. 115—116)。西方国家的人民也许能够享受个人自由和安全,“但(这些个人自由)最终不会给他们带来任何好处,因为他们最终也会成为同样的无意识行为的牺牲品,并且无力为自己对身份的关切进行辩护,或者防止自己变得浅薄”(同前)。

“那么,我们应该做些什么呢?”哈维尔提到了“社会道德重建”(p. 117)。“我相信那些开放、有活力的小型组织。人际关系与个人信任和责任感一样,超过了某个点就不起作用”。哈维尔在文章的最后介绍了一种 1989 年出现在捷克第三空间的自发性组织模式,并且把这个过程作为一种凡是重视民主的人都可以学习的模式。

提摩西·加顿·阿什(Timothy Garton Ash,1990:147)注意到哈维尔在巴格达 1998 年历史性的 10 天里实践了他自己提出的理论。加顿·阿什表示:“一个在 20 世纪 80 年代反对派思想中起关键作用的概念就是‘民间社团’。普通男女关于民间社团建设有什么意义的基本看法不可能令政治理论家感到满意。但是,这样的看法确实存在,并且包含几个基本要求。应该有各种形式的志愿、正式、民主的国家、区域、地方和行业社团。民众应该具有‘公民性’:也就是有礼貌、宽容心,但首先是非暴力;民众既是公民又是平民;公民思想必须得到认真对待。”

凡是民众决定创建和/或寻找集会,分享感情、思想和观点,然后根据这些观点采取行动空间的地方就有民间社团存在。这样的空间必须同时存在于心理、社会、政治、经济、文化和物质层面。也就是说,这种空间要求进入其中的个人与他人互动,掌握相互关爱的技能,依法把足够的时间和精力用于创建或者寻找上述空间,有能力通过互动超越文化多样性,并且还有真正的集会场所。

这样的第三空间时时处处都会出现问题。[1] 它们可能被看作如同在法国那样因具有潜在革命性而需要政府监管的空间,或者说可能被视为偏离对财产更高水平的商业性使用(如在大型购物中心),因此必然会遭到禁止。但是,在这样的第三空间得以建立并维系下去的地方,民众就有机会以小规模但意义重大的方式,而有时则以大规模、意义深远的方式聚集在一起。

哈维尔的第三空间愿景包括民众聚集在一起通过构建正确、人性化的社会秩序来做发现自己的重要工作。我们在本书的前面几章中已经知道,这种空间不同于部门,它可以存在于像斯沃斯莫尔"书源"(Booksource)书店这样的商业机构和像布雷顿角大学学院这样的公立机构,也可以与存在于像切斯特城贫民区教会或者像卡姆登沙洛姆浸信会教堂那样的非营利组织。关于第三空间最重要的并不是它位于什么地方,而是人们如何为了他们共同的事业决定聚集在一起。

大卫·理斯曼和内森·格拉泽(David Riesman and Nathan Glazer,1950)在一篇经典文章中阐明了想要民间社团健康、富有成效,公民必须保证工作质量。他们俩认为,公民必须采取"参与"方式来完成自己的工作,也就是公民要投入自己的"情感"和"才干"。他们俩介绍了五个评判是否投入情感和才干参与社会事务的具体标准,这五个标准今天仍可用来评判社会第三空间活动是否获得富有成效的发展。在第三空间开展的活动应该:

1. 相对于确保组织掌握一定的手段,更加直接与达到组织的目标相关;
2. 较之于较为遥远的利益,更加直接与个人体验或者个人可能体验到的东西有关;
3. 同时关系到自己的利益和他人的福祉;
4. 认真对待未必会成为大众媒体关注焦点的趋势和因素,而不是关注被媒体视为当前热点的问题;
5. 告诉人们如何把重要或者独立的权威观点付诸实施,而不是盲目地表示接受或者拒绝任何特定权威的主张。

如何给社会第三空间定位

如果社会第三空间是社会成员聚集在一起解决共同关心的问题的场所,那么,我们如何来界定社会第一和第二空间呢?在这里,笔者建议读者回忆一下沃尔特·亚当姆逊(Walter Adamson)关于民间社团占据了"国家大型官僚机构和经济与家庭、亲朋好友和个人私人领域之间的公共空间"(Walzer,ed.,1995:44)的论断。因此,社会第一空间可被视为家庭、亲戚和邻里等的私人领域,而第二空间被大型政府和企业机构以及其他很多大型非营利组织所占据。第三空间与第一和第二空间的不同之处并不是它的组织特点,而是它实现自己抱负的过程和范围。就是在第三空间里大家聚集在一起思考他们作为更大社团的成员到底需要什么,并且为满足共同的需要采取行动。这种空间可以存在于任何时候的组织内部和组织间的空隙中。

第三空间并不独立于社会的重要机构或者组织:各级政府、大公司和小企业、直接为了会员或公众利益的非营利组织、学校、宗教组织、家庭、社区、小区等。当然,第三空间存在于这些基本社会单位内部和之间动态的相互依存关系中,而这些社会单位又把家庭和社区成员与规模更大的政府机构和经济组织联系在一起。在政府机构和经济组织中,全体公民、劳动者和消费者必然要学会在当今社会寻找自己的出路。

我们回过头来看看本书前文介绍的“PECTS”模式,现在可以把它重新阐释如下:

在第一空间:

C表示那些代表着社会基本结构的组织:家庭,亲朋好友,街坊邻居,教会基本教友和其他宗教组织的基本成员,学生、家长和教师组成的学校网络以及成员关系密切的团体。我们通过这些社会基本机构来理解我们所处的世界,并且在一起共享、建构和交流价值观。在现代社会中,这些联系或多或少地摆脱了政府或者市场的控制,但也与公众或者市场的支持无缘。这个空间发生的事情构成了社会的基本特点,而且还能保持“文化战”的性质。在当今美国,文化战的矛头对准了像堕胎和生命权、性伴侣选择的隐私权、政府教育券对学校的支持和学校与宗教信仰表达的关系以及公众收看电视、收听广播和阅读其他大众媒体的权利等问题。[2]

第二空间也有几类不同的组织机构,它们包括:

P表示那些出现在民主政体中的组织机构:各级政府和大量通过公共行动筹集资金的非政府特许组织。这类非政府特许组织包括很多主要依靠政府来源筹集资金的非营利社会服务组织。各级政府和这类组织也许可被恰当地认定为形成了一个政府部门。

E(经济的)、N(非营利的)表示那些旨在提供有报酬就业机会或者为自己的员工和业主营利的组织,包括营利企业和公司以及主要靠收费向顾客/消费者/会员提供服务的非营利机构,具体包括大部分非营利医院、疗养院、高等院校、博物馆和其他文化机构、商业/职业/工会组织。这些组织可被恰当地认定为构成了一个“私人”部门。

请读者不要忘记,宗教(基于信仰的组织)和教育(中小学校和高等院校)分别有自己的传统、职业认同、组织自治权和特权以及人学课程基础。有些宗教组织和教育机构希望把自己列入以上所说的“P”、“E”和“N”,但这些领域的行为主体大多有自己不同的组织行动范畴。

在第三空间:

TS表示位于社会政治、经济和文化空隙中的社会第三空间。第三空间包括那些表达[借用加姆威尔(Gamwell,1984)一个恰当的措辞]“目的优先”的以下行动关切——倡导社会变革和正义,服务穷人和受歧视者,在社会责任背景下明确表达社区和生活质量关切——的志愿非营利组织。第三空间还包括个人和集体超越他们在政府、企业、家庭、宗教、教育、媒体或其他已有机构或组织内部的职责和责任正式界限的反思和行为表现。这个空间由作为所在社区组织者和社区社会、经济和政治事业创业者采取行动的个人驱动,这些个人在第三空间扮演的角色超越了他们作为自己所属机构或组织工作人员或负责人的角色。这种版本的大卫·莫里斯(David Morris,1999)所说的“独立部门”的可推定成员包括小农场、社区药店、独立经营的书店和社区合作企业,但不包括那些试图在社会法外领域开展经营活动的准政治、准社会和准经济俱乐部和地下机构。后几种组织虽然也要受到法律法规的约束,但被排斥在第三空间之外。

第三空间是一个规范性概念,一个要求结果质量的概念,并且只是一种特定组织形式的设想而已。我们不能简单地通过把企业的超额利润转化为慈善"捐赠"来创造第三空间:赃钱仍然受到嫌弃,除非被自觉的慈善行动转化为捐赠。[3] 所谓的志愿行动目的优先,就是个人为了解决个人、社区和社会关心的问题而走到一起来——以及通过对话来改变世界——的努力。

第三空间包括一些——但肯定不是全部——大卫·霍顿(David Horton)坚持不懈地提醒我们注意的那些专注于会员的、是志愿部门中坚力量的"草根组织"。这样的组织在第三空间具有很大的潜力,但往往把自己局限在当今为数有限的目标和活动中,因此不足以把其成员与更大的社会关切和组织联系在一起。就如罗伯特·普特南(2000)指出的那样,跨越阶层、人种、性别等障碍,把不同的社会成员聚集在一起的参与性过程与那些把不同的社会成员隔绝在他们自己的俱乐部、小区、宗教机构、学校和社区的过程之间存在着既重大又重要的差别。[4]

第三空间的构建过程常常始于某人试图团结他人一起采取某个经过深思熟虑的人类行动。这样的行动也许始于或者继续位于社会任何一个部门的边界内,也可能并非始于或者持续位于社会任何一个部门的边界内。但不管怎样,这种行动很可能不是单一地为了寻求经济利润或者因政府强制才采取的,但只要这种行动还受到一些里斯曼和格拉泽所说的标准的约束,那么就有可能在一定程度上受到这样的经济或者政治约束限制。

在第三空间内可做各种各样的事情。就如哈马克和杨(Hammack and Young,1993:404—405)所说的那样,它们包括:(1)生产产品和提供服务;(2)倡导某些事业;(3)构建变革共识;(4)支持民主政体和市场发挥作用;(5)促进并保护重要的社会价值观;(6)提供知识。

这些重要的社会任务不但由第三部门的正式免税组织来完成,而且也可以由营利的企业和公司出于社会目的、社区需要和扩大成果的考虑来完成。它们还可以由联邦和地方政府在决心聪明地行使民主权利的立法机构和行政部门的鼓励下采取行动来完成。

构建、保护和扩展社会第三空间的 10 个步骤

在结束本章最后一节时,让笔者简要地再说上几句。美国人生活的各个方面几乎都已经被商业化,再加上私有化、孤立化以及当今政坛、媒体和家庭生活的很多方面遭到了忽视,这些因素严重威胁到了一些我们社会共同关心和共同行动的重要传统。威廉·加尔斯顿(1998:11)非常深刻地表达了这种困境:

"当美国人说(就如他们在过去 10 年的民意调查中反复表达的那样)美国陷入了道德危机时,他们部分是想说一些重要的基本单位——家庭、社区、公立学校、志愿组织、宗教机构和政府机构——正在变得脆弱,而且还想说更新的社会力量,特别是大众媒体变得比它们应有的实力更加强大,并且趋向于形成一些与真正的美德格格不入的特点——贪婪、暴力、色情、不敬、心不在焉、消极被动。"

我们在面对挑战时需要以人、公民、组织成员、雇员和领导人等不同的角色身份酌情处理很多事情。我们在以不同的角色身份采取行动时必然会接触到常常由可怕的经济和组织资源支撑的既得利益者。在第三空间这边也有思想和被组织起来的个体这些不同力量之间的较量，常常并非势均力敌，但也不是完全不可避免。我们可以采取许多不同的行动来加以制止。下面就是笔者提出的10个行动步骤：

1. 承认第三空间是一块有价值的上等宝石。如果不能在一个有人抱怨、受到伤害、受到不公平待遇的空间里与别人一起采取行动，那么，个人最多只不过是一台庞大无比的组织机器上的一个齿轮。通过与他人相处来促进了解和变革，从而有能力有效、恰到好处地满足很多需要，这就是生活能够赋予我们任何一员的一种近似无价的技能。

2. 允许企业型非营利组织存在，但只资助那些值得资助的非营利组织。大政府、大企业、商业性非营利组织对于满足现代社会的很多需要都很重要。但是，这些大型组织不应该因为不捐赠而受到赞美。如果它们是服务组织，那么务必让它们提供服务。如果其中的一些组织沉湎于自诩属于非营利部门或积极支持把自己归入非营利部门，那么在不伤害他人的前提下，让它们去自娱自乐，但不必记住这个或者任何其他社会组织部门。当然，如果我们的社会确实组织过多，那么就应该承认：大多数商业性非营利组织在某些情况下能够减免某些税收，并且经常提供一些有人需要或者想要的服务，但几乎总要收费。在没有内部公民监督（组织内部第三空间！）的情况下，这些大型组织就能够逃避监管——操纵消费者、选民、会员。这样的组织无论大小，都应该受到第三部门从内部整顿到联合抵制和其他外部惩戒的惩罚。

3. 发起讨论给社会第三空间征名。有很多不同的名称被用来称呼社会第三空间，但大多被证明并不能胜任这项“任务”。第三空间并不是一个完全“志愿”的部门，因为领薪工作人员在很多第三空间组织中扮演着关键角色。无论“免税”还是“非营利”，充其量只能算词不达意的法律名称，并且难以激发人们的热情。“独立部门”公然不顾第三空间组织之间的相互依存关系，并且是对这个领域相当愚蠢的矛盾称谓。“社群主义”倒是有意义，但失之于不能朗朗上口。“光点基金会”（Points of Light）倒是树立了良好的形象，但失之于极端个人主义和自由放任的意识形态一面。“慈善的”作为修饰词也有同样的局限性。“第三部门”倒是一个不错的名称，但就像我们在本书前文所看到的那样，有可能因名称中出现“部门”而招致质疑。“民间社团”是一个模糊且一词多义的概念，容易造成误解。“第三空间”是笔者重新考虑恰当的称谓仓促选定的结果。“积极社会”肯定是笔者最心仪的名称，但也许还能想出更加精确、更有启示性的名称（Etzioni，1968）。为什么就不能发起一次全国性的讨论来为这个我们能够识别并十分看重但还没有认识到一个形象、准确的身份对它有多重要的部门征名。

4. 社区第三空间盘点——地方、地区、全国和全球。进行社区第三空间盘点，对阅读本书的研究人员来说是一项挑战，但其他读者也可做出自己令人印象深刻的评价：每个小区、城镇或者地区都需要培育自己的第三空间。有人建议就下列问题做一次调查:你们能够并且实际在哪里聚会谈论和探讨问题?在教堂、咖啡馆、书店、市政厅?可利用的空间有多大,使用方便吗?从引人注目和出入方便的角度看,这个空间还能扩大吗?如果还能扩大,应怎样扩大?从全国和全球层面看,第三空间如何能够通过互联网摆脱距离约束成为一种联系不同个人和群体的虚拟空间?

5. 争做第三空间的建设者。我们可以被带进第三空间,那么,我们怎么会被带入并参与第三空间呢?我们可能会重复听到:“进来吧——水不错!”而最古老的志愿行动法则仍然适用:如果某个我们认识并信任的人或者机构邀请我们当志愿者,那么,我们就会愿意参加志愿行动。无论是讨论小组、志愿服务组织、面向社区的教会或其他宗教团体、当地剧院或艺术中心、社会变革倡导组织和运动、政党、街区居民协会、工会、家长协会,还是老年或者青年团体等,都会提供和他人一起与更加广泛的意义和目的世界发生联系的机会。这种机会通常是值得利用的,而且,除非所参加的团体是某种强制性救世运动的一部分,否则总有可能提前为自己请假或者不再去参加第二次聚会。

6. 请捐助自己熟悉的组织,而不要捐助那些只会推销自己、有效地为自己做广告的组织。捐款人的来电对于非营利组织的意义,就如同商品目录对于公司推销员。无论遇到哪种情况,“买主都得当心!”当然,最好就是把钱捐给自己熟悉的非营利组织,如您给它当过志愿者或者是它的成员。当然,您也有令人信服的理由把钱捐给全国或者国际性并且其自身的规模也不应该阻止捐款的组织。但是,捐款人应该尽可能地确定自己捐助的组织高效、充满活力,它们真的需要个人捐赠。[5]

7. 无论在什么地方、什么时候,都应该做第三空间的创造者。根据已有环境设计的物理空间即便再好,也不足以产生有价值的互动关系。总得有人带头,为了寻梦而做梦,并且冒险提议进行一次见面,召开一次会议,采取一个步骤或者行动。这样的人就是我们社会名副其实的社会创业者或者社会企业家,因为他们所冒的险关系到社会资本的创建和利用。

8. 追踪和宣传在第三空间取得的成就。一旦发生什么事,立刻让他人知道,这一点至关重要,也是社区报刊能够做出最重要贡献的方面。如果要举行什么活动,就应该广而告之。如果活动举行得非常成功,结果应该是大家都知道发生了什么、取得了什么成果(或者有哪些不足)。研究对于第三空间什么有用和为什么有用,应该是研究人员和教师最重要的职业贡献之一,而且还应该组织学生进行经验调查。

9. 坚决反对几乎把所有的一切全部商业化。当下的美国几乎一切都可以买卖,因此,努力保留社区基层组织和志愿组织就变得更加重要。不管怎样,消费者可在有合作社的地方购买合作社的商品,这样就可以比到当地药店和杂货店购买少花点钱,因为药店和杂货店为了能把生意维持下去就得加收费用。不买不需要的物品,省下的钱也可富有成效地捐献给很多实际通过社会第三空间工作的重要组织。一个只有商业空间的世界可能会持续降低任何社会公生活和私生活的质量。

10. 要警惕需要不断加码。社会资本被闲置不用会出现什么状况呢？激进分子会说“社会资本闲置不用仍然有它的生命力”,或者,就像埃里希·弗洛姆可能会说的那样,“在一个非常艰难的世界上,人们仍会设法保全自己”。团结起来做些什么,是一种非常人性化、常常也是非常可取的生活方式。

最后一点说明

说到底,对于我们,真正重要的是能够与别人一起在谋求建设一个更加公平、美好和富裕的社会的过程中开展自由、自愿和自我实现的活动。各种组织和机构常常但肯定不是始终做出这样有价值的努力。然而,对一个像我们这样的社会的检验最终并不在于它的形态和结构,而是应该从它的结构引发并确保的行动和结果的内容来评判它的价值。社会每个部门发生的事情只有一部分符合在社会第三空间有效行动的标准,而在第三空间发生的事情无疑大多能够显示社会成就的价值。

在千年之交,我们能够取得多大的成功？我们的民主政治能有多大的活力？我们能在多大程度上掌控我们经济的未来？我们应该如何乐观地看待子孙后代的生活？请仔细观察斯沃斯莫尔镇中心区域正在发生的事情、布雷顿角岛发生并已经产生影响的事情以及切斯特城青年在拒绝参加该城贫民区教会发起的夏季项目时的行为举止,认真评价这些第三空间以及您所能看到的其他第三空间。这样,未来就能比较清晰地浮现在我们眼前。

注释

第一章　第三部门的组成部件

1. 威廉·范泰尔在《我本人考虑它的方式方法》(*My Way of Looking at It*, 1996)中讲述了自己的生平,包括他母亲在加拿大安大略省加纳诺克的早年生活。

2. 在赫斯特认定的19世纪社团研究学者中间有Robert Owen、Pierre-Joseph Proudhon、F. W. Maitland、John Neville Figgis、Otto von Gierke、G. D. H. Cole、Harold Laski和Emile Durkheim。

3. "The Responsive Community Platform: Rights and Responsibilities," pp. 251—267 in Amitai Etzioni, *The Spirit of Community* (New York: Crown Publishers, 1993).

4. 一项由威廉·朱利叶斯·威尔逊(William Julius Wilson)完成的相关研究专门考察了低收入黑人社区。请参阅"*When Work Disappears: The World of the New Urban Poor*"(New York: Knopf, 1996)。

5. 关于时间货币观的详细介绍,请参阅卡恩和罗维(Cahn and Rowe, 1992)。

6. "What Does It Take to Be a 'Social Entrepreneur'?"

7. 笔者建议热衷于这个问题的读者可以开始结合约翰·伯比奇(John Burbidge, 1998)和迈克尔·沃尔泽(Michael Walzer, 1995)主编的两本读物思考"民间社团"这个概念。

第二章　如何划定不同部门的边界

1. 二部门版图只是把第三部门看作一个既没有国家和市场这两个主要部门明确又没有它们有实力的剩余组织类别。比利时经济学家西比勒·梅腾斯(Sybille Mertens, 1998)把这样的推演说成是"旧时的做法",并且把第三部门图示为前两个部门的背景。

2. 布鲁斯·霍普金斯(Bruce Hopkins)在他颇有影响的《免税组织法》(*Law of Tax-Exempt Organizations*, 1997)中做了这样的排序。

3. 关于其他很多社会各部门的图示,请参阅克莱默(Kramer, 1998)的附录。

4. 第三部门的一些经济学定义都基于交往观(Dewey,1927)。这方面提出最有影响的经济学观点的学者有曼瑟尔·奥尔森(Mancur Olson,1971)、肯尼斯·邦丁(Kenneth Bounding,1973)、亨利·汉斯曼(Henry Hansmann,1987a)和伯顿·韦斯布罗德(Burton Weisbrod,1988)。奥尔森把“搭便车”问题说成是志愿组织的地方病;邦丁认为确实有“补助经济”存在;汉斯曼认为,市场失灵是支撑志愿组织发展的一股基本力量;韦斯布罗德在他提出的一种整合理论中把这些元素都整合在了一起。经济学视角由于本身存在缺陷,因此就求助于生产率国民核算图示法,从而导致了对志愿行动的低估。很多第三部门组织所做的事情并不能方便或者恰当地用货币来评价(Hodgkinson et al.,1992)。

5. 非营利组织吸引了托克维尔的眼球,他考察了美国的非营利组织,因为他是在考察民主政体。从某种意义上讲,第三部门的存在与社会的民主观念有关(Bellah et al.,1985)。后来,詹妮弗·沃尔琪(Jennifer Wolch,1990)表示,非营利组织的最重要角色之一涉及倡导活动、社会创新和“监督政府”。如非营利组织被视为社会中介,那么,它们就是用自己作为中介的能力来充当价值观、社会关注的热点问题和构成非营利部门利益一部分的权利的倡导者或者提出者。更重要的是,它们是共同利益的代言人,并且最终发挥了体现人民威力的非政府渠道的作用。艾奇奥尼(Etzioni,1993;1976)建议,志愿组织的政治角色已经扩展到充当能发展社区愿景的论坛。他把志愿者团体看作在政治辩论中构建共同利益感的中介,而不是特殊利益集团的代表。

6. 布鲁斯·霍普金斯在《免税组织法》(1997)中提出了一种用来“定义”有点像儿童游戏似的慈善组织的方法论:“我将告诉你们它不是什么,由你们去猜它是什么。”在霍普金斯看来,理解慈善组织的最好方法就是比较。因此,有非营利组织的否定定义出现也就不足为奇了。不管怎样,在非营利部门的包含关系中有一个正因子。按照霍普金斯的看法,“私人习惯”原则目前是最近很多税收法院裁决的实际分界线。显然,“非营利组织”从根本上说不是能让任何人发财致富的手段。

7. 大卫·比利斯(David Billis,1993)写道,组织理论没有被充分用来理解第三部门的管理和组织问题。他从组织的视角给第三部门下了一个定义。关于这些公共和私人世界的组织文化,比利斯提醒我们,这些组织明确发展了得到充分理解的游戏规则、科层制组织结构、管理指挥系统、会员制和投票规则,并且把承诺、仁爱和情感思想作为自己的立足之本。在采用这种方式考察组织时,比利斯提出了第三部门组织如何代表或者主张它们的利益相关者和成员的利益这个问题。

第三章　作为政治力量的第三部门

1. 关于对这种传统最清晰、全面的表述,请参阅霍尔(Hall,1992)和萨拉蒙(Salamon,1997)。

2. 以上这段文字转引自杰恩·范泰尔提交给非营利组织与志愿行动研究学会(ARNOVA)1999 年 11 月研讨会的论文《全美响应慈善委员会:定性评价》

(NCRP:A Qualitative Assessment)。本书在这里引用的这一节由笔者本人和罗伯特·斯慕克(Robert Smucker)撰写,因此,笔者要在这里向罗伯特·斯慕克表示感谢,感谢他允许笔者援引他的研究成果并且与笔者共事。

第四章　理论上和实践中的国民服务

1. 这一章引用的数据转引自一项由乔治·H. 盖洛普国际研究所(George H. Gallup International Institute)策划、指导和实施并由罗伯特·R. 麦克科米克论坛基金会(Robert R. McCormick Tribune Foundation)资助的关于美国志愿队的全国性研究。本书作者对该基金会的资助表示感谢,但相关数据在本书中的解读责任由作者自负。

这项研究的第一阶段工作就是盖洛普研究所在 1995 年 8 月开展的一项关于美国志愿队的全国性民意调查。盖洛普研究所为这次民意调查做了 1 027 次访谈,构建一个 1 624 访谈的加权基数,从而获得了一个全国人口的随机样本。

第二阶段的工作是在 1997 年 1 月和 5 月间完成的关于美国志愿队实地工作的定性研究。为完成这项定性研究选择了实地工作现场,从而保证了广泛的多样性:居民以白人中产阶级为主的科罗拉多斯普林西部中等城市、居民以少数种族贫困者为主的(新泽西州)卡姆登东部的小城市以及芝加哥这个典型的大都市。卡姆登的调查焦点小组由新泽西州包括大西洋城在内的南部地区参加美国志愿队项目的代表参加。

在被实地调查研究选中的每一个城市里,进行了三组访谈:(1)对 16 个被选中的社区领导人,就他们对当地美国志愿队项目的看法和意见进行了深度访谈;(2)对这些社区 10～12 个美国志愿队项目参与者进行焦点小组访谈;(3)对 10～12 个被作为中心城市美国志愿队参与者雇主的非营利组织管理人员进行了焦点小组访谈。

2. 接受焦点小组访谈的美国志愿队队员大多参加过美国志愿队州和国家核心项目。科罗拉多斯普林焦点小组的 2 个成员参加过美国志愿队——服务美国志愿者项目。

3. 一组次要的发现显示,收入较低的黑人回答者对国民服务计划的工具性收益的评价要高于收入较高的白人回答者。这一点不足为奇。不过,收入较低的黑人回答者也给予了国民服务计划的象征性收益较高的评价。这些调查发现支持了克里斯托弗·拉什(Christopher Lasch)的美国社会“精英起义”观点。黑人低收入回答者比社会地位较高的回答者表现出更高的热情、激情和绝对的爱国主义。

第五章　新兴的非营利组织政策研究领域

1. 关于一位也作为代表参加了这次峰会的重要学者完成的研究,请参阅布鲁德尼(Brudney,1999)。

第六章　赚钱、扩权与非营利活动的其他诱惑

1. 约翰·格拉泽(1994:76)把亚拉莫尼视为“公共事业创业者”。他写道,这样的人“有能力抓住简单的想法并把它塑造成某种看得见、摸得着的东西。他们的热情有很强的感染力,他们能赋予组织使命感、激情和动能。不过亚拉莫尼创业者个性比较阴暗的一面也逐渐暴露出来,并且导致了严重的问题”。

第七章　非营利组织的管理艺术与实践

1. 新闻记者与改革者也可以尝试运用“流汗测试”。非营利组织研究文献说电脑软件业的亿万富翁比尔·盖茨早期对慈善很吝啬。尽管他已经捐赠好几十亿美元,但在他的批评者们看来是远远不够的。盖茨是否能够在关于这个问题的流汗测试中脱颖而出,仍没有定论。

2. 关于历史和当代慈善实践变化的进一步思考,请参阅范泰尔等(Van Til et al., 1990)。

3.由拉撒尔大学(LaSalle University)非营利组织管理发展研究中心(Nonprofit Management Development Center)发起、1999 年 5 月在费城举行的“非营利组织管理区域研究论坛”(Nonprofit Management Regional Research Forum)年会,对这些问题进行了非常有益的讨论。

第八章　从何时开始非营利组织的业务变得越来越商业化

1. 大卫·斯塔克韦瑟(David Starkweather)在哈默克(Hammack)和扬(Young)主编的书《非营利医院是怎样营利的》(*Profit Making by Nonprofit Hospitals*,1993:105—137)一章中,根据相似的思路进行了另一种推导。

2. 然而,在《非营利时报》上公布的更新的数据确实显示,随着美国基督教女青年会(YWCA)推行的项目的有力发展,日托机构的情况似乎已经发生了改观。

3. Ian Zack,“We Want U! How Madison Avenue Educated the American University,”*New York Times*,August 5,1998,p. B8.

4. 塞德里克·詹宁斯(Cedric Jennings)的故事是罗恩·萨斯坎德(Ron Suskind)的书《一个冥冥之中的希望:一个美国奥德赛从内城贫民区到常青藤盟校》(*A Hope in the Unseen: An American Odyssey from the Inner City to the Ivy League*,New York:Broadway Books,1998)中的主题。

5. 尤其请参阅拉夫尔·M. 克莱默(Ralph M. Kramer)的《福利国家的志愿机构》(*Voluntary Agencies in the Welfare State*,Berkeley:University of California

Press,1981)。

6. 埃文斯和博伊特(Evans and Boyte,1992:18)详细说明了它们的用法。"我们用'空间'和'社会空间'这两个术语来使人注意这些构成社会运动主要基础的网络和关系的生活气息和日常特性。社会空间这个概念由社会地理学、人种学和现象学发展而来,并且强烈地体现了一个'客观'的物理维度(组织、连接、分割地方的方式)和一个空间被理解、感知和占据的'主观维度'(似乎就是习惯、熟悉的那部分日常体验)"。

第九章　如何确定模糊不清的传统

1. John Dewey, *Education Today* (New York: Greenwood Press, 1940), quoted in Robelen, p. 1.

2. Robelen, 1998, p. 3.

3. Ibid., p. 4.

4. Ibid..

5. 在担任"学术社团服务"课程的教师中有语言学学者威廉·拉波尔、人类学学者佩吉·桑迪(Peggy Sanday)和自然科学学者罗伯特·吉根盖克(Robert Giegengack)。

6. Center for Community Partnership, "Summary of Penn-West Philadelphia Public Schools Initiatives." Philadelphia: University of Pennsylvania Office of tht Vice President for Government, Community, and Public Affairs, April 22, 1998.

7. 关于对委员会报告的更深入思考,请参阅本书第十三章。该委员会也给没有坚持公民教育的学校提出了很多建议:开设公民教育"基础课程";对教师进行考核;制定全国性的学生志愿行动测试制度;扩大学校选择权(A Nation of Spectators: how Civic Disengagement Weakens America and What We Can Do about It, Final Report of National Commission on Philanthropy and Civic Renewal, College Park, Md., 1998, pp. 14—15)。

8. Edward J. Bloustein, "Community Service: A New Requirement for the Education Person," pp. 462—465 in Benjamin R. Barber and Richard M. Battston, *Education for Democracy* (Dubuque, Iowa: Kendall-Hunt, 1993).

9. "Rethinking the Purpose of Education", *Educational Leadership*.

第十章　论当代信仰和慈善的希望

1. 该委员会补充说:"今天,由于我们仍然是一个受宗教影响很大的国家,虔诚的公民和宗教机构是美国任何公民复兴运动的中坚力量。一些重要学者已经呼吁发展新的地区和地方非营利资助实体,以帮助企业、基金会和个人认定并资助值得资助的信教青年和社区建设。我们完全赞同。"

2. 本书第十三章对这个委员会的这份报告和前两份报告进行了更加深入的考察。

3. 他们的书就是《量入为出》(*Making Ands Meet*,New York:Russell Sage,1997)。

4. 蒙斯马行动的一个主要目的就是扩大宗教服务组织的范围,把12年义务教育学校都包括在内,而最高法院的一系列裁决在很大程度上把12年制义务教育学校排斥在接受这样的援助之外,因为这些裁决对青少年接受的学校服务与成年人接受的社会服务进行了区分。

5. Niki Kapsambelis,"Numbers Falling,Klan Tries to Remake Itself,"*Philadelphia Inquirer*,19 November 1998,p. R3.

第十一章　社会创业与工作终结

1."政府也应该资助非营利组织,帮助它们招募和培训穷人到它们那里工作。向我们国家数以百万计的回归非营利部门工作的穷人支付社会工资——取代福利,不但可以帮助社会工资领取者,而且还有助于使用他们劳动的社区。"(Rifkin,1995:258)

2."给予把自己的时间捐赠于志愿行动的人享受税收减免的待遇,就能保证有更多的人来关心很多需要解决的社会问题。"(同前,p. 257)

3."无论采用什么特殊的方法来缩短每周的工作时间,世界各国别无选择,只能在未来几十年,为了适应新的劳动力和时间节约型技术大幅度提高生产率的状况而减少工作时间。"(同前,p. 233)

4."私人企业和政府应该致力于促进最有发展前途的劳动密集型经济活动,并且不再鼓励采用那些会进一步摧毁工作岗位的新技术——如恢复部分汽车和器具的手工制造。同时,推行对采用劳动力节约型技术的企业课税的政策,并且把这种税收收入用于安置因技术进步而失业的劳动者。这种想法既有不错的商业意识又有很好的社会意识:现在用机器生产的商品,既需要劳动力又需要消费者。"此外,"从长期看,如果失业这个'恶性肿瘤'在人群中更加广泛地传播开来,那么,目前人数众多的中产阶级将不得不适应最终大部分劳动者也许不再能找到全职工作的现实……工作分享制非常有可能建立在每周工作24小时的基础上……按照今天的标准来衡量,到时候,其实每个人都在做非全日工作,因此必须设法找到新的途径来维持生活水平"。[Herbert J. Gans,"Fitting the poor into the economy",*Technology Review* 98,No. 7(October 1995),pp. 72—73.]

5."时间货币就是——采用购买力和肯定自我价值的方式——来奖励帮助他人者的服务信用……时间货币(也)有助于把街坊邻居组成社团。"(Edgar Cahn,"When Money is Time,"*New York Times* op-ed,January 9,1993.)

第十二章　委员会的第三部门报告

1. National Committee for Responsive Philantropy,"The Mission,"Washigton,D.C.,1997.

2. 该委员会的完整引文值得关注:"已有的慈善机构喜欢宏大的理论和抽象的目标,而不是解决实际问题的简单方法。很多慈善机构和基金会都遭遇过别人的傲慢。由于瞄准根深蒂固的棘手(有时是不相关的)问题,并且小看那些既能缓解当前问题又能铲除过去根源的当下行动,因此,它们忽略了那些直接目标就是满足特定社区居民直接需要的当地组织。就如政府政策制定者那样,很多慈善机构和基金会为了追求很快就能看到的结果而试图采取直接行动来铲除常被说成'根本原因'——贫困、犯罪和不公平——的广泛社会现状问题,而不是处理这些问题的表现形式或者'症状'——如对福利的依赖、少女怀孕、吸毒、饥饿或者药物成瘾。"(National Commission on Philanthropy and Civic Renewal,1997:18.)

3. 该委员会的主要兴趣在于详细阐述它所说的"可传播的道德真谛",我们在本书上文中已经介绍过这种可传播的道德真谛。

4. 高尔斯顿(Galston)与另外两个社群运动领导人让·贝斯克·埃尔斯坦(Jean Bethke Elshtain)和玛丽·安·格伦顿(Mary Ann Glendon)都在民间社团委员会担任过职务——在这三个机构中另一个唯一重叠担任职务的成员是迪士尼公司执行副总裁约翰·库克(John Cooke),他既在该委员会任职,又参加了"美国议会"的会议。

第十三章　民间社团与避免癫狂

1. 唐·E. 艾伯利(1998:80)甄别了新老两种形式的个人主义:"老式的……与社会义务和道德规范捆绑在一起,而新式的则是一种美国从未经历过的私人自主个人主义"。

2. 本杰明·巴伯(1995:117)指出:"电视不可能促进学习:它更擅长消除而不是提供批评便利。"艾伯利(1998:118)又补充说:"真正的问题在于电视用一种无处不在的娱乐和新闻传媒集团来取代核心社会机构。"

3. 阿米塔伊·艾奇奥尼(1993:27)指出:"婚姻对于很多人来说已经成为一种可自由处置的关系,它常常像一种订有免除条款的租约——如果婚姻不适合当事双方,那么,他们也许会另找'出租房'。"艾伯利(1998:47)解释说,"人们有很多理由觉得彼此有距离……包括我们这个节奏变得越来越快的匿名社会迫使其成员背井离乡的效应"。

4. 艾奇奥尼(1993:27)又表示:"我们不再清楚我们是否应该结婚……如果我们生孩子的话,也不清楚将来会怎样亏欠他们。"弗朗西斯·福山(Francis Fukuyama,1995:308—309)曾补充说,"自 20 世纪 60 年代以来,随着离婚率和单亲家庭的不断提高和增加，共同生活方面最明显的恶化就是家庭破裂”。

5. 杰里米·里弗金(1995:19—20)指出，在20世纪的前几十年里，“美国商界开始彻底改变了那种曾经构建我们民族的心理状态——把美国劳动者从未来的投资者改变成了当前的挥霍者”。

6. 艾奇奥尼(1993:27)报告称，“接受调查的美国人几乎有一半承认自己在工作中长期装病偷懒，即使没病也会打电话请病假；有1/6的被调查者承认在工作期间滥用药物或者酗酒”。

7. 里弗金(1995:105)指出，“公司再造仅仅处于起步阶段，就已经导致失业增加，消费者购买力下降，而国内经济由于受公司科层制组织结构扁平化的影响而停滞不前。所有这些问题在未来几年有可能进一步加剧……”福山(1995:316)补充说：“虽然互联网的支持者们辩称，电子计算机显示了大量的创建不依赖地理邻近性的‘虚拟社区’的新的可能性，但是，第二次世界大战以来的技术创新似乎产生了一种私人化效应。”当然，里弗金在他的书中详细描述了微芯片导致我们失业的巨大能量。

8. 艾伯利(1998:138)指出，“为美国培养了那么多诺贝尔经济学奖获得者的芝加哥大学，社会科学楼门口有一段铭文‘只要您不能度量您掌握的知识，也不能定量表达，那么，您掌握的知识是贫乏的，且不能令人满意’”。但他又继续说道：“社会上最重要的东西常常是不能定量测度，或者用经济学公式来预测。”

9. 福山(1995:317)富有教益地指出，“很多美国管理者迄今仍不理解道德契约是精益生产和社区取向型工作场所的关键所在这个道理。他们在观察日本时往往只看到一个工会力量很弱、员工听话和管理层自主权很大的国家，而看不到问题的另一面：家长式的日本公司保证了员工的工作安全、培训和相对较高的福利水平，以换取员工的忠实、努力工作，最重要的是灵活性”。最近，有人注意到日本管理者也开始患上相同的感觉缺失症。

10. 里弗金(1995:195)写道，心理学家托马斯·科特尔(Thomas Cottle)“已经指出，长期失业者经历着类似于临终病人的病理症状体验……科特尔回忆了接受他采访的一个47岁名叫乔治·威尔克森的劳动者(曾是一家制造工具的小公司的经理)的观点。他告诉科特尔：‘我们只有两个世界：要么就是每天朝九晚五工作、每周休息2天的正常世界，要么就是去死！再也没有介于两者之间的其他世界……我们向往工作……’科特尔报告称，一年后，威尔金森用一把猎枪结束了自己的生命”。

11. 巴伯(1995:231)生动地写道：“杰斐逊(Jefferson)关于商人没有国家的告诫，对于麦当劳这样的跨国公司来说，已经变成了一个活生生的事实。它们现在开拓的市场更加匿名……为了迎接圣战，我们应该把战书下给谁呢？应该采用什么样的语气？‘亲爱的核恐怖分子，或许暗中得到伊朗支持，或许正在爱尔兰(或者利比亚?)接受培训，很可能在俄罗斯或者乌克兰购买武器，有可能与哈马斯有联系，但也许都不是……？请停止行动，或者我们将……’以后仍会遇到我们到底能够或者实际做些什么这样的棘手问题。”

12. 巴伯(1995:231)还说:“最后,在一个圣战和麦当劳世界谁胜谁负悬而未决的时代,对于传统的国际机构,看来没有很大的希望在跨国范围内充当民主政治的救世主。”

13. 西德尼·威尔巴等(Sidney Verba et al.,1995:530)指出:“有公民抱怨说,政客们与他们失去了联系,而且反应迟钝;政客们做事不公,只关注部分公众,尤其是特殊利益集团,而不是关注普通百姓。总而言之,有公民抱怨没有充分和公平的发言权。遗憾的是,这两种理想——实际发言权和平等发言权——并不必然相互促进。事实上,两者呈取舍关系。”

14. 罗伯特·普特南(1996:48)表示,“大量收看电视会助长对人性的悲观情绪”,并且“诱导被动性”。

15. 巴伯(1995:48)指出,“我们得到了我们想要的商品,但并没有得到我们想要的生活;某些人取得了成功,但很多人失去了希望,大家都失去了尊严”。

16. 福山(1995:309)表示,“有共同价值观、成员愿意以牺牲自己的私人利益去服从更远大目标的社区已经变得越来越少。但是,这样的道德共同体单独就能构建对于组织效率至关重要的社会信任”。艾伯利(1998:81)把社区的衰败归因于‘常会巩固分离、个人主义和私人选择等现代价值观’的城郊小区的结构”。

17. 艾奇奥尼(1993:27)列举了一些冷冰冰的数据:“6/10(接受调查的美国人——59%)承认动手打过别人——其中只有不到一半(45%)的人为此感到遗憾。25%的美国人表示他们会为了钱而放弃家庭,而7%的美国人坦承,只要有人出足够的钱,他们愿意杀人”。

18. 伯特伦·格罗斯(Bertram Gross,1980:317)发现,差不多有1 000万美国人从事某种心理“治疗”活动:“这些心理治疗师有时有意识地并且实际从他们病人的直接利益出发,接受了一个疯狂社会的现实——而他们为他们的病人提供了接受这个疯狂社会所必需的减压阀。”

19. 本杰明·巴伯(1995:82—83)注意到,宗教在当今世界已经被“娱乐化”;而电视布道者,譬如说,觉得他们的成功应该“用捐钱的数量而不是拯救灵魂的数量来衡量”。夜间电视节目著名主持人大卫·莱特曼(David Letterman)1998年定期播出的一档《深夜脱口秀》节目中解释并演绎了“娱乐化”概念。

20. 里弗金(1995:210—213)看到一大部分美国社会正受到“歹徒文化”的侵蚀。社会学家伊利亚·安德森(Elijah Anderson,1999)引用文献证明了这种文化正在变成一种“街头密码”。而艾伯利(1998:171)认为,执行法律的方式促使“公共空间不断萎缩”。“有识之士和善意之人经过理性思考后能够聚集在一起的真正‘志愿和两相情愿’的空间在不断消失,而社会依据法规和权力进行决策的不同领域则正在扩张”。

21. 工作重组是里弗金(1995,Part Ⅴ)和福山(1995:356)论述的核心主题。

22. Gross(1980:Chapter 20)。

23. 里弗金(1995)提出了一个完整的(我们也认为)令人信服的社会经济改造愿景。

24. 艾奇奥尼(1993:264)表示,“个人对他人的物质和精神福祉以及为帮助所有真正不能自给自足的人满足自己的基本需要负有责任”。

25. 关于“如何恢复政治生活”的有益讨论,请参阅罗伯特·库特纳(Robert Kuttner,1997:348—351);还请参阅艾奇奥尼(1993:255—256)。

26. 库特纳(1997:351)在一项关于“如何恢复政治生活”的有益讨论中把“政策评判委员会”的许诺作为一种公民教育和参与模式来描述。

27. 艾奇奥尼(1993:259)为了从当今改革研究文献中举一个例子而表示,“教育必须进行改革,这样才能更好地把在校学习与工作结合起来”。

28. 福山注意到,“现代性和传统性能够在一种稳定的长期均衡中并存”,“民主与资本主义只有在文化传统中经过‘发酵’以后才能最好地发挥作用”。

29. 艾伯利(1998:194)指出,“由于世俗主义的崛起以及有影响力的新生宗教少数群体的出现,新教在文化上的霸权已一去不复返。当下,我们正在寻找一种能够使有不同信仰的人达成共同的道德认识并使用一种共同的公共语言的框架”。威尔巴等(1995:519)甄别了宗教参与的另一个优势:“由于教堂成了动员公民参与政治和为公民实践政治相关技能提供条件的场所,因此,宗教活动有可能是当今促进公民参与的一个因素,并且部分抵消了社会经济优势的影响。”

第十四章　超越部门神话

1. 萨拉蒙的数据可概述为非营利部门医疗卫生和教育组织创造的付薪职位要占到非营利部门付薪职位总量的2/3,但只创造了该部门1/5的志愿者工作机会。

2. Slamon, Anheier, et al., 1998, p. 5; Salamon and Aneier, 1997, Tablc 6.6; Salamon, 1992; Salamon and Anheier, et al., 1997, Table 11.2.

3. Salamon, Anheier, et al., 1998, Appendix, Table 2, and p. 5.

4. 表14.3是根据萨拉蒙(1999:25)的数据编制的。

5. 在独立部门春季研究论坛(Independent Sector Spring Research Forum)上的讲话(Washington, D. C., April 1999)。

6. 这里参考了一则采用一只长方形盒子诱杀居家蟑螂的杀虫剂商业广告。因此,这句话中的“Roach Motel”和广告词取其引申意思。

7. 鉴于大学在美国人生活中的影响力,这样的变革几乎不可能发生。但是,笔者希望读者进行有关这样的变革的“心理实验”,只要考察构建更加合理的志愿部门的愿景看起来是否说得通。读者还可以进行类似的实验,把宗教机构享受的税收待遇分成基本上属于私人(圣礼)的范畴与基本上属于公共(倡导和服务)的范畴两大类。请读者想象一下这样一项建议可能引发的政治争论!不过,也请读者好好思考一下慈善享受越来越多的税收减免会对第三空间其他组织和活动产生的影响。

第十五章　如何发展民间社团，如何利用第三空间

1. 关于对社会空间这些方面的进一步思考，请参阅理查德·森纳特（Richard Sennett）的作品，特别是"*The Use of Disorder*"（New York，Random House，1970）、"*Fall of Public Man*"（New York：Knopf，1977）和"*Palais-Royal*"（New York：Knopf，1986）。

2. 关于当代文化战最富有洞见的研究，请参阅：Alan Wolfe，"*Neither Politics Nor Economics*，"（in Walzer，ed.，1995：pp.241—249）；James and Davison Hunter，"*Culture Wars：the Struggle to Define America*"（New York：Basic Books，1991）。

3. 特里萨·奥登达尔（Teresa Odendahl，1990）在她分析很多捐赠者通过做慈善来牟取私利的不同方式的研究中非常明确地提出了这种观点。当今最值得关注的把来源可疑的利润用于慈善捐赠的例子就是查尔斯·菲尼（Charles Feeney）通过他拥有的很多机场免税商店积累了大量的财富，而他的财富免缴美国税收，是因为这些财富名义上属于一家在百慕大注册的公司。菲尼通过一家营利性咨询公司大西洋慈善服务公司（Atlantic Philanthropic Services）给许多不拘小节的第三部门组织捐献了相当可观的钱财。事实上，菲尼创建了一个完全不符合全美响应慈善委员会等组织制定的进步慈善事业实务指南精神的基金会。特别令接受菲尼慷慨捐赠的组织头疼的是，他坚持拒绝承认自己捐过款。然而，菲尼的很多受捐人是绝不会把"匿名人"的资助作为一个明确的捐赠来源对外披露的。想要进一步了解这个案例的情况，请参阅笔者发表在 1997 年 3 月号《非营利时报》上的文章"Unmasking Generosity：Foundations Are Not for Anonymous Giving"以及 1997 年 2 月 6 日《慈善记事》（*Chronicle of Philanthropy*）刊登的头版文章"A Donor's Obsession with Secrecy：Charles Feeney's Private Generosity Prompts Charity Leaders to Weigh the Merits of Anonymous Giving"。

4. 请拿普特南关于参与质量差异的观点与史密斯和莱斯特·萨拉蒙之间关于志愿（工作人员都是志愿者）或非营利组织（工作人员拿薪）何者在学术文献和非营利实践中构成了未被发现的"阴暗面"或者被过度曝光的"光明面"的更没有结果的对话（*Nonprofit and Voluntary Quarterly* 27，No. 1，March 1998：pp. 88—94）进行比较。显然，这两种组织都很重要。但更重要的是，一个组织做了什么，而不是它如何闪亮登场。

5. 某些非营利组织（圣地兄弟会就是一个经典的例子）通过募捐活动募集到的资金远多于它们在开展自己的工作能够用掉的钱。高等"精英"院校常常从那些可以重新富有成效地考虑他们的捐赠方式以保证确实存在捐款需要的捐赠者那里获得了捐赠。关于募集到的资金与支出不平衡的问题，请参阅米勒夫斯基和布莱德斯（Milofsky and Blades，1991）。

参考文献

Abdelrahman, Maha M. 1998. "Civil Society . . . Second Best Option." Paper presented to the Third International Conference of the International Society for Third Sector Research, Geneva, July.

Alexander, George A. 1998. *Swarthmore by the Numbers*. Swarthmore, Pa.: Mind-Meetings Press.

Alexander, Lamar, et al. 1997. *Giving Better, Giving Smarter: The Report of the National Commission on Philanthropy and Civic Renewal.*

American Assembly. 1998. *Trust, Service, and the Common Purpose: Philanthropy and the Nonprofit Sector in a Changing America*. Indianapolis: Indiana University Center on Philanthropy.

Anderson, Elijah. 1999. *Code of the Street*. New York: W. W. Norton.

Anthony, Robert, and David Young. 1988. "The Role of the Nonprofit Sector." In David Gies, J. Steven Ott, and Jay M. Shafritz, eds., *Nonprofit Organization: Essential Readings*. Pacific Grove, Calif.: Brooks/Cole.

Barber, Benjamin R. 1984. *Strong Democracy: Participatory Politics for a New Age*. Berkeley: University of California Press.

———. 1995. *Jihad vs. McWorld*. New York: Random House.

———. 1998. *A Place for Us: How to Make Society Civil and Democracy Strong*. New York: Hill and Wang.

Barber, Benjamin R., and Richard M. Battistoni. 1993. *Education for Democracy: Citizenship, Community, Service*. Dubuque, Iowa: Kendall-Hunt.

Bates, Stephen. 1996. *National Service: Getting Things Done?* Chicago: Cantigny Conference Report, Robert McCormick Tribune Foundation.

Bauer, Rudolph. 1993. Plenary presentation at CIES Conference, Barcelona, June.

———. 1998. "Intermediarity: A Theoretical Paradigm for Third Sector Research." Paper presented to the Third International Conference of the International Society for Third Sector Research, Geneva, July.

Bellah, Robert N., Richard Madsen, Steven M. Tipton, William M. Sullivan, and Ann Swindler. 1985. *Habits of the Heart: Individualism and Commitment in American Life*. New York: Harper and Row.

Bennett, James T., and Thomas J. DiLorenzo. 1989. *Unfair Competition: The Profits of Nonprofits*. Lanham, Md.: Hamilton Press.

Bennett, William J., and Senator Sam Nunn. 1998. *A Nation of Spectators: How Civic Disengagement Weakens America and What We Can Do about It*. College Park, Md.: National Commission on Civic Renewal.

Berger, Peter L., and Richard J. Neuhaus. 1977. *To Empower People: The Role of Mediating Structures in Public Policy*. Washington, D.C.: American Enterprise Institute for Public Policy Research.

Beveridge, Lord. 1948. *Voluntary Action: A Report on Methods of Social Advance*. London: Allen and Unwin.

Billis, David. 1992. "Sector Blurring and Nonprofit Centres: The Case of the UK." A Paper prepared for Presentation to the Annual Meeting of ARNOVA. Yale University; New Haven.

——. 1993. *Organising Public and Voluntary Agencies*. London: Routledge.

Boris, Elizabeth T. 1998. "Myths about the Nonprofit Sector." *Charting Civil Society*, no. 4 (July). Washington, D.C.: The Urban Institute Center on Nonprofits and Philanthropy.

Boris, Elizabeth, and Rachel Mosher-Williams. 1998. "Nonprofit Advocacy Organizations: Assessing the Definitions, Classifications, and Data." *Nonprofit and Voluntary Sector Quarterly* 27, no. 4 (December), 488–506.

Boschee, Jerr. N.d. "What Does It Take to be a 'Social Entrepreneur?'" Minneapolis: National Center for Social Entrepreneurs.

Boulding, Kenneth. 1973. *The Economy of Love and Fear*. Belmont, Calif.: Wadsworth.

Bradley, Bill. 1996. *Time Present, Time Past: A Memoir*. New York: A. A. Knopf.

Bramson, Leon. 1961. *The Political Context of Sociology*. Princeton: Princeton University Press.

Brudney, Jeffrey L. 1999. "The Perils of Practice: Reaching the Summit." *Nonprofit Management and Leadership* 9, no. 4 (Summer), 385–98.

Buckley, William F. 1990. *Gratitude: Reflections on What We Owe to Our Country*. New York: Random House.

Burbidge, John, ed. 1998. *Beyond Prince and Merchant: Citizen Participation and the Rise of Civil Society*. New York: PACT Publications.

Cahn, Edgar, and Jonathan Rowe. 1992. *Time Dollars: The New Currency That Enables Americans to Turn Their Hidden Resource—Time—into Personal Security and Community Renewal*. Emmaus, Pa.: Rodale Press.

Canino, Maria Josefa, and Eugenia R. Echols. 1996. "Latinos and Community Based Nonprofit Organizations: A New Jersey Needs Assessment." Paper presented to the *Nonprofit Management Education 1996 Conference*, Berkeley, Calif. (University of San Francisco).

Carothers, Edward. 1970. *The Churches and Cruelty Systems*. New York: Friendship Press.

Carter, Stephen L. 1998. *Civility: Manners, Morals, and the Etiquette of Democracy*. New York: Basic Books.

Cnaan, Ram A., with Robert J. Wineburg and Stephanie C. Boddie. 1999. *The Newer Deal*. New York: Columbia University Press.

Coleman, James S. 1994. *Foundations of Social Theory*. Cambridge: Harvard University Press.

Connolly, William E. 1995. *The Ethos of Pluralization*. Minneapolis: University of Minnesota Press.

Corporation for National Service. 1997. *Strategic Plan*. Washington, D.C.

Council on Civil Society. 1998. *A Call to Civil Society: Why Democracy Needs Moral Truths*. New York: Institute for American Values.

Countryman, Matthew, and Lisa Sullivan. 1993. "National Service: 'Don't Do For, Do With.'" *Social Policy* (Fall), 29–34.

Covington, Sally. 1997. *Moving a Public Policy Agenda: The Strategic Philanthropy of Conservative Foundations*. Washington, D.C.: National Committee for Responsive Philanthropy.

Cunningham, Jill K. 1993. "Adrift in Utopia: Summer of Service Takes on Baltimore." *Philanthropy, Culture and Society* (November), 1ff.

Dahrendorf, Ralf. 1997. *After 1989: Morals, Revolution and Civil Society*. New York: St. Martin's Press.

Davidson, Greg, and Paul Davidson. 1988. *Economics for a Civilized Society*. Basingstoke: Macmillan.

DeMott, Benjamin. 1995. *The Trouble with Friendship: Why Americans Can't Think Straight about Race*. New York: Atlantic Monthly Press.
De Oliviera, Miguel Darcy, and Rajesh Tandon. 1994. *Citizens: Strengthening Global Civil Society*. Washington, D.C.: CIVICUS.
Dewey, John. 1927. *The Public and Its Problems*. New York: Swallow.
DiIulio, John J., Jr. 1998. "Beyond Ideology: Have Faith in Inner-City Youth." *Penn Arts and Sciences*, University of Pennsylvania (Fall), 7.
DiMaggio, Paul J., and Walter W. Powell. 1983. "The Iron Cage Revisited: Institutional Isomorphism and Collective Rationality in Organizational Fields." *American Sociological Review* 48, 147–60.
Duhl, Leonard. 1990. *The Social Entrepreneurship of Change*. New York: Pace University Press.
Dundjerski, Marina, and Susan Gray. 1998. "A Lesson in Mandatory Service." *Chronicle of Philanthropy* (September 10).
Eberly, Don E. 1998. *America's Promise: Civil Society and the Renewal of American Culture*. Lanham, Md.: Rowman and Littlefield.
Eberly, Don E., ed. 1994. *Building a Community of Citizens: Civil Society in the 21st Century*. Lanham, Md.: University Press of America.
Eberly, Donald J. 1988. *National Service: A Promise to Keep*. Rochester, N.Y.: John Alden Books.
———. 1991. *National Youth Service: A Democratic Institution for the 21st Century*. Washington, D.C.: National Service Secretariat.
Eberly, Donald J., ed. 1992. *National Youth Service: A Global Perspective*. Washington, D.C.: National Service Secretariat.
Ethiel, Nancy, ed. 1993. *Building a Consensus on National Service*. Wheaton, Ill.: Robert R. McCormick Tribune Foundations.
———. 1997. *National Service: Getting It Right*. Wheaton, Ill.: Robert R. McCormick Tribune Foundations.
Etzioni, Amitai. 1968. *The Active Society*. New York: Free Press.
———. 1976. *Social Problems*. New York: Free Press.
———. 1991. *A Responsive Society: Collected Essays on Guiding Deliberate Social Change*. San Francisco: Jossey-Bass.
———. 1993. *The Spirit of Community: Rights, Responsibilities and the Communitarian Agenda*. New York: Crown.
Evans, Sara M., and Harry C. Boyte. 1992. *Free Spaces: The Sources of Democratic Change in America*. Chicago: University of Chicago Press.
Evers, Adalbert. 1995. "Part of the Welfare Mix: The Third Sector as an Intermediate Area between Market Economy, State and Community." *Voluntas* 6, no. 2, 159–82.
Ferris, James M. 1998. "The Role of the Nonprofit Sector in a Self-Governing Society: A View from the United States." *Voluntas* 9 (June), 137–52.
Freud, Sigmund. 1930. *Civilization and Its Discontents*. New York: J. Cape and H. Smith.
Friedmann, John. 1987. *Planning in the Public Domain: From Knowledge to Action*. Princeton: Princeton University Press.
Fromm, Erich. 1955. *The Sane Society*. New York: Holt, Rinehart, and Winston.
Fukuyama, Francis. 1995. *Trust: The Social Virtues and the Creation of Prosperity*. New York: The Free Press.
Galston, William. 1998. "Political Economy and the Politics of Virtue: U.S. Public Philosophy at Century's End." *The Good Society: A PEGS Journal* 8, no. 1 (Winter), 1ff.
Gamwell, Franklin I. 1984. *Beyond Preference: Liberal Theories of Independent Association*. Chicago: University of Chicago Press.

Gardner, Deborah S. 1997. *A Family Foundation: Looking to the Future, Honoring the Past*. New York: The Nathan Cummings Foundation.
Gartner, Audrey, and Frank Riessman. 1993. "Making Sure Helping Helps." *Social Policy* (Fall), 35–36.
Garton Ash, Timothy. 1990. *The Magic Lantern: The Revolution of '89 Witnessed in Warsaw, Budapest, Berlin, and Prague*. New York: Random House.
Gaul, Gilbert M., and Neill A. Borowski. 1993. *Free Ride: The Tax-Exempt Economy*. Kansas City: Andrews and McMeel.
George H. Gallup International Institute. 1993a. *America's Youth in the 1990s*. Princeton, N.J.: Gallup Institute.
——. 1993b. *Perspectives on National Service*. 2 vols. Princeton, N.J.: Gallup Institute.
Gilder, George. 1981. *Wealth and Poverty*. New York: Basic Books.
Glaser, John S. 1994. *The United Way Scandal: An Insider's Account of What Went Wrong and Why*. New York: Wiley.
Gross, Bertram. 1980. *Friendly Fascism: The New Face of Power in America*. Boston: South End Press.
Hall, Peter Dobkin. 1992. *Inventing the Nonprofit Sector and Other Essays on Philanthropy, Voluntarism and Nonprofit Organizations*. Baltimore: Johns Hopkins University Press.
Hammack, David C., and Dennis R. Young, eds. 1993. *Nonprofit Organizations in a Market Economy: Understanding New Roles, Issues, and Trends*. San Francisco: Jossey-Bass.
Hansmann, Henry. 1987a. "Economic Theories of Nonprofit Organization." In W. W. Powell, ed., *The Nonprofit Sector: A Research Handbook*. New Haven: Yale University Press.
——. 1987b. "The Evolution of the Law of Nonprofit Organizations." Paper presented to Spring Research Forum of Independent Sector, March.
——. 1996. *The Ownership of Enterprise*. Cambridge, Mass.: Harvard University Press.
Harbeson, John, Raymond Hopkins, and David G. Smith, eds. 1994. *Responsible Governance: The Global Challenge. Essays in Honor of Charles E. Gilbert*. Lanham, Md.: University Press of America.
Harris, Zellig S. 1997. *The Transformation of Capitalist Society*. Lanham, Md.: Rowman and Littlefield.
Havel, Vaclav. 1990. *Disturbing the Peace: A Conversation with Karel Hvizdala*. Translated from the Czech and with an introduction by Paul Wilson. New York: Knopf.
Haynes, Charles C., ed. 1996. *Finding Common Ground: A First Amendment Guide to Religion and Public Education*. Nashville: Vanderbilt University.
Hirschman, Albert. 1970. *Exit, Voice, and Loyalty*. Cambridge, Mass.: Harvard University Press.
Hirst, Paul. 1994. *Associative Democracy: New Forms of Economic and Social Governance*. Amherst: University of Massachusetts Press.
Hodgkinson, Virginia Ann, Richard W. Lyman, et al., eds. 1989. *The Future of the Nonprofit Sector: Challenges, Changes, and Policy Considerations*. San Francisco: Jossey-Bass.
Hodgkinson, Virginia A., Murray S. Weitzman, Christopher M. Toppe, and Stephen M. Noga. 1992. *The Nonprofit Almanac, 1992–1993: Dimensions of the Independent Sector*. San Francisco: Jossey-Bass.
Hoefer, Richard. N.d. "Nonprofit Group Influence on Social Welfare Program Regulation." Washington, D.C.: Aspen Institute Nonprofit Sector Research Fund.

Hopkins, Bruce R. 1997. *The Law of Tax-Exempt Organizations*. 7th ed. New York: Wiley.

Horwitz, Claudia. 1993. "What Is Wrong with National Service." *Social Policy* (Fall), 37–44.

Hyden, Goran. 1997. "Building Civil Society at the Turn of the Millennium." In John Burbidge, ed., *Beyond Prince and Merchant: Citizen Participation and the Rise of Civil Society*, 17–46. New York: PACT Publications.

James, William. 1968. "The Moral Equivalent of War" (1910). In *The Writings of William James*, ed. John J. McDermott. New York: Modern Library.

Jeavons, Thomas H. 1994. *When the Bottom Line Is Faithfulness: Management of Christian Service Organizations*. Bloomington: Indiana University Press.

——. 1998. "Is Friends' Faith Reflected in Their Economic Lives?" Philadelphia: PYM News, January–February, 2.

Kallick, David. 1993. "National Service: How to Make It Work." *Social Policy* (Fall), 2–7.

Kendall, Jane C., et al. 1990. *Combining Service and Learning: A Resource Book for Community and Public Service*. 2 vols. Raleigh, N.C.: National Society for Internships and Experiential Education.

Kramer, Ralph M. 1981. *Voluntary Agencies in the Welfare State*. Berkeley: University of California Press.

——. 1998. "Nonprofit Organizations in the 21st Century: Will Sector Matter?" Working Paper Series of the Nonprofit Sector Research Fund. Washington, D.C.: The Aspen Institute.

Kuhnle, Stein, and Per Selle, eds. 1992. *Government and Voluntary Organizations*. Aldershot: Avebury.

Kuttner, Robert. 1997. *Everything for Sale: The Virtues and Limits of Markets*. New York: Knopf.

Leland, Pamela. 1996. "Emerging Challenges to Tax-Exempt Status: Responding to a Challenge at the State or Local Level." Chapter 34-A in Tracy Connors, ed., *The Nonprofit Management Handbook*. New York: Wiley.

Levitt, Theodore. 1973. *The Third Sector: New Tactics for a Responsive Society*. New York: Amacom.

Lippitt, Ronald, and Jon Van Til. 1980. "Can We Achieve a Collaborative Community? Issues, Imperatives, Potentials." *Journal of Voluntary Action Research* 10, nos. 3–4, 7–17.

Lohmann, Roger. 1992. *The Commons: New Perspectives on Nonprofit Organizations and Voluntary Action*. San Francisco: Jossey-Bass.

Long, Robert F., and Joel J. Orosz. 1997. "Preparing Future Social Enterprise Leaders." Second Underwood Lecture at the University of Houston, April 23.

Lowi, Theodore. 1979. *The End of Liberalism: The Second Republic of the United States*. New York: Norton.

MacIntyre, Gertrude Anne. 1995. *Active Partners: Education and Local Development*. Sydney, Nova Scotia: University of Cape Breton Press.

MacIntyre, Gertrude Anne, ed. 1998. *Perspectives on Communities: A Community Economic Development Roundtable*. Sydney, Nova Scotia: University of Cape Breton Press.

McLaughlin, Thomas A. 1999. "Social Enterprise: Everyone Can and Should Learn from It." *The NonProfit Times* (February), 18.

Madison, G. B. 1998. *The Political Economy of Civil Society and Human Rights*. London: Routledge.

Magat, Richard. 1988. *Prospective Views of Research on Philanthropy and the Voluntary Sector*. New York: The Foundation Center.

Mannheim, Karl. 1949a. *Ideology and Utopia*. New York: Harcourt, Brace. (Originally published in 1929.)
——. 1949b. *Man and Society in an Age of Transformation*. New York: Harcourt, Brace. (Originally published in 1940.)
Margalit, Avishai. 1996. *The Decent Society*. Cambridge, Mass.: Harvard University Press.
Mertens, Sybille. 1998. "Nonprofit Organizations and Social Economy: Variations on a Same Theme." Paper presented to the Third International Conference of the International Society for Third Sector Research, Geneva, July.
Milofsky, Carl, and Stephen Blades. 1991. "Issues of Accountability in Health Charities: A Case Study of Accountability Problems among Nonprofit Organizations." *Nonprofit and Voluntary Sector Quarterly* 20, 371–93.
Monsma, Stephen V. 1996. *When Sacred and Secular Mix: Religious Nonprofit Organizations and Public Money*. Lanham, Md.: Rowman and Littlefield.
Morris, David. 1999. "Rooted Business." *Co-Op America Quarterly* (Summer), 11.
Moskos, Charles C. 1988. *A Call to Civic Service: National Service for Country and Community*. New York: Free Press.
National Commission on Civic Renewal. 1998. *A Nation of Spectators: How Civic Disengagement Weakens America and What We Can Do about It*. College Park, Md.: University of Maryland.
National Commission on Philanthropy and Civic Renewal. 1997. *Living Better, Giving Smarter.*
Nonprofit Sector Research Fund. 1997. *Competing Visions: The Nonprofit Sector in the Twenty-first Century*. Washington, D.C.: The Aspen Institute.
Odendahl, Teresa Jean. 1990. *Charity Begins at Home: Generosity and Self-Interest among the Philanthropic Elite*. New York: Basic Books.
Odendahl, Teresa Jean, ed. 1987. *America's Wealthy and the Future of Foundations*. New York: The Foundation Center.
Olson, Mancur. 1971. *The Logic of Collective Action*. Cambridge: Harvard University Press.
O'Neill, Michael. 1989. *The Third America: The Emergence of the Nonprofit Sector in the United States*. San Francisco: Jossey-Bass.
O'Neill, Michael, and Dennis R. Young. 1988. *Educating Managers of Nonprofit Organizations*. New York: Praeger.
Osborne, David, and Ted Gaebler. 1993. *Reinventing Government: How the Entrepreneurial Spirit is Transforming the Public Sector*. New York: Penguin.
Ostrander, Susan, Stuart Langton, and Jon Van Til, eds. 1987. *Shifting the Debate: Public/Private Sector Relations in the Modern Welfare State*. New Brunswick, N.J.: Transaction Press.
Parsons, Talcott. 1966. "On the Concept of Political Power." In R. Bendix and S. M. Lipset, eds., *Class, Status and Power*, 2nd ed., 1240–65. New York: Free Press.
Partnering Initiative on Education and Civil Society. 1998. "Declaration: Weaving a Seamless Web between School and Community." Washington, D.C.
Paton, Rob. 1991. "The Social Economy: Value-Based Organizations in the Wider Society." In Julian Batsleer et al., eds., *Issues in Voluntary and Non-Profit Management*, Chapter 1. Wokingham (U.K.): Addison-Wesley.
Payton, Robert. 1984. "Major Challenges to Philanthropy." In the proceedings of the 1984 Independent Sector Meeting and Spring Forum, ed. Virginia Hodgkinson. New York: Independent Sector.
——. 1988. *Philanthropy: Voluntary Action for the Public Good*. New York: American Council on Education, Macmillan Press.

Pestoff, Victor. 1991. "Cooperatization of Social Services—An Alternative to Privatization?" Paper presented at 10th EGOS Colloquium on "Societal Change between Market and Organization," Vienna. Summarized in Ivan Svetlik, "The Voluntary Sector in a Post-Communist Country: The Case of Slovenia," in Kuhnle and Selle, 1992, p. 200, and Kramer, 1998.

Polanyi, Karl. 1957. *The Great Transformation*. Boston: Beacon Press. (Originally published in 1944.)

Poppendieck, Janet. 1998. *Sweet Charity? Emergency Food and the End of Entitlement*. New York: Viking.

Putnam, Robert D. 1993. "The Prosperous Community: Social Capital and Public Life." *The American Prospect*, no. 13 (Spring), 35–42.

——. 1996. "The Strange Disappearance of Civic America." *The American Prospect* (Winter), 34–48.

——. 2000. *Bowling Alone: Civic Disengagement in America*. New York: Simon and Schuster.

Putnam, Robert D., with Robert Leonardi and Raffaella Y. Nanetti. 1993. *Making Democracy Work: Civic Traditions in Modern Italy*. Princeton: Princeton University Press.

Riesman, David, and Nathan Glazer. 1950. "Criteria for Political Apathy." In Alvin Gouldner, ed., *Studies in Leadership: Leadership and Democratic Action*, 505–59. New York: Harper and Brothers.

Rifkin, Jeremy. 1995. *The End of Work: The Decline of the Global Labor Force and the Dawn of the Post-Market Era*. New York: Tarcher/Putnam.

Robelen, Erik W. 1998. "Reengaging Young People." *Infobrief: An Information Brief*. Washington, D.C.: Association for Supervision and Curriculum Development, 13 (June).

Salamon, Lester M. 1992. *America's Nonprofit Sector: A Primer*. New York: The Foundation Center.

——. 1993. "The Nonprofit Sector and Democracy: Prerequisite, Impediment, or Irrelevance?" Paper presented to the Aspen Institute Nonprofit Sector Research Fund Symposium, Wye, Md.

——. 1994. "The Rise of the Nonprofit Sector." *Foreign Affairs* 74, no. 3 (July/August).

——. 1995. *Partners in Public Service: Government-Nonprofit Relations in the Modern Welfare State*. Baltimore: Johns Hopkins University Press.

——. 1997. *Holding the Center: America's Nonprofit Sector at a Crossroads*. New York: The Nathan Cummings Foundation.

——. 1999. *America's Nonprofit Sector: A Primer*. 2nd ed. New York: The Foundation Center.

Salamon, Lester M., and Helmut K. Anheier. 1992. "In Search of the Nonprofit Sector; I: The Question of Definition." *Voluntas, The International Journal of Voluntary and Non-Profit Organizations* (March).

——. 1994. *The Emerging Sector: An Overview*. Baltimore: Johns Hopkins University Press.

——. 1997. *Defining the Nonprofit Sector: A Cross-National Analysis*. Manchester: Manchester University Press.

Salamon, Lester M., Helmut K. Anheier, et al. 1998. "The Emerging Sector Revisited: A Summary." Baltimore: Johns Hopkins University Press.

Schattschneider, E. E. 1960. *The Semisovereign People: A Realist's View of Democracy in America*. New York: Holt, Rinehart, and Winston.

Schene, Patricia. 1992. "Accountability in Nonprofit Organizations: A Framework for Addressing the Public Interest." Thesis submitted to the Graduate School of Public Affairs, University of Colorado, Denver.

Schiff, Jerald. 1990. *Charitable Giving and Government Policy: An Economic Analysis.* Westport, Conn.: Greenwood Press.

Schudson, Michael. 1998. *The Good Citizen: A History of American Civic Life.* New York: The Free Press.

Schumpeter, Joseph Alois. 1947. *Capitalism, Socialism, and Democracy.* 2nd ed. New York and London: Harper and Brothers.

Schuppert, G. F. 1991. "State, Market, Third Sector: Problems of Organizational Choice in the Delivery of Public Services." *Nonprofit and Voluntary Sector Quarterly* 20, 123–36.

Scott, Jacquelyn Thayer. 1992. "Voluntary Sector in Crisis: Canada's Changing Public Philosophy of the State and Its Impact on Voluntary, Charitable Organizations." Thesis submitted to the Graduate School of Public Affairs, University of Colorado, Denver.

——. 1998. "Leveraging the Future: A Case Example of University-Community Collaboration When Hope and Resources Are Constrained." Sydney, Nova Scotia: Office of the President of the University College of Cape Breton.

Sherraden, Michael, and Donald Eberly. 1982. *National Service: Social, Economic, and Military Impacts.* New York, Pergamon.

Shils, Edward. 1997. *The Virtue of Civility: Selected Essays on Liberalism, Tradition, and Civil Society.* Indianapolis: Liberty Fund.

Smith, David Horton. 1973. "The Impact of the Voluntary Sector on Society." In David Horton Smith, ed., *Voluntary Action Research: 1973,* 387–400. Lexington, Mass.: D. C. Heath.

——. 1991. "Four Sectors or Five? Retaining the Member-Benefit Sector." *Nonprofit and Voluntary Sector Quarterly* 20, no. 2, 137–50.

——. 1997a. "The Rest of the Nonprofit Sector: Grassroots Associations and the Dark Matter Ignored in Prevailing 'Flat Earth' Maps of the Sector." *Nonprofit and Voluntary Sector Quarterly* 26, no. 2 (June), 114–31.

——. 1997b. "Grassroots Associations Are Important: Some Theory and a Review of the Impact Literature." *Nonprofit and Voluntary Sector Quarterly* 26, no. 3 (September), 269–306.

Smith, David Horton, Richard Reddy, and Bert Baldwin, eds. 1972. *Voluntary Action Research 1972.* Lexington, Mass.: D. C. Heath.

Stone, Robert. 1998. *Damascus Gate.* Boston: Houghton Mifflin.

Sumariwalla, Russy. 1983. "Preliminary Observations in Scope, Size and Classification of the Sector." In Virginia Hodgkinson, ed., *Working Papers for the Spring Research Forum: Since the Filer Commission,* 433–49. Washington, D.C.: Independent Sector, 1983.

Thompson, Ann Marie, and James L. Perry. 1998. "Can AmeriCorps Build Communities?" *Nonprofit and Voluntary Sector Quarterly* 27, no. 4 (December), 399–420.

Turner, Jonathan H., and Charles E. Starnes. 1976. *Inequality: Privilege and Poverty in America.* Pacific Palisades, Calif.: Goodyear Publishing Co.

Van Til, Jon. 1988. *Mapping the Third Sector: Voluntarism in a Changing Social Economy.* New York: The Foundation Center.

——. 1993. "Here Comes National Service." In Benjamin R. Barber and Richard M. Battistoni, *Education for Democracy: Citizenship, Community, Service,* 184–86. Dubuque, Iowa: Kendall-Hunt.

——. 1994. "Toward Responsible Volunteerism: An Exploration of Operative Doctrines." In Harbeson, Hopkins, and Smith, 1994, 433–49.

——. 1996a. "In the Third Space: On Civil Society and Other Popular Buzzwords." *NonProfit Times* (March).

——. 1996b. "So Many Answers, So Few Solutions." *NonProfit Times* (October).
——. 1997a. "Of America's Promise: Summit Was Grand, but Issues Remain." *NonProfit Times* (June), 20.
——. 1997b. "Making Their Commission." *The American Benefactor* (Fall), 11–12.
——. 1999. "NCRP: A Qualitative Assessment." Paper presented to ARNOVA, November.
Van Til, Jon, et al. 1990. *Critical Issues in Philanthropy.* San Francisco: Jossey-Bass.
Van Til, William. 1996. *My Way of Looking at It.* 2nd ed. San Francisco: Caddo Gap Press.
Verba, Sidney, Kay L. Schlozman, and Henry E. Brady. 1995. *Voice and Equality: Civic Voluntarism in American Politics.* Cambridge, Mass.: Harvard University Press.
Waldman, Steven. 1995. *The Bill: How the Adventures of Clinton's National Service Bill Reveal What Is Corrupt, Comic, Cynical—and Noble—about Washington.* New York: Viking.
Walzer, Michael. 1983. *Spheres of Justice: A Defense of Pluralism and Equality.* New York: Basic Books.
Walzer, Michael, ed. 1995. *Toward a Global Society.* Providence, R.I.: Bergham.
Weisbrod, Burton. 1988. *The Nonprofit Economy.* Cambridge, Mass.: Harvard University Press.
Wernet, Stephen P., and Sandra A. Jones. 1992. "Merger and Acquisition Activity between Nonprofit Social Service Organizations: A Case Study." *Nonprofit and Voluntary Sector Quarterly* 21, no. 4 (Winter), 367–80.
Wilson, William Julius. 1996. *When Work Disappears: The World of the New Urban Poor.* New York: Knopf.
Wish, Naomi B., and Roseanne M. Mirabella. 1998. "Nonprofit Management Education: Current Offerings and Practices in University-Based Programs." In *Nonprofit Management Education: U.S. and World Perspectives,* ed. Michael O'Neill and Kathleen Fletcher. Westport, Conn.: Praeger.
Wolch, Jennifer R. 1990. *The Shadow State: Government and Voluntary Sector in Transition.* New York: The Foundation Center.
Wolf, Maura. 1993. "Involving the Community in National Service." *Social Policy* (Fall), 14–20.
Wolf, T. 1984. *The Nonprofit Organization.* Englewood Cliffs, N.J.: Prentice-Hall.
Young, Dennis R. 1988. "The Nonprofit Sector as the First Sector: Policy Implications." Part 2, no. 3 of *Looking Forward to the Year 2000: Public Policy and Philanthropy.* Spring Research Forum Working Papers. Washington, D.C.: Independent Sector.
6, Perri, and Victor Pestoff. 1993. Plenary presentation at CIES Conference, Barcelona, June.
6, Perri, and Isabel Vidal, eds. 1994. *Delivering Welfare: Repositioning Non-profit and Co-operative Action in Western European Welfare States.* Barcelona: CIES.

